Vivências Íntimas Violentas:
Uma Abordagem Científica

Vivências Íntimas Violentas: Uma Abordagem Científica

Sónia Caridade

2011

VIVÊNCIAS ÍNTIMAS VIOLENTAS: UMA ABORDAGEM CIENTÍFICA

AUTOR
SÓNIA CARIDADE
EDITOR
EDIÇÕES ALMEDINA, S.A.
Rua Fernandes Tomás nºs 76, 78, 80
3000-167 Coimbra
Tel.: 239 851 904 · Fax: 239 851 901
www.almedina.net · editora@almedina.net
DESIGN DE CAPA
FBA.
PRÉ-IMPRESSÃO
AASA
IMPRESSÃO E ACABAMENTO
PAPELMUNDE, SMG, LDA.

Julho, 2011
DEPÓSITO LEGAL
331586/11

GRUPOALMEDINA

BIBLIOTECA NACIONAL DE PORTUGAL – CATALOGAÇÃO NA PUBLICAÇÃO
CARIDADE, Sónia
Vivências íntimas violentas : uma abordagem científica
ISBN 978-972-40-4576-4
CDU 159.9
316.6

Em memória da professora Carla Machado

AGRADECIMENTOS

À Professora Doutora Carla Machado pela notável orientação neste e em trabalhos anteriores. A exigência e o rigor científico que impunha, para além de terem sido elementos fundamentais na prossecução e conclusão deste trabalho, contribuíram em muito para o meu crescimento pessoal e profissional. Agradeço a disponibilidade evidenciada, os incentivos e encorajamentos constantes e ainda o seu optimismo em torno da conclusão desta tese nos *timings* previstos. Apesar de no decorrer deste trabalho se ter confrontado com algumas adversidades da vida, em momento algum permitiu que estas abalassem o seu habitual carácter e profissionalismo. O destino determinou a sua partida precoce, mas a sua coragem, determinação, vontade de viver ficarão em mim para sempre como uma fonte de inspiração única. Expresso, deste modo, toda a minha Admiração e Grande Consideração pela sua pessoa e pela arte com que "trilhou" toda a sua forma de estar na vida.

À Professora Doutora Marlene Matos agradeço o estímulo inicial para a iniciação deste trabalho, a partilha de conhecimentos sobre o tema da violência na intimidade e, acima de tudo, a confiança depositada ao longo do meu percurso académico.

Ao Professor Doutor Rui Abrunhosa Gonçalves pelo apoio, pelas palavras de confiança, serenidade, pelo optimismo e pelos ensinamentos prestados sobre a psicologia da justiça ao longo do meu percurso académico.

À Professora Doutora Carla Martins agradeço a incansável atenção e disponibilidade para partilhar comigo os seus sábios conhecimentos sobre estatística e as funcionalidades do SPSS.

Às colegas e amigas Carla Antunes, Ana Rita Dias, Sandra Vieira, Ana Pereira, Olga Cruz, Sónia Martins e Rosa Saavedra pela partilha de emoções e desabafos, pelo estímulo contínuo, encorajamento e o incondicional apoio que sempre me deram ao longo desta caminhada. Agradeço ainda o clima de amizade e abertura, os espaços de reflexão que se assumiram como factores de equilíbrio fundamentais em contextos onde, por vezes, é difícil gerir ansiedades e angústias.

A todos os outros amigos e colegas que sempre estiveram na retaguarda e, sabiamente, utilizaram as palavras certas nos momentos mais oportunos.

À Drª Madalena Alarcão, ao Paulo Coelho, à Inês Alberty, à Filipa Vaz, à Maria João Silva agradeço o seu contributo na administração e recolha dos questionários. Ainda ao Bruno Aragão e à Joana Araújo agradeço a sua colaboração na condução dos grupos de discussão que integraram o estudo qualitativo. Um agradecimento também para a Cláudia Coelho pela colaboração na co-codificação do material proveniente dos grupos de discussão.

Aos participantes que colaboraram nos dois estudos que integram este trabalho, o meu muito obrigada por me terem permitido concretizar esta investigação.

A toda a minha família, pelo apoio prestado e pelas palavras de incentivo ao longo desta caminhada.

Um agradecimento especial ao Lino pela confiança que sempre depositou em mim, pelos incentivos e apoio prestados, pela compreensão aquando das minhas ausências. Ao meu filho Francisco que, e ainda que a inesperada notícia da sua concepção causasse inicialmente algum "ruído" sobre a celeridade na conclusão deste trabalho, veio trazer um novo alento na recta final deste trabalho.

A todos o meu muito, muito **OBRIGADA**!

PREFÁCIO

O amor é, quase sempre, colorido por um conjunto de doces significados e afectos: o desejo, a sedução, a conquista, a paixão, a cumplicidade, o carinho... Um saboroso enredo de vínculos mútuos e reciprocidades que envolvem o cuidar e o ser cuidado.

As vivências íntimas violentas são incolores. Os primeiros afectos ficam reféns da angústia e da adversidade que teima em perdurar. E as questões colocam-se: como é que se instala a violência no palco da intimidade? Qual o seu verdadeiro diagnóstico? Como é que a sociedade (des)incentiva essas tramas violentas?

Estas e outras questões têm inquietado cada vez mais os jovens, os pais, os professores, os jornalistas, os técnicos, os académicos, os investigadores... É um tema que a todos preocupa, provavelmente pela forma como tais vivências teimam em inundar o nosso quotidiano, qualquer que seja o "território" em que nos movemos.

Esta obra ajuda o leitor a encontrar respostas elucidativas para essas questões. Aliás, esta obra cumpre simultaneamente vários propósitos: confere visibilidade ao fenómeno, permite fazer o seu diagnóstico nas populações juvenis e dá conta ao leitor dos protagonistas e cenários em que as trajectórias amorosas violentas se desenvolvem. Dada a ausência de estudos desta magnitude em Portugal, este trabalho é um ponto de partida essencial para a "radiografia" do problema, um contributo de grande qualidade, pois oferece ao leitor um olhar científico sobre as vivências violentas, rigorosamente e empiricamente fundamentados pela autora. Por via disso, do muito conhecimento acumulado, um dos aspectos mais interessantes deste livro é o facto de ajudar o leitor a desmistificar um conjunto de estereótipos acerca das vivências íntimas violentas e de suscitar novas questões em torno do tema, estimulando o caminho da investigação num domínio ainda inexplorado.

Este trabalho, executado pela autora, decorre de um vasto projecto de investigação liderado pela Prof. Doutora Carla Machado que, apesar de ter partido cedo de mais, tão bem soube inspirar e orquestrar esta obra. Agradeço à Sónia Caridade o facto de ter dado o mote para que, em Portugal, se começasse a desbravar este tema ainda tão opaco e encapotado. Obrigada por ter reforçado, com os dados empíricos disseminados ao longo deste livro, a pertinência da intervenção precoce junto dos jovens portugueses. Obrigada, sobretudo, por ter ajudado a colocar a violência no namoro na agenda educativa, penal, política e social do nosso país.

MARLENE MATOS
Universidade do Minho
Março de 2011

INTRODUÇÃO

A violência na intimidade não é um problema recente. A história comprova que a violência sob as mais diversas formas tem sido prática comum desde os tempos mais remotos (Gelles, 1997). Contudo, o estudo científico desta problemática apenas assumiu maior destaque a partir de meados do século passado, especificamente a partir da década de sessenta.

Desde então, a preocupação científica e social com a questão da violência exercida no contexto das relações íntimas, com particular ênfase na violência contra as mulheres, conduziu a uma rápida expansão da investigação neste domínio, sobretudo por parte da comunidade internacional. Em território nacional, esta consciência sobre a gravidade e dimensão do problema surge mais tardiamente e assume maior visibilidade social sobretudo a partir da década de 90.

Numa análise retrospectiva da literatura no domínio do abuso íntimo (entre adultos), percebe-se que, num primeiro momento, a comunidade científica se centrou quase que exclusivamente na violência exercida no contexto marital, negligenciando outras dimensões da violência e outros contextos relacionais, como é o caso da violência nas relações de intimidade juvenil. A extensão e gravidade deste tipo de abuso permaneceram desconhecidos até aos anos oitenta, altura em que emerge o interesse empírico pelo estudo deste fenómeno, comummente referenciado na literatura internacional como "*dating violence*" ou "*courtship violence*". O interesse e investimento científico neste objecto de estudo resultou em grande medida da administração de inquéritos de vitimação a diferentes grupos sociais e/ou etários, que veio demonstrar a existência de níveis inquietantes de violência na intimidade juvenil e comprovar que este tipo de abuso não se reduz às relações conjugais (Price, Beyers, & Dating Violence Research, 1999).

No plano internacional, os primeiros dados empíricos sobre a prevalência do fenómeno resultaram de um estudo pioneiro desenvolvido por Makepeace em 1981, no qual se comprovou que um em cada cinco estudantes universitários eram afectados por este tipo de abuso. Mais ainda, 61% da amostra revelou conhecer alguém com experiências amorosas abusivas. A partir de então, o estudo deste fenómeno assumiu progressivamente um lugar de destaque na produção científica internacional sobre a violência íntima.

Num primeiro momento, a investigação começou por privilegiar o ensino universitário como contexto preferencial para analisar o problema (Cleveland, Herrera, & Stuewig, 2003). Contudo, e com os sucessivos avanços da investigação nesta área, rapidamente se percebeu que o abuso íntimo também se pode desencadear durante os anos mais iniciais da formação dos jovens (e.g., ensino secundário) ou com o início da adolescência (Cano, Avery-Leaf, Cascardi, & O'Leary, 1998). Conceptualizada como uma "passagem perigosa", de grande instabilidade emocional e caracterizada por significativas alterações desenvolvimentais, a adolescência representa um período de grande vulnerabilidade para a ocorrência de abuso na intimidade. Para esta especial vulnerabilidade contribuem também o facto de esta ser a fase durante a qual se estabilizam os papéis de género e se acentua o narcisismo, sendo também o período em que os mitos sobre o romance e a intimidade são de alguma forma "agidos" e postos à prova (Prothrow-Stith, 1991 cit. Jackson, Cram, & Seymour, 2000). Desta forma, há hoje uma consciência crescente da necessidade de estudar a violência nas relações amorosas juvenis, atendendo às suas manifestações mais precoces e alargando as faixas etárias abrangidas.

O facto de este tipo de abuso não estar especificamente contemplado na lei (no plano nacional, só recentemente se deram os primeiros passos no sentido de abranger legalmente a violência cometida no contexto do namoro), as limitações óbvias dos jovens em aceder aos serviços de apoio à vítima, e a parca mobilidade daqueles fora do contexto familiar e escolar, são outras razões que fundamentam a necessidade de uma cada vez maior ênfase científica no estudo da violência nas relações amorosas juvenis (Wilson, 1997). Adicionalmente, os estudos demonstram que, caso a relação amorosa abusiva se perpetue, a violência tende a aumentar em termos de frequência e gravidade (Hamberg & Holtzworth-Munroe, 1994), constituindo um factor preditor da violência conjugal (Hamby, 1998). Na verdade, os estudos clínicos comprovam que os casamentos abusivos são geralmente antecedidos por relações de namoro violentas e pautadas por estratégias de controlo e restrição da autonomia da mulher (Matos, 2000).

Diríamos assim, que a pertinência do estudo deste tema se prende quer com a sua dimensão e impacto imediato nas vítimas, quer com a particular fragilidade e desprotecção destas, quer ainda com o facto de esta forma de abuso potenciar outras – provavelmente mais graves – agressões.

Em Portugal, o investimento científico no estudo deste fenómeno, embora bastante recente, tem vindo a proliferar, ainda que se verifique, à semelhança do que acontece no plano internacional, uma centração dos estudos em amostras específicas, como é o caso dos estudantes do ensino universitário. Do nosso ponto de vista, podemos identificar no plano nacional duas linhas de investigação distintas:

a) a que se preocupa em caracterizar o fenómeno, sobretudo em determinar a prevalência da perpetração e vitimação dos diferentes tipos de abuso nos relacionamentos íntimos dos jovens adultos universitários (e.g., Costa & Sani, no prelo; Mendes, 2006; Oliveira & Sani, 2005; Paiva & Figueiredo, 2004), a par de outros que estendem este objectivo a outros grupos etários mais novos, tais como os estudantes do ensino secundário (e.g., Duarte & Lima, 2006; Lucas, 2002; Rodrigues, 2007). Esta tem sido a orientação da grande maioria dos estudos desenvolvidos até ao momento em Portugal;

b) uma segunda linha de investigação, ainda que muito incipiente, que procura essencialmente promover a concepção, implementação e avaliação da eficácia de programas de prevenção primária da violência junto de estudantes do ensino secundário (e.g., APAV, 2006; Matos, Machado, Caridade, & Silva, 2006).

Estas orientações dominantes da pesquisa conduzida em Portugal reflectem, em larga medida, também a forma como a investigação internacional tem sido estruturada. Efectivamente, ainda que o estudo da violência na intimidade juvenil se encontre hoje amplamente disseminado, não podemos deixar de notar que a investigação sobre esta matéria tem procurado essencialmente caracterizar a extensão do fenómeno, assim como identificar os factores preditores da sua ocorrência, carecendo de estudos que abordem este fenómeno numa perspectiva mais fenomenológica. Mais concretamente, são parcos os estudos que nos permitam: i) conhecer a sequência interactiva e o contexto em que emergem os actos abusivos relatados, ii) analisar as significações atribuídas ao abuso, e iii) compreender o impacto da violência experienciada/exibida pelos participantes, designadamente ao nível das diferenças de género constatadas.

Assim sendo, e dada a escassez de estudos em Portugal sobre o tema da violência nas relações de intimidade juvenil, o estudo que nos propusemos realizar no âmbito deste trabalho pretendia precisamente responder à necessidade de produzir um conhecimento integrado e aprofundado sobre esta problemática, cruzando a caracterização quantitativa deste fenómeno (quase inexistente em Portugal à data de início deste trabalho) com uma compreensão mais aprofundada das suas dinâmicas. O nosso interesse empírico sobre o tema assentava, assim, em dois propósitos fundamentais que se traduziram em dois estudos empíricos metodologicamente distintos:

a) com o primeiro estudo, de carácter quantitativo, pretendíamos caracterizar a prevalência das diferentes formas de violência nas relações íntimas da população juvenil (quer do ponto de vista da perpetração, quer da vitimação), assim como as crenças e atitudes em relação a estes comportamentos;

b) com o segundo estudo, de índole qualitativa, pretendíamos analisar a forma como a violência era significada pelos jovens, especificamente quais os actos representados por estes como violentos, quais as causas percebidas para a violência e de que forma os jovens compreendem as suas dinâmicas, qual o seu grau de tolerância perante as diferentes condutas abusivas (e as circunstâncias em que a eventual desculpabilização ocorre) e, ainda, de que forma as representações dos jovens sobre os papéis de género se articulam com a sua tolerância à violência.

O trabalho divide-se em duas grandes componentes. A primeira intitulada de "violência nas relações de intimidade: enquadramento teórico", pretende constituir uma revisão da literatura sobre o tema em análise. Nesta revisão, decidimos por uma abordagem focalizada nos temas mais pertinentes para o nosso trabalho empírico e por nos centrar exclusivamente na intimidade juvenil enquanto contexto de emergência da violência. Assim, optámos por não incluir nesta parte do trabalho a usual exploração das diferentes teorias explicativas da violência na intimidade. Efectivamente, não só tais teorias foram construídas para explicar a violência noutros contextos relacionais (e.g., conjugalidade) como tal síntese já foi realizada com elevado mérito por diversos autores (e.g., Matos, 2006). As diferentes teorias explicativas da violência na intimidade serão, contudo, abordadas ao longo de toda a componente teórica, sempre que tal se justifique para desenvolver os nossos argumentos.

Dado que um dos objectivos deste trabalho era o de conhecer a extensão do fenómeno, iniciámos a componente teórica com uma revisão sistemática dos estudos sobre a prevalência da violência nas relações de intimidade juvenil, ao nível internacional e nacional. Na discussão destes dados, reflectimos sobre os principais problemas conceptuais e metodológicos responsáveis pela grande dispersão registada nas taxas de prevalência e apresentamos um conjunto de recomendações e pistas para futuros estudos a este nível.

Procuramos em seguida caracterizar a linha de pesquisa que tem vindo a documentar os principais factores de risco para o abuso íntimo de uma forma genérica, e para a ocorrência da violência sexual, em particular. Tal como anteriormente, finalizamos sublinhando algumas limitações dos estudos revistos e avançando recomendações para futuras investigações.

Por fim, procedemos à análise das crenças subjacentes ao comportamento violento e da sua relação com os discursos culturais em torno do género. A decisão de aprofundar o estudo das atitudes e/ou crenças abusivas prendeu-se, essencialmente, com o facto de estas aparecerem consistentemente referenciadas na literatura com um dos mais importantes factores preditores do comportamento abusivo. Assim sendo, era nosso objectivo analisar a forma como os diferentes estudos internacionais e nacionais documentam a relação entre atitudes legitimadoras da violência e comportamentos violentos nos relacionamentos íntimos, o posicionamento dos jovens face à violência na intimidade e, ainda, a influência do género na legitimação desta. Discutimos ainda, neste secção, a forma como a dimensão cultural poderá influenciar a construção social do género e dos relacionamentos violentos.

A segunda parte deste trabalho integra a componente empírica deste trabalho, que se subdivide em dois estudos, um de carácter quantitativo e outro qualitativo, de cujos objectivos já demos conta anteriormente. Tal como também já referimos, apesar de a investigação neste domínio se ter desmultiplicado nos últimos tempos, o conhecimento sobre as dinâmicas que envolvem a violência na intimidade juvenil é ainda algo insuficiente. Em virtude disto, e dado que pretendíamos obter uma compreensão o mais integrada possível deste fenómeno, optámos por combinar análises quantitativas e qualitativas. Refira-se, aliás, que esta complementaridade de metodologias tem sido descrita como sendo fundamental, na medida em que facilita uma leitura mais compreensiva do problema, em particular das relações entre violência e género (DeKeseredy & Schwartz, 1998).

Na discussão de resultados e conclusões de cada estudo, procuramos integrar a revisão teórica efectuada na primeira parte deste trabalho com os resultados obtidos, enfatizando não só os contributos produzidos por esta investigação, mas também as suas limitações. Por último, na conclusão final deste trabalho, reflectimos sobre as implicações dos nossos estudos para a prática, nomeadamente ao nível das políticas de prevenção que possam auxiliar na erradicação ou pelo menos no combate a um problema que afecta muitas relações íntimas e que tem potenciais repercussões graves nos relacionamentos amorosos futuros.

PARTE 1

Violência nas Relações de Intimidade Juvenil. Enquadramento Teórico

Capítulo 1
Prevalência da Violência nas Relações de Intimidade Juvenil

A partir dos anos oitenta, o fenómeno da violência nas relações juvenis de intimidade começou a ser investigado pela comunidade científica internacional, assistindo-se à proliferação de estudos na área. Atendendo ao volume de estudos disponíveis, assim como à variabilidade das taxas de prevalência citadas, o nosso objectivo neste primeiro capítulo foi proceder a uma revisão dos estudos de prevalência sobre a violência na intimidade juvenil. Esta revisão baseia-se numa pesquisa sistemática nas revistas publicadas entre 1982 e 2008 nas bases de dados *PsycARTICLES*, *PsycINFO1887*, *Sociology: A SAGE Full-Text Collection*, *EBSCO-HOST: Research Databases* e *IBSS – International Bibliography of the Social Sciences*, para além da análise, necessariamente menos exaustiva, dos livros e monografias publicadas neste mesmo período. Para efectuar tal pesquisa utilizaram-se as palavras-chave: *dating violence, courtship violence, sexual violence, date rape, e sexual coercion.*

1. Investigação internacional: revisão dos estudos de prevalência no período de 1982 a 2008

Tem sido defendido que os estudos na área da violência na intimidade juvenil se focam essencialmente na violência física, registando-se um menor interesse empírico em conhecer a extensão da agressão psicológica, o que conduz a uma visão microscópica do fenómeno, limitando igualmente o conhecimento real da sua amplitude (Jackson, 1999). Na verdade, o interesse e o investimento no estudo da agressão psicológica surgiram mais recentemente, sendo contudo vários os estudos que têm vindo a considerar este tipo de agressão como sendo percursor de outras formas de violência, especificamente, do abuso físico (e.g., Hydén, 1995). Por outro lado, ainda que algo marginalizada nos discursos sociais e educativos, a agressão de índole sexual na intimidade tem recebido grande atenção por parte da comunidade científica, especialmente a partir dos anos oitenta e noventa.

De seguida procuraremos traçar o panorama internacional e nacional de investigação da prevalência destas diferentes formas de violência. Para tal apresentaremos os diferentes estudos disponíveis sobre esta matéria, em formato de quadros (seguindo uma ordem cronológica), sucedendo-se uma análise e discussão dos mesmos. Esta atenderá aos seguintes aspectos: localização geográfica dos estudos, características da amostra, instrumentos utilizados, e taxas de prevalência registadas. Procuraremos ainda analisar a forma como cada investigação conceptualiza o papel do género na perpetração e vitimação deste tipo de abuso íntimo (os estudos que analisaram esta questão são apresentados a sombreado nos quadros).

O primeiro quadro inclui os estudos internacionais que têm procurado caracterizar a prevalência da violência física, psicológica e/ou sexual nas relações amorosas. O segundo quadro retrata os diferentes estudos multiculturais desenvolvidos no âmbito do projecto *International Dating Violence*. Ainda que estes últimos estudos incluam também Portugal, os estudos específicos com a população portuguesa só serão apresentados no ponto 2 deste capítulo, onde procederemos igualmente à análise e discussão dos mesmos.

Continente/País	Estudo	Objecto	Amostra	Instrumentos	Resultados/Conclusões
América do Norte					
E.U.A.	Cate, Henton, Koval, Christopher, & Lloyd, 1982	Incidência da violência nas relações amorosas, ao longo da vida.	355 participantes do ensino universitário (43.1% de raparigas e 56.9% de rapazes), com idades compreendidas entre os 18-31 anos. A média de idades é de 20 anos.	CTS[1]	22.3% dos participantes assumiram-se como vítimas ou perpetradores de violência íntima. Em 68% dos casos de violência, os parceiros assumiram-se como sendo simultaneamente vítimas e ofensores de algum tipo de violência, ao longo da sua vida. Em 10% dos casos o ofensor era do género masculino e em 22% dos casos era do género feminino. Predominância das formas menores de abuso físico (e.g., bofetadas, agarrar, empurrões).
E.U.A. (Oregon)	Henton, Cate, Koval, Lloyd, & Christopher, 1983	Analisar a violência na intimidade dos jovens, ao longo da vida.	644 participantes do ensino secundário (54.5% de rapazes e 45.5% de raparigas), com idades compreendidas entre os 15-19 anos. A média de idades é de 17 anos.	CTS	12.1% dos participantes referiram estar envolvidos em relações íntimas violentas, como abusadores ou como vítimas. 71% dos que relataram estar envolvidos em relações afectivas abusivas, assumiram-se, simultaneamente, como vítimas e ofensores, em algum momento das suas vidas. Predominância das formas menores de abuso físico (e.g., bofetadas, agarrar, empurrões).
E.U.A.	Lane & Gwartney-Gibbs, 1985	Analisar a ocorrência das diferentes formas de violência (física, psicológica e sexual).	325 participantes do ensino universitário (50.9% rapazes e 49.1% raparigas).	CTS	▪ Mais de metade dos participantes relataram ter sofrido e perpetrado alguma forma de abuso íntimo. ▪ Rapazes e raparigas revelaram proporções similares ao nível da vitimação. No entanto, as raparigas admitiram mais do que os rapazes a perpetração. ▪ Ao nível da violência sexual, mais rapazes do que raparigas admitiram a sua perpetração e mais raparigas do que rapazes referiram a ter sido vítimas deste tipo de abuso.
E.U.A. (Califórnia)	O'Keefe, Brockopp, & Chew, 1986	Prevalência da violência íntima, ao longo da vida e nas relações actuais.	256 participantes do ensino secundário (53% de raparigas e 47% de rapazes).	CTS	35.5% dos participantes relataram ter sofrido algum tipo de violência na intimidade ao longo da sua vida. Se considerarmos apenas as relações actuais, este tipo de violência regista-se em cerca de 27% dos casos.

[1] *Conflict Tactic Scale* (Straus, 1979).

Continente /País	Estudo	Objecto	Amostra	Instrumentos	Resultados/Conclusões
E.U.A.	MaKepeace, 1986	Diferenças de género na perpetração da violência íntima.	2338 participantes do ensino secundário (45.3% de rapazes e 54.7% de raparigas), com uma média de idades de 21.5 anos.	CTS	16.7% dos participantes relatou ter sido alvo de violência nas suas relações amorosas, registando-se mais raparigas (20.6%) do que rapazes (12%) a referir este tipo de violência.
E.U.A. (Nova Iorque)	Arias, Samios, & O'Leary, 1987	Prevalência da violência física nas relações amorosas passadas e actuais.	270 participantes do ensino universitário (35.2% de homens e 64.8% de mulheres), com uma média de idades de 18 anos.	CTS	Nas relações passadas, mais raparigas (49%) do que rapazes (30%) admitiram recorrer à violência física. Nas relações actuais, registaram-se percentagens similares de rapazes (30%) e raparigas (32%) a assumirem o recurso à violência física. Mais rapazes (50%) do que raparigas (38%) admitiram a vitimação deste tipo de violência. Ao nível da vitimação física severa, os rapazes relataram uma maior vitimação do que as raparigas, nas relações passadas (27% v.s. 8%) e actuais (23% v.s. 3%).
Texas	Muehlenhard & Linton, 1987	Incidência da violação e outras formas de violência sexual.	635 participantes do ensino secundário e universitário (53.7% de raparigas e 46.3% de rapazes), com uma média de idades de 18 anos.	SEQ[2]	77.6% de raparigas e 57.3% de rapazes relataram estar envolvidos em algum tipo de violência sexual nas suas relações amorosas e 14.7% das raparigas e 7.1% dos rapazes relataram violação. A violência sexual entre os estudantes do ensino secundário foi referida por 70.4% de raparigas e 50.9% de rapazes; entre os estudantes universitários, por 65.1% de mulheres e 50.9% de homens.
E.U.A.	Stets & Pirog-Good, 1989	Diferenças de género para a violência física e sexual.	287 participantes do ensino universitário (41.1% de rapazes e 58.9% de raparigas), com uma média de idades de 21 anos.	CTS	Ausência de diferenças de género na vitimação das diferentes formas de violência física (17% de homens e 27% de mulheres). Predominância da violência menor (e.g., puxões, empurrões, bofetadas). A violência sexual foi experienciada por mais elementos femininos (36%) do que masculinos (22%). Rapazes e raparigas relataram experienciar formas "menores"de violência sexual.
E.U.A.	Stets & Straus, 1989	Prevalência da violência física.	526 casais de namorados 5005 casais unidos legalmente 237 casais que coabitam Idades entre os 18-45 anos.	CTS	A violência feminina assume proporções mais elevadas nas relações de namoro (em 39.4% dos casos) do que nos outros contextos amorosos: marital com 28.6% e 16.9% nos casais que coabitam. A violência masculina surge mais elevada nos casais que coabitam (20.7%) dos que nos outros contextos: 10.5% no namoro e 23.2% no casamento.

[2] *Sexual Agression Questionnaire* (Muehlenhard & Linton, 1987)

Continente /País	Estudo	Objecto	Amostra	Instrumentos	Resultados/Conclusões
E.U.A. (Nova Iorque)	Breslin, Riggs, O'Leary, & Árias, 1990	Prevalência da violência física.	405 participantes do ensino universitário (69.1% de mulheres e 30.9% de homens); com uma média de idades de 18 anos.	CTS	23% dos participantes masculinos e 39% dos participantes femininos admitiram o recurso à violência física contra o(a) parceiro(a) amoroso(a).
Canadá	Barnes, Greewood, & Sommer, 1991	Prevalência da violência física e emocional.	245 participantes masculinos, universitários, com idades compreendidas entre os 17 e 26 anos.	CTS	42.6% dos participantes masculinos relataram a perpetração da violência física e 92.6% admitiu recorrer à violência emocional.
E.U.A.	White & Koss, 1991	Prevalência da violência física e verbal.	4707 participantes do ensino universitário (55.3% de raparigas e 44.7% de rapazes), com uma média de idades de 21 anos.	CTS	Os resultados apontaram para o abuso recíproco: 81% dos rapazes e entre 87-88% das raparigas referem ter sofrido e infligido algum tipo de violência emocional; 37% de homens e 35% de mulheres admitiram o uso da violência física e 39% de homens e 32% de mulheres referiram ter sofrido este tipo de violência.
EU.A. (Carolina do Sul)	Follingstad, Wright, Lloyd, & Sebastian, 1991	Diferenças de género na violência na intimidade juvenil.	495 participantes do ensino universitário (41.8% de rapazes e 58.2% de raparigas), com uma média de idades de 20.6 anos.	CTS	23% relataram algum tipo de vitimação na intimidade, sendo que mais raparigas (28%) do que rapazes (16%) admitiram a vitimação. 17% admitiram a perpetração de algum tipo de violência, registando-se igualmente diferenças de género. Mais raparigas (20%) do que rapazes (12%) assumiram o recurso à violência.
E. U. A.	Stets & Henderson, 1991	Prevalência da violência psicológica e física.	272 participantes (54% de rapazes e 46% raparigas), com uma média de idades de 22 anos.	CTS	A violência verbal surge como a forma de abuso mais comum (em 90% dos casos), sendo que apenas 1/3 dos participantes relataram usar ou receber este tipo de violência. As raparigas referiram usar mais a violência física menor (38.4%), do que os rapazes (21.9%). Da mesma forma, as raparigas usam 6 vezes mais a violência física severa (19.2%) do que os rapazes (3.4%). Os rapazes relataram duas vezes mais a vitimação da violência severa (15.7%), do que as raparigas (8%).

Continente /País	Estudo	Objecto	Amostra	Instrumentos	Resultados/Conclusões
E.U.A.	Bergman, 1992	Prevalência da violência física, sexual e violência severa.	631 participantes do ensino secundário.	QAR[3]	15.7% de casos de violência física e 15.7% de violência sexual relatados pelas raparigas. A proporção de homens maltratados é menor, com 4.4.% a relatar vitimação sexual, 7.8% violência física e 9.9% ambos os tipos de abuso.
E.U.A.	Himelein, Vogel, & Wachowiak, 1994	Prevalência das experiências sexuais não consentidas.	330 participantes femininas, universitárias com uma média de idades de 18.4 anos.	SES[4]	A forma mais frequente de vitimação, relatada por 29.9% das participantes, foi o contacto sexual, seguido da tentativa de violação (19%), a coerção sexual (11.1%) e a violação (6.4%). 38% das participantes relatou a experienciação de pelo menos uma forma de vitimação sexual.
E.U.A.	Clark, Beckett, Wells, & Dungee-Anderson, 1994	Prevalência da violência nas relações amorosas, ao longo da vida.	311 participantes do ensino universitário (24.4% de rapazes e 75.6% de raparigas), com uma média de idades de 20 anos.	CTS	92% de rapazes e 94% de raparigas admitiram o recurso à violência verbal nas suas relações amorosas. A violência física foi admitida por mais participantes femininos (47%) do que masculinos (35%). No entanto, os rapazes relataram perpetrar formas mais severas de violência. Ausência de diferenças de género nos comportamentos de vitimação, com 91% dos rapazes e 88% das raparigas a revelaram ter sido alvo de violência verbal e 41% de rapazes e 33% de raparigas a revelaram ter experienciado, pelo menos uma vez, violência física. Os tipos de violência mais frequentes envolviam empurrões e bofetadas.
E.U.A.	LeJeune & Follette, 1994	Diferenças de género na violência em geral.	465 participantes do ensino universitário (58.3% de rapazes e 41.7% de raparigas), com idades entre os 19 e 23 anos.	CTS	Entre os participantes femininos, 42.4% admitiu ter iniciado actos de violência física nas suas relações amorosas e 39.4% referiu ser o seu parceiro amoroso a iniciar a violência. Entre os participantes masculinos, 14.3% admitiu iniciar a violência na sua relação amorosa e 52.4% atribui essa responsabilidade à sua parceira amorosa.
E.U.A.	Molidor, 1995	Prevalência da violência psicológica e diferenças de género.	631 participantes do ensino secundário (52.3% de raparigas e 47.7% de rapazes), com idades entre os 13-18 anos.	CTS	A violência psicológica é pouco frequente entre os participantes. A análise das diferenças de género sinalizou que, em 6 itens, os rapazes referiram experienciar mais violência psicológica do que as raparigas.

[3] Questionário de auto-relato sem especificação.

[4] *Sexual Experiences Survey* (Koss & Gidycz ,1985)

Continente /País	Estudo	Objecto	Amostra	Instrumentos	Resultados/Conclusões
E.U.A.	Himelein, 1995	Violência ocorrida antes do ingresso no ensino superior e ao longo da frequência universitária.	O primeiro momento envolveu 330 raparigas com uma média de idades de 18.4 anos. O segundo momento envolveu 100 raparigas, com uma média de idades de 21 anos.	SES	38% das participantes relataram a experiência de vitimação sexual antes de ingressarem no ensino superior. Destas, 15% relataram uma vitimação menor, 17% vitimação moderada (coerção sexual e tentativa de violação) e 6% vitimação severa (violação). 29% das participantes relatou experienciar vitimação sexual depois de ter ingressado no ensino superior. A vitimação leve rondava os 8%, a moderada os 13% e 8% referiu vitimação sexual severa. No conjunto total da amostra, 52% revelou ter experienciado algum tipo de vitimação sexual ao longo da vida. Destas, 19% relatou vitimação menor, 22% vitimação moderada e 11% vitimação severa.
Canadá	Poitras & Lavoie, 1995	Prevalência da coerção sexual.	644 participantes do ensino secundário (52.2% de raparigas e 47.8% de rapazes), com idades compreendias entre os 15-19 anos.	SES	54.1% de raparigas relataram ter sido vítimas de coerção sexual, sendo a vitimação masculina registada em apenas 13.1% dos casos. A perpetração de coerção sexual foi admitida por mais rapazes (14.3%) do que raparigas (6.3%). As raparigas tendem a recorrer mais à coerção verbal como estratégia sexual.
E.U.A.	Vicary, Klingaman, & Harkness, 1995	Prevalência da violência sexual	315 participantes femininas do ensino secundário, com idades compreendidas entre os 12-17 anos.	Entrevistas	26% relataram ter estado envolvidas em actividades sexuais não-desejadas nas suas relações de namoro, por volta dos 17 anos de idade. Destas, 15% referiram mais do que um episódio de violência sexual. 13% relatou ter sido vítima de violação e 10% de outras formas de agressão sexual, tais como toques sexuais indesejados e/ou sexo oral.
E.U.A.	Abbey, Ross, McDuffie, & McAuslan, 1996	Prevalência da vitimação sexual.	1.160 participantes femininas do ensino universitário.	SES	59% das mulheres relataram ter experienciado algum tipo de vitimação sexual; 23% foram violadas e em 8% dos casos registou-se tentativa de violação.
E.U.A.	Straus & Yodanis, 1996	Prevalência da violência física.	218 participantes universitários (36.2% de rapazes e 63.8% de raparigas), com uma média de idades de 20 anos.	CTS-2[5]	34% dos participantes admitiram ter usado violência física contra o(a) parceiro(a) amoroso(a).

[5] *Revised Conflict Tactics Scales* (Straus, Hamby, Boney-McCoy, & Sugarman, 1996).

Continente /País	Estudo	Objecto	Amostra	Instrumentos	Resultados/Conclusões
E.U.A. (Carolina do Norte)	Foshee, 1996	Prevalência dos diferentes tipos de violência e diferenças de género, ao longo da vida.	1405 participantes (50.4% de raparigas) com uma média de idades de 14 anos.	CTS-2	Ausência de diferenças de género ao nível da vitimação, com 36.5% de raparigas e 39.4% de rapazes a relatarem ter experienciado violência na sua intimidade, pelo menos uma vez. Diferenças de género ao nível da perpetração, com mais raparigas (27.8%) a admitirem a prática de condutas violentas, comparativamente com os rapazes (15%). As raparigas (14.5%) constituem as principais vítimas da violência sexual. Apenas 7% de rapazes relataram a experienciação deste tipo de abuso. Mais rapazes (4.5%) do que raparigas (1.2%) admitiram a perpetração. As raparigas relataram mais vitimação psicológica do que os rapazes.
E.U.A. (Chicago)	Jezl, Molidor, & Wright, 1996	Prevalência da violência psicológica, física e sexual e determinar diferenças de género.	257 participantes do ensino secundário (50.9% de raparigas e 49.1% de rapazes).	TDS[6]	96% dos participantes revelaram experienciar algum tipo de violência psicológica; 59% violência física e 15% violência sexual. Mais rapazes (63%) do que raparigas (39%) relataram experienciar níveis moderados de violência física, não se registando diferenças de género na violência física severa (relatada por 46.5% de rapazes e 38.1% de raparigas). Ausência de diferenças de género na experienciação da violência sexual, sustentada por 11.4% de rapazes e 17.8% de raparigas. Ausência de diferenças de género na experienciação da violência psicológica, referida por 97.4% de rapazes e 94% de raparigas.
E.U.A.	Riggs & O'Leary, 1996	Prevalência da agressão física e severa.	345 participantes do ensino universitário (67.2% de mulheres e 32.8% de homens) com uma média de idades de 18 anos.	CTS	34% de mulheres e 30% de homens admitiram a violência física para com os seus parceiros amorosos. 5% de mulheres e 7% de homens admitiram o uso de actos de agressão física severa.
E.U.A. (Nova Iorque)	Avery-Leaf, Cascardi, O'Leary, & Cano, 1997	Prevalência da violência no namoro, no último ano.	193 participantes do ensino secundário (54.9% de rapazes e 45.1% de raparigas), com uma média de idades de 17 anos.	CTS	Mais raparigas (53%) do que rapazes (21%) admitiram o recurso a comportamentos abusivos durante o último ano na sua relação amorosa. Ausência de diferenças de género ao nível da vitimação (38.4% das raparigas e 41.4% dos rapazes).

[6] *Teenage Dating Survey* (Molidor &Tolman, 1995)

Continente /País	Estudo	Objecto	Amostra	Instrumentos	Resultados/Conclusões
E.U.A. (Los Angelos)	Malik, Sorenson, & Aneshensel, 1997	Prevalência da violência íntima.	707 participantes do ensino secundário (39.7% de rapazes e 60.3% de raparigas), com idades entre os 14-17 anos.	CTS	39.3% admitiram ter usado violência nas suas relações amorosas e 38.2% relataram experienciar este tipo de violência. As raparigas assumiram-se como mais perpetradoras da violência do que os rapazes. Ao nível da vitimação não se detectaram diferenças de género.
E.U. A. (Los Angelos)	O'Keefe, 1997	Prevalência da violência nas relações amorosas.	939 participantes do ensino secundário (41% de rapazes e 59% raparigas), com idades entre os 14-20 anos.	CTS	43% de raparigas e 39% de rapazes admitiram ter perpetrado algum tipo de violência física nas suas relações amorosas.
Canadá	Rhynard, Krebs, & Glover, 1997	Prevalência da violência sexual.	165 participantes do ensino secundário (53% raparigas e 47% rapazes), com idades compreendidas entre os 13-18 anos.	QAR	26.1% revelou ter sido forçado a algum tipo de actividade sexual pelo(a) parceiro(a) amoroso(a). Mais rapazes (47%) do que raparigas (42%) revelaram ter sido alvo de beijos forçados; mais raparigas (46%) do que rapazes (41%) revelaram sofrer toques sexuais indesejáveis. 41% dos rapazes revelarem ter sido obrigados a retirar a roupa, comparativamente com 23% das raparigas e, mais raparigas (35%) do que rapazes (23%) revelaram ter sido forçados à relação sexual. 80% das raparigas referiram receber ameaças verbais; A violência física foi usada por mais rapazes (24%) do que raparigas (8%) e, a persistência foi usada por 81% das raparigas e 59% dos rapazes.
	Gray & Foshee, 1997	Prevalência da violência Nas relações amorosas, passadas e actuais.	77 participantes do ensino secundário (64% raparigas e 46% rapazes).	———	Dos 77 adolescentes que relataram violência nas suas relações amorosas actuais e passadas, 14.3% identificaram-se como vítimas, 19.5% como agressores e 66.2% admitiram a vitimação e a perpetração deste tipo de abuso.
E.U.A. (Los Angelos)	O'Keefe, 1998	Prevalência da violência na intimidade, ao longo da vida.	232 participantes do ensino secundário, com idades entre os 14-19 anos.	CTS	49% admitiram ter usado violência pelo menos uma vez. 55% relataram já ter experienciado pelo menos um incidente abusivo nas suas relações amorosas.
Canadá	O'Sullivan & Finkelman, 1998	Prevalência da coerção sexual, no último ano.	346 participantes universitários (80.1% de mulheres e 45.1% de homens).	SES	18.5% de participantes do género masculino e 42.5% do género feminino relataram ter experienciado algum tipo de coerção sexual no último ano.

Continente /País	Estudo	Objecto	Amostra	Instrumentos	Resultados/Conclusões
E.U.A.	Simonelli & Ingram, 1998	Prevalência da violência física e emocional.	70 participantes masculinos do ensino universitário, com uma média de idades de 21 anos.	CTS	90% dos participantes revelaram ter recebido, pelo menos, uma forma de violência verbal e 84% admitiram ao recurso a este tipo de violência. 40% referiu ter sido alvo de algum acto de violência física por parte da parceira amorosa e 23% admitiu ter perpetrado pelo menos um acto deste tipo de violência; 29% referiram ter sido alvo de algum tipo de violência física severa e 10% admitiu o recurso à violência física severa.
E.U.A.	Molidor & Tolman, 1998	Prevalência da violência nas relações amorosas.	631 participantes do ensino secundário (47.7% de raparigas e 52.3% de rapazes), com idades compreendidas entre os 14-18 anos.	CTS	Ausência de diferenças de género, com 31.13% das raparigas e 32.6% dos rapazes a revelarem a vitimação de algum tipo de violência físicas nas suas relações amorosas. As raparigas relataram sofrer violência física mais severa, comparativamente com os rapazes que referiram mais violência física moderada.
E.U.A. (Califórnia)	Jonson-Reid & Bivens, 1999	Prevalência da violência física, sexual, ameaças e abuso verbal.	85 jovens adoptados	QAR	48% referiram ter sofrido algum tipo de violência na sua intimidade. Destes, 42% admitiram ter sido vítimas e ofensores. As raparigas (37%) tendem a assumir-se mais como vítimas, em comparação com os rapazes (11%). Ambos os géneros assumiram a perpetração de dano (16% de rapazes e 15% de raparigas).
E.U.A.	West & Rose, 2000	Prevalência da violência física, psicológica e sexual e diferenças de género.	171 jovens de classes sociais desfavorecidas (51.5% de raparigas e 48.5% de rapazes), com idades compreendidas entre os 16 e 24 anos.	CTS	• Mais de metade da amostra relatou a perpetração e a vitimação das formas "menores" de violência física. As formas mais severas de violência física (e.g., bater, utilizar uma arma) apenas foram relatadas por ¼ dos participantes. • Entre 10-17% relatou violência sexual e ¾ da amostra relatou várias formas de agressão psicológica. • A agressão física e psicológica foi perpetrada e sofrida tanto por rapazes como por raparigas.
E.U.A.	Johnson & Sigler, 2000	Prevalência da violência sexual, ao longo da vida.	818 participantes do ensino universitário (54% de mulheres e 46% homens).	SES	18.5% das raparigas revelaram ter experienciado relações sexuais forçadas, pelo menos uma vez ao longo da sua vida, sendo que a grande maioria dos incidentes (13.3%) ocorreu no âmbito das suas relações amorosas.

Continente /País	Estudo	Objecto	Amostra	Instrumentos	Resultados/Conclusões
E.U.A.	Shoot, Gerrity, Jurich, & Segrist, 2000	Prevalência da violência verbal e física ocorrida no último ano.	572 participantes do ensino universitário (69.1% de mulheres e 31% de homens), com idades compreendidas entre os 18-26 anos.	CTS	82% dos participantes admitiram o recurso à violência verbal nas suas relações amorosas, no último ano e 21% assumiram ter usado comportamentos fisicamente abusivos, no mesmo período. Diferenças de género ao nível do abuso físico, com mais mulheres (23.5%) a admitirem o recurso a este tipo de comportamentos em comparação com o género oposto (13%). No abuso verbal não se detectaram diferenças de género relevantes: assumido por 80% rapazes e 83% de raparigas.
Canadá	Price, Byers, Sears, Whelan, & Saint-Pierre, 2000	Prevalência da violência física, psicológica e sexual.	1700 participantes do ensino secundário com idades compreendidas entre os 11-20 anos.	CTS-2	No global, 29% das raparigas e 13% dos rapazes relataram ter experienciado algum tipo de violência (física, psicológica ou sexual) nas suas relações amorosas. 22% de raparigas e 12% de rapazes relataram experienciação de abuso psicológico e/ou físico. A violência sexual foi experienciada por 19% de raparigas e apenas 4% de rapazes.
E.U.A.	James, West, Deters, & Armijo, 2000	Prevalência da violência física e psicológica.	37 participantes do ensino secundário (17 rapazes e 20 raparigas) com idades entre os 14-18 anos.	YDVS[7]	49% dos adolescentes relataram vitimação de algum tipo de violência psicológica e 50.4% admitiram o recurso a este tipo de violência sobre o(a) parceiro (a) amoroso(a). 30.7 % já foi alvo de algum tipo de violência física e 25.6% admitiram a sua perpetração.
E.U.A.	Molidor, Tolman, & Kober, 2000	Prevalência da violência física ao longo da vida.	635 participantes do ensino secundário, com idades compreendidas entre os 13-18 anos.	______	36.4% das raparigas e 37.1% dos rapazes relataram ter experienciado violência física nas suas relações amorosas.
E.U.A.	Byers, Leonard, Mays, & Rosén, 2000	Prevalência da violência física e sexual e determinar diferenças de género.	480 participantes do ensino universitário (50% de raparigas e 50% de rapazes), com uma média de idades de 19.4 anos.	Vinhetas	As raparigas (24.2%) verbalizaram experienciar mais violência física do que os rapazes (17.1%). Relativamente aos indicadores de perpetração não se registaram diferenças de género, com 13.3% de rapazes e 11.7% de raparigas a admitirem o recurso à violência física. As raparigas (39.6%) relataram experienciar mais violência sexual, do que os rapazes (5.4%). Mais rapazes (11.3%) do que raparigas (2.1%) admitiram recorrer a este tipo de violência.

[7] *Youth Risk Behavior Surveilhance System* do Centers Disease for Control and Prevention (1996 cit. James, West, Deters, & Armijo, 2000).

Continente /País	Estudo	Objecto	Amostra	Instrumentos	Resultados/Conclusões
E.U.A. (Carolina do Sul)	Coker, McKeown, Sanderson, Davis, Valois, & Huebner, 2000	Prevalência da violência severa e sexo forçado as relações amorosas, no último ano.	5412 participantes do ensino secundário (52.4% de raparigas e 47.6% de rapazes), com idades entre os 14 e 18 anos.	YRBS	12% dos adolescentes relataram violência severa nas suas relações amorosas, no último ano, como vítimas (7.7.%) ou agressores (7.6%). A vitimação severa foi mais experienciada pelas mulheres (14.4.%) do que pelos rapazes (9.1%). 16.2% relatou ter sido vítima de sexo forçado e 5.3.% admitiram a sua perpetração.
E.U.A.	Halpern, Oslak, Young, Martin, & Kupper, 2001	Prevalência da violência psicológica e física menor, nos últimos 18 meses.	7500 participantes do ensino secundário, com idades compreendidas entre os 12-21 anos.	CTS-2	32% dos participantes relataram ter experienciado algum tipo de violência nos últimos 18 meses. 12% relataram ter sido vítimas de violência física. 1 em 5 adolescentes sofreram algum tipo de violência psicológica e 1 em 10 sofreram violência física, usualmente acompanhada por violência psicológica.
E.U.A. (Decatur)	Forbes & Adams-Curtis, 2001	Prevalência da coerção sexual.	438 participantes universitários (40.6% de mulheres e 33.3% de homens), com idades compreendidas entre os 17-19 anos.	SES	53% das mulheres verbalizaram a experienciação de algum tipo de coerção sexual, 22% revelou ter sido experienciado o uso da força na actividade sexual e 2.8% relataram violação. 21% dos participantes masculinos admitiram a prática de algum tipo de coerção sexual, 1% admitiu o uso da força.
E.U.A.	Russell & Oswald, 2001	Frequência das estratégias de coerção sexual utilizadas por ambos os géneros	285 participantes femininas do ensino universitário, com uma média de idades de 21 anos.	SES	18% das participantes admitiram recorrer a algum tipo de comportamento coercivo físico ou verbal para obter intercurso sexual.
E.U.A. (Dakota)	Schubot, 2001	Prevalência da violação.	3 amostras de participantes do ensino secundário, em períodos distintos (1993, 1995 e 1997).	YRBS	A prevalência da violação nas relações amorosas nos três períodos considerados situava-se entre os 11.8% e os 14.9%.
E.U.A.	Russell & Oswald, 2002	Prevalência da coerção sexual.	173 participantes masculinos do ensino universitário, com uma média de idades de 21 anos.	SES	36.4% admitiu ter usado pelo menos um comportamento de coerção sexual. Apenas 2.9% admitiu ter recorrido à ameaça de agressão física na interacção sexual e 7.6% verbalizou ter utilizadoagressão física. 45% dos participantes revelou ter sido vitima de alguma forma de coerção sexual. Destes, 14.5% relatou vitimação física na relação sexual, 11.6% experienciou agressão verbal e 17.6% revelou ter sido alvo de violência física e verbal na interacção sexual.

Continente /País	Estudo	Objecto	Amostra	Instrumentos	Resultados/Conclusões
E.U.A.	Kuffel & Katz, 2002	Prevalência da violência física, psicológica e sexual.	123 participantes do ensino universitário (36.6% de rapazes e 63.4% de raparigas).	CTS-2	28% admitiu utilizar violência física e 35% revelou a vitimação física. 65% perpetrou e sustentou violência psicológica nas suas relações amorosas. 23% admitiu recorrer à violência sexual e 25% revelou ter sido alvo de algum tipo de violência sexual.
E.U.A. (Nova Iorque)	Jenkins & Aubé, 2002	Prevalência e severidade da violência física, simbólica e psicológica.	170 participantes universitários (85 pares de namorados), com uma média de idades de 20 anos.	CTS-2	Ausência de diferenças de género na perpetração. Na vitimação registaram-se diferenças de género, com os homens a revelarem mais vitimação física e psicológica.
E.U.A.	Katz, Kuffel, & Coblentz, 2002	Diferenças de género na violência na intimidade.	283 participantes do ensino universitário (65% de raparigas e 36.4% de rapazes), com idades compreendidas entre os 18-25 anos.	CTS	47% dos participantes revelou ter experienciado abuso físico, 35% violência moderada e 2% violência severa. • Ainda que rapazes e raparigas tenham experienciado violência física análoga, os rapazes relataram mais violência moderada, comparativamente com as mulheres.
E.U.A.	Harned, 2002	Prevalência da violência psicológica, física e sexual.	874 participantes do ensino universitário (56% de raparigas e 44% de rapazes), com uma média de idades de 21 anos.	ABIPAS[8]	82% de raparigas e 87% de rapazes, relatou sofrer violência psicológica pelo(a) namorado(a). 39% de raparigas e 30% de rapazes verbalizaram sustentar algum tipo de vitimação sexual e 22% de raparigas e 21% de rapazes, referiu ter sido alvo de violência física.
E.U.A.	Wheeler, George, & Dahl, 2002	Prevalência da violência sexual.	290 participantes masculinos do ensino universitário, com uma média de idades de 18 anos.	SES	61% dos participantes relataram ter perpetrado algum tipo de violência sexual.47.4% admitiram ter recorrido a algum tipo de comportamento sexualmente coercivo, 13.4% admitiu a perpetração de comportamento sexual abusivo, 4% relatou tentativa de violação e 9% admitiu ter cometido violação.
E.U.A.	Freedner, Freed, Yang & Austin, 2002	Prevalência da violência nas relações homossexuais, bissexuais e heterossexuais.	521 participantes com idades compreendidas entre os 13-22 anos de idade.	YRBS e CTS	41.5% de rapazes e 37.1% de raparigas relataram ter experienciado algum tipo de violência. 44.6% de *gays* e 43.4% de lésbicas afirmaram ter experienciado algum tipo de violência íntima. Nas relações bissexuais, a experienciação de violência íntima é de 57.1% no caso dos homens e 38.3% no caso das mulheres e nas relações heterossexuais, 28.6% para os homens e 32.4% para as mulheres.

[8] *Abusive Behavior Inventory - Psychological Abuse Subscale* (Shepard & Campbell, 1992).

Continente /País	Estudo	Objecto	Amostra	Instrumentos	Resultados/Conclusões
México (Juarez)	Ramirez, 2002	Prevalência da violência física, injúrias, coerção sexual e psicológica, no último ano.	222 participantes universitários (85.6% de mulheres e 13.5% de homens), com uma média de idades de 20 anos.	CTS-2	37.8% relataram a vitimação física, no último ano (44.3% de vitimas femininas e 31.2.% de vítimas masculinas) e 14.4.% a vitimação severa (13.5% de homens e 15.2% de mulheres). Cerca de 13% relataram danos (13.5% eram do género masculino e 12% do género feminino) e 2.3% danos severos (3% de vítimas masculinas e 1.5% de vítimas femininas). 19.5% admitiram ter experienciado, no último ano, coerção sexual (relatada por mais mulheres (23.1%) do que homens (16)) e 4.3.% admitiram coerção sexual severa, com mais vítimas femininas (5.8%) do que masculinas (2.8%)). A vitimação psicológica foi relatada por mais de metade da amostra (57%) (registaram-se em número similar, 54.3% de homens e 60.3% de mulheres) e a vitimação psicológica severa por 31.1.%. (37.5% de homens e 24.7% de mulheres). 42.9% da amostra total admitiu recorrer ao abuso físico (37.6% eram homens e 48.3% mulheres) e 16% admitiu usar abuso severo (16.1% de agressores masculinos e 15.9% femininos). 13.7% admitiram ter causado danos à(ao) parceira(o) amoroso(a) (16.4% eram do género masculino e 10.9% do género feminino) e 3.7% reconheceram ter causado danos severos (6.4% de ofensores masculinos e 1% de mulheres). 15.6% reconheceram ter praticado coerção sexual (admitido por mais homens (18.2%) do mulheres (13%)) e 3.7% admitiram coerção sexual severa (admitida por mais mulheres (4.1) do que homens (3.2.%)). A agressão psicológica foi admitida por 60% da amostra total (54.6% eram homens e 65.4% mulheres) e a agressão psicológica severa por 29% (31.2% de homens e 26.8% de mulheres).
E.U.A. (Carolina do Norte)	Smith, White & Holland, 2003	Estudo longitudinal que avalia a violência física e sua co-ocorrência com a violência sexual.	1569 participantes femininas do ensino secundário e universitário.	CTS	88% das adolescentes experienciaram pelo menos um incidente de violência física ou sexual, sendo que 63.5% experienciaram ambos os tipos de violência.

Continente /País	Estudo	Objecto	Amostra	Instrumentos	Resultados/Conclusões
E.U.A. (Nova York)	Testa, Livingston, & Leonard, 2003	Prevalência da violência íntima.	1014 participantes femininas com idades compreendidas entre os 18-30 anos.	CTS-2	56.1% relataram ter experienciado violência menor e 30.8% violência severa pelo parceiro amoroso, pelo menos uma vez ao longo da vida.
E.U.A.	Howard & Wang, 2003a	Prevalência da vitimação física, no último ano.	Amostra representativa que envolveu 7.824 adolescentes do género feminino.	YRBS	9.2% das raparigas relataram experienciar abuso íntimo; 1/10 raparigas experienciaram abuso no último ano.
E.U.A.	Howard & Wang, 2003b	Prevalência da violência física.	Amostra representativa que envolveu 7.434 rapazes.	YRBS	9.1% dos adolescentes masculinos relataram ter experienciado violência física
E.U.A. (Carolina do Norte)	Arriaga & Foshee, 2004	Prevalência do abuso íntimo.	1.965 participantes do ensino secundário.	CTS	20% dos participantes assumiram o recurso a actos abusivos em algum momento das suas vidas (12% de abuso moderado e 8% de abuso severo) e 36% admitiram ter sido vitimados (17% de abuso moderado e 19% abuso severo). As raparigas apresentavam mais probabilidades de recorrer à violência, mas um tipo de violência mais moderada, enquanto que os rapazes recorriam mais ao abuso severo. De igual modo, as raparigas tendiam a receber mais violência severa e os rapazes violência moderada. Ao nível da vitimação, não se registaram diferenças de género.
E.U.A.	Straus & Ramirez, 2004	Prevalência da perpetração da violência íntima	653 participantes universitários (33% de rapazes e 67% de raparigas), com uma média de idades de 19 anos.	CTS 2	31% dos participantes admitiram usar violência física nas suas relações amorosas, sendo que destes, 1/3 (9.3%) eram relativos a actos de violência severa. Ausência de diferenças de género na perpetração do abuso (raparigas: 32%, rapazes: 29%).
Texas (México)	Sanderson, et al., 2004	Prevalência da vitimação física, no último ano.	5.118 participantes do ensino secundário, com idades entre os 14 e 18 anos	YRBS	As raparigas (8.7%) relataram mais vitimação física do que os rapazes (6.4%), no último ano.
E.U.A.	Howard, Beck, Kerr, & Shattuck, 2005	Prevalência da vitimação física, no último ano.	446 jovens latinos residentes em bairros suburbanos com idades compreendias entre os 14-19 anos.	IPYDS[9]	9% dos participantes relataram sofrer abuso físico no namoro, durante o último ano. Ausência de diferenças de género, com 8.9% de raparigas e 8.8% de rapazes a relatarem vitimação.

[9] *Identity Positive Youth Development Survey for Latino Youth* (Howard, Beck, Kerr, & Shattuck, 2005)

Continente /País	Estudo	Objecto	Amostra	Instrumentos	Resultados/Conclusões
E.U.A.	Jouriles, McDonald, Garrido, Rosenfeld, & Brown, 2005	Prevalência da violência nas relações amorosas.	125 participantes do ensino secundário, com uma média de idades de 15 anos.	CADRI[10] 2 métodos: a) uma única avaliação retrospectiva num período de 2 meses e b) 4 avaliações retrospectivas cumulativas, espaçadas por 2 semanas.	Os indicadores de prevalência para a experienciação da violência física variam entre 19-30%. No caso das ameaças, entre 13-28%. 48% dos participantes relataram pelo menos um acto de violência física na avaliação cumulativa, enquanto que na avaliação única, registaram-se 28% de casos.
E.U.A.	Perry & Fremouth, 2005	Estimar a ocorrência da violência íntima.	50 casais heterossexuais, em que pelo menos um dos membros é estudante universitário, com idades compreendidas entre 18-24 anos.	CTS 2	60% dos casais foram classificados como violentos fisicamente quando a concordância entre o casal não é considerada. Quando considerada, a violência física foi registada em apenas 28% dos casais. 36% de homens e mulheres relataram usar violência física, pelo menos uma vez, e 42% de homens e 30% de mulheres relataram ter sofrido pelo menos um comportamento fisicamente violento. 16% de mulheres e 14% de homens referiram ter experienciado violência emocional.
Canadá	Colli-Vézina, Hébert, Manseau, Blais, & Fernet, 2006	Prevalência da violência nas relações amorosas.	220 participantes do género feminino, inseridas em serviços de protecção, com idades compreendidas entre 13 e 18 anos.	CTS 2	A maioria das raparigas relatou ter sofrido uma experiência de vitimação (24.4% de violência severa e 81.5% de violência psicológica). Na violência psicológica, a violência menor foi relatada em 81.5% dos casos e 58.8% referiram ter sofrido violência psicológica mais severa. Na violência física, 59.6% relataram violência menor e a violência física severa foi verbalizada por 46%. Na coerção sexual, 63.3% relataram ter experienciado coerção sexual menor e a severa foi relatada por 32.9%. Nos danos, os danos menores foram relatados por 41.3% das participantes e severos por 24.4%.

[10] *Conflict in Adolescent Dating Relationships Inventory* (Wolfe, Scott, Reitzel-Jaffe, Wekerle, Grasley, & Straatman, 2001).

Continente /País	Estudo	Objecto	Amostra	Instrumentos	Resultados/Conclusões
Canadá (Quebéc)	Cyr, McDuff, & Wright, 2006	Prevalência da violência física e psicológica, no último ano.	126 participantes do género feminino, com idades compreendidas entre os 13-17 anos.	CTS 2	Uma percentagem significativa de raparigas admitiu perpetrar (84.1%) e receber (81.7%) violência psicológica, no último ano. 45.2% das adolescentes relataram vitimação física. 43.7% verbalizaram experienciar violência menor e 20.6% violência com carácter mais severo.
E.U.A.	Thompson, Bonomi, Anderson, Reid, Dimer, Carrel, & Rivara, 2006	Prevalência cronicidade e severidade da violência (2003-2005)	3568 participantes femininas.	BRFSS[11]	14.7% referiu ter experienciado pelo menos um tipo de violência íntima nos últimos cinco anos e 45.1% relatou mais do que uma forma de violência.
E.U.A. (New York)	O'Donnell, Stueve, Myint-U, Duran, Agronick, & Wilson-Simmons, 2006	Prevalência da violência nas relações de intimidade.	977 participantes (56.3% de raparigas e 43.7% de rapazes), com idades compreendidas entre 19 e 20 anos.	CTS	35% dos participantes de ambos os géneros relataram ter sido vítimas de uma ou mais formas de violência. 35% de raparigas e 22% de rapazes admitiram uma ou mais formas de violência.
México (Morelos)	Rivera-Rivera, Aleen, Rodrígues-Ortega, Chávez-Ayala, & Lazcano-Ponce, 2006	Prevalência da violência nas relações amorosas.	4.587 participantes femininas, com idades compreendidas entre os 12-24 anos, com uma média de idades de 15 anos. 72.5% das participantes frequentavam o ensino secundário.	CTS2	A prevalência da violência registou-se em 28% dos casos, sendo que a prevalência da violência entre as estudantes do ensino preparatório e universitário (32%) era mais elevada em comparação com a percentagem registada entre as estudantes do ensino secundário (26.2%).
E.U.A. (Hawaii)	Ramisetty-Mikler, Goebert, Nishimura, & Caetano, 2006	Diferenças de género na vitimação da violência física.	1242 participantes do ensino secundário (45% de rapazes e 55% de raparigas), com idades entre os 13 e 18 anos.	YRBS	7.8% dos participantes revelou ter experienciado violência física nas suas relações amorosas. Ausência de diferenças de género na vitimação, tendo-se registado indicadores de violência similares para os rapazes (7.6%) e raparigas (8%).

[11] *Behavioral Risk Factor Surveilhance Survey* (cf. Thompson, Bonomi, Anderson, Reid, Dimer, Carrel, & Rivara, 2006).

Continente /País	Estudo	Objecto	Amostra	Instrumentos	Resultados/Conclusões
E.U.A.	Whitaker, Haileyesus, Swahn, & Saltzman, 2007	Prevalência da violência recíproca e não recíproca.	11.370 participantes do *National Longitudinal Study of Adolescent Health*, com idades compreendidas entre os 18-28 anos, com uma média de idades de 22 anos.	CTS 2	23.9% dos participantes relataram estar envolvidos em relações amorosas violentas (como vitimas ou ofensores), tendo as raparigas revelado taxas mais elevadas de violência (28.4%) comparativamente com os rapazes (19.3%). Entre as relações amorosas violentas, 49.7% dos casos foram caracterizados como sendo de violência recíproca. Nas relações de violência não recíproca, as raparigas foram percepcionadas como as principais agressoras (70.7% dos casos), quer pelos femininos (67.7%) quer pelos masculinos (74.9%).
Canadá	Sears, Byers, & Price, 2007	Analisar a co-ocorrência da violência física, psicológica e sexual	633 participantes adolescentes (48.8% de raparigas e 51.2% de rapazes), com idades entre os 12-18 anos.	CTS 2 SES-R	35% dos rapazes admitiram o uso da violência psicológica, 15% de violência física e 17% de violência sexual. 47% das raparigas admitiram o recurso à violência psicológica, 28% à violência física e 5% admitiram ter recorrido à violência sexual.
México (Morelos)	Rivera-Rivera, Allen-Leigh, Rodríguez-Ortega, Chávez-Ayala, & Lazcano-Ponce (2007)	Prevalência da violência na intimidade.	Amostra representativa constituída por 13.293 jovens Mexicanos, com idades compreendidas entre os 11-24 anos.	CTS 2	Ao nível da vitimação global registou-se um maior número de participantes masculinos (15.2%), do que femininos (8.6%). A vitimação psicológica foi relatada por mais mulheres (9.4%) do que homens (8.6%). Já na violência física, a percentagem de rapazes vitimados elevou-se (22.7%) comparativamente com a percentagem de raparigas que relataram ter sido alvo deste tipo de violência (9.9%). As raparigas (7.5%) assumiram uma maior perpetração da violência do que os rapazes (5.5.%). Na violência psicológica, 4.2.% de raparigas e 4.3% de rapazes admitiram ter usado este tipo de violência. 20.9% das raparigas e 19.5% dos rapazes admitiram ter usado violência física.
E.U.A.	Gidycz, Warkentin, & Orchowski, 2007	Prevalência da violência física, verbal e sexual.	425 participantes masculinos do ensino universitário, com idades compreendidas entre os 18-20 anos de idades.	CTS-2 SES	17.7% dos participantes relataram algum tipo de agressão sexual (6.4% admitiu o contacto sexualmente agressivo; 5.4% a coerção sexual e 5.9% tentativa de violação ou violação). 21.6% admitiram a agressão verbal moderada e 62.5% a agressão verbal severa. 5.2% relataram a agressão física moderada e 1% a agressão física severa.
E.U.A.	Marquart, Nannini, Edwards, Stanley, & Wayman, 2007	Prevalência da vitimação e padrões de violência em função do género e região.	20807 participantes do ensino secundário de diferentes regiões rurais.	QAR	15.8% dos participantes referiram ter sido alvo de algum tipo de violência pelo(a) parceiro(a) amoroso(a). Nas quatro regiões consideradas, as raparigas relataram três vezes mais a vitimação do que os rapazes.

Continente /País	Estudo	Objecto	Amostra	Instrumentos	Resultados/Conclusões
América do Sul/ Latina					
Colômbia	Valois, Oeltmann, Waller, & Hussey, 1999	Prevalência da violência física e sexual.	3805 participantes do ensino secundário (52.2% de raparigas e 47.8% de rapazes). 1506 (40%) participantes eram negros, 2299 (60%) brancos.	YRBS	Os indicadores de perpetração da violência física eram mais elevados entre os rapazes (46% no caso dos negros e 43% nos caucasianos), comparativamente com as raparigas (28% nas negras e 30% nas caucasianas). As raparigas foram quem mais relatou a vitimação (com 10% de casos de raparigas caucasianas e em igual número nas negras). 6% de rapazes negros relataram vitimação, comparativamente com 4% de rapazes caucasianos. No caso da violação, os rapazes eram os principais perpetradores desta forma de violência (4% dos caucasianos e 9% dos negros), em comparação com as raparigas (2% caucasianas e 4% negras).
São Paulo, Brasil	Aldrighi, 2004	Prevalência e padrão de violência nas relações amorosas, no último ano.	455 participantes do ensino universitário (35% rapazes e 65% raparigas), com idades entre os 18-40 anos de idade.	CTS2	21% revelaram ter sido alvo de pelo menos um acto de violência física durante o último ano. Preponderância das agressões físicas sofridas pelas raparigas, registada em 19.4% dos casos. Prevalência da violência psicológica e coerção sexual, quando comparadas com a violência física. Em 72.4% das situações de violência, o abuso era mútuo.
Brasil	Moraes, Cabral, & Heilborn, 2006	Prevalência da coerção sexual, ao longo da vida.	4.634 participantes, com idades compreendidas entre os 18-24 anos de idades.	———	16.5% das raparigas admitiram terem experienciado algum tipo de coerção sexual ao longo da vida, nas suas relações amorosas.
Colômbia	Basile, Black, Simon, Árias, Brener, & Saltzman, 2006	Prevalência do intercurso sexual forçado.	Amostra representativa constituída por 15.240 participantes do ensino secundário de 50 estados da Colômbia.	YRBS	8.9% da amostra relatou já ter sido forçado ao intercurso sexual. Mais raparigas (11.9%) do que rapazes (6.1%) relataram este tipo de vitimação.
África					
África do Sul, Joanesburgo	Swart, Seedat, Stevens, & Ricardo, 2002	Prevalência da violência na intimidade, no último ano.	928 participantes do ensino secundário (46.7% de rapazes e 53.2% de raparigas), com idades compreendidas entre os 13-23 anos.	CTS2	35.3% de rapazes e 43.5% de raparigas admitiram ter perpetrado abuso físico, no último ano e 37.8% e 41.7% relataram a vitimação física pelo(a) namorado(a), no mesmo período. 49.8% de rapazes e 52.4% de raparigas admitiram estar envolvidos em relações violentas, quer como vítimas, quer como ofensores.

Continente /País	Estudo	Objecto	Amostra	Instrumentos	Resultados/Conclusões
África Oriental, Tanzânia	McCloskey, Williams, & Larsen, 2005	Prevalência da violência íntima, no último ano e ao longo da vida.	2.019 participantes do género feminino com idades compreendidas entre os 20-40 anos.	CTS	21% das participantes revelaram ter sido vitimadas física ou sexualmente ou ameaçadas pelo parceiro amoroso, no último ano. Entre 15-16% relataram vários tipos de violência física, e 1% relatou experienciar violência sexual forçada. Quando se considerou o período ao longo da vida, obtiveram-se indicadores de prevalência na ordem dos 26%, não diferindo dos indicadores considerados no último ano. A excepção situou-se ao nível da violência sexual, em que se registou um aumento deste tipo de experiências abusivas para os 3%.
África do Sul (Cape Town)	Flisher, Myer, Mérais, Lombard, & Redy, 2007	Prevalência do abuso íntimo.	596 participantes do ensino secundário (60.4% de raparigas e 39.6% de rapazes), com uma média de idades de 15 anos.	——	20.7% dos participantes envolvidos em relações amorosas admitiram ter perpetrado algum tipo de violência.
Ásia e Pacífico Ocidental					
China	Digest, 2005	Prevalência da violência física, psicológica e sexual, no último ano e ao longo da vida.	600 participantes do género feminino, com idades compreendidas entre o 18-60 anos.	Entrevista	43% relataram experienciação de violência íntima e 26% de abuso sexual. Destes, 38% relataram abuso físico e 16% abuso sexual ao longo da vida e 21% relataram abuso físico e 12% abuso sexual no último ano. Das que relataram experienciação de abuso físico ao longo da vida, 29% também experienciaram violência sexual e das que relataram abuso físico no último ano, 24% experienciaram também violência sexual pelo companheiro.
Filipinas	Serquina-Ramiro, 2005	Prevalência da violência física e da coerção sexual.	600 participantes (49.7% de rapazes e 50.3% de raparigas), com idades compreendidas entre os 15-19 anos.	——	64% relataram ter experienciado e/ou praticado alguma forma de coerção sexual: destes, 83.6% de participantes foram vítimas de coerção sexual e 16.9% admitiram a perpetração deste tipo de violência. De entre as vítimas, 42.3% eram do género masculino e 64.6% do género feminino.
Médio Oriente					
Israel	Schiff & Zeira, 2005	Prevalência da violência física, sexual e emocional.	105 jovens considerados de risco (48.6% de rapazes e 51.4% de raparigas), com média de idades de 18 anos.	CADRI e CTS	Não se registaram diferenças de género na violência física. As raparigas admitiram mais perpetração e menos vitimação para muitos tipos de violência, incluindo ameaças e outras formas de violência física, exceptuando para o abuso físico severo e violência sexual, mais perpetrados pelos rapazes.

Continente /País	Estudo	Objecto	Amostra	Instrumentos	Resultados/Conclusões
Austrália e Nova Zelândia					
Nova Zelândia (Dunin)	Magdol, Moffitt, Caspi, Fagan, Newman, & Silva, 1997	Prevalência do abuso emocional, físico e físico severo, no último ano.	941 participantes, com uma média de idades de 21 anos.	CTS	94.6% de raparigas e 85.8% de rapazes admitiram o uso de violência verbal contra o(a) parceiro(a); a violência física foi admitida por 37.2% de raparigas e 21.8% de rapazes e a violência física severa por 18.6% de mulheres e 5.7% de homens. As formas mais severas de abuso (e.g., estrangulamento ou usar armas) não excederam os 2%. 83.8% de mulheres e 89.7% de homens relataram a vitimação verbal; a violência física foi sofrida por 27.1% de mulheres e 34.1% de homens e a violência física severa por 12.7% de mulheres e 21.2.% de homens.
Nova Zelândia	Jackson, Cram, & Seymour, 2000	Prevalência da violência e coerção sexual.	304 participantes (44.4% de raparigas e 55.6% de rapazes) do ensino secundário, com idades compreendidas entre os 16-20 anos.	QAR	81.5% das raparigas e 76.3% dos rapazes relataram ter experienciado pelo menos um insulto na sua relação amorosa. 76.9% das raparigas e 67.4% dos rapazes revelaram ter experienciado um ou mais incidentes de actividade sexual não-desejada. Padrões de violência simétricos, exceptuando para a coerção sexual, mais sofrida por mulheres.
Europa					
Reino-Unido	Archer & Ray, 1989	Prevalência do abuso íntimo e diferenças de género.	23 pares de namorados do ensino universitário, com uma média de idades de 21 anos.	CTS	87% dos participantes relataram a ocorrência de violência nas suas relações amorosas. Registaram-se níveis superiores de violência feminina.
Reino-Unido	Carrado, George, Loxam, Jones, & Templar, 1996	Prevalência da violência sofrida e perpetrada por ambos os géneros, nas relações passadas e actuais.	1.978 jovens adultos.	CTS	18% dos rapazes e 13% das raparigas referiram já ter sofrido abuso íntimo nas suas relações afectivas e 10% de rapazes e 11% de raparigas admitiram ter perpetrado algum tipo de abuso neste contexto amoroso.
Espanha	Franco, Díaz, & Bellerín, 1999	Prevalência da violência nas relações amorosas.	709 participantes femininas, do ensino secundário e universitário, com idades entre os 16 e 21 anos.	QAR	6.4% das participantes femininas relataram ter experienciado algum tipo de violência na sua intimidade. A prevalência da violência variava de acordo com os níveis educacionais da amostra, oscilando entre os 2.7% nos estudantes com bacharelato e 6.2% nos universitários.

Continente /País	Estudo	Objecto	Amostra	Instrumentos	Resultados/Conclusões
Reino Unido	Hird, 2000	Prevalência da violência física, psicológica e sexual, no último ano.	487 participantes do ensino secundário (50.3% de raparigas e 49.7% de rapazes), com idades compreendidas entre os 13-19 anos.	CTS	Metade dos adolescentes relataram uma experiência de vitimação nas suas relações íntimas. Ausência de diferenças de género no abuso físico e psicológico: 49% de rapazes e 54% de raparigas revelaram ter experienciado violência psicológica, no último ano; 15% de rapazes e 14% de raparigas experienciaram uma ou mais formas de agressão física, no último ano. Registaram-se diferenças de género na violência sexual, com mais raparigas (17.9%) a relatarem tentativa forçada, ou mesmo sexo forçado no último ano, pelo seu namorado.
Grécia (Atenas)	Neufeld, McNamara, & Ertl, 1999	Incidência da violência psicológica e física, num período de 6 meses e sua prevalência ao longo da vida.	623 participantes do ensino universitário, com média de idades de 18 anos.	ABI[12]	Incidência (nos últimos 6 meses): a violência física ronda os 26.8% e a psicológica, 77%. Prevalência (ao longo da vida): a violência física ronda os 43.1% e a psicológica os 92.2%.
Espanha	Méndez & Hernández, 2001	Prevalência do abuso íntimo.	1146 participantes do ensino secundário (63.4% de mulheres e 36.6% de homens), com idades entre os 16-18 anos.	CTS-2	Ausência de diferenças de género significativas, com 7.5% de rapazes e 7.1% de raparigas a admitirem o recurso a condutas agressivas na sua relação amorosa. Prevalência da violência menor (e.g., 24% de raparigas e 29% de rapazes a admitirem recorrer a insultos).
Espanha	Martín, Vergeles, Acevedo, Sánchez, & Visa, 2005	Prevalência da coerção sexual.	196 participantes masculinos do ensino universitário, com idades compreendidas entre os 18-23 anos.	SES	15.3% dos rapazes admitiram a perpetração de pelo menos um comportamento sexual não desejado. O tipo de comportamento mais comum é o contacto sexual através da manipulação ou da pressão verbal. O álcool e as drogas surgiram como estratégias mais utilizadas para o contacto sexual. As ameaças e o uso da força eram menos frequentes.
Espanha (Salamanca)	Fuertes & Martín, 2005	Prevalência da violência sexual.	572 participantes do ensino secundário, com idades compreendidas entre os 15 e 19 anos.	CADRI	47.9% da amostra reconheceu ter perpetrado uma ou mais agressões sexuais contra o(a) parceiro(a) amoroso(a) e 51.7% admitiu ter sofrido pelo menos um acto sexualmente agressivo. Destes, mais rapazes (58.8%) do que raparigas (40.1%) admitiram ter exercido um ou mais actos de agressão sexual.

[12] *Abuse Behavior Inventory* (Shepard & Campbell, 1992 cit. Harned, 2002).

Continente /País	Estudo	Objecto	Amostra	Instrumentos	Resultados/Conclusões
Espanha (Madrid)	Muñoz-Rivas, Graña, O'Leary & González, 2007	Prevalência da violência física e verbal.	2416 participantes (58.6% de raparigas e 41.4% de rapazes), do ensino secundário, com idades compreendidas entre os 16-20 anos. A média de idades era de 17 anos.	CTS-2	A agressão verbal surgiu como o tipo de violência mais prevalente (admitida por 90% dos adolescentes) e aproximadamente 40% admitiram o recurso à violência física. A agressão verbal foi admitida por 95.3% das raparigas e 76.3% dos rapazes. 93.7% de raparigas e 92.3% dos rapazes relataram ter sido alvo deste tipo de abuso. A percentagem de agressores e vítimas diminuiu substancialmente quando se considerou a violência física. Dentro da violência física, regista-se um predomínio dos actos de violência menor, sendo que a violência física severa era praticamente inexistente e não excedeu os 2% da amostra. Este tipo de violência parece ser praticado sobretudo pelo género masculino. Ainda ao nível da violência física menor, as raparigas destacaram-se como sendo as principais agressoras.
Espanha (Madrid)	Muñoz-Rivas, Goméz, O'Leary, & Lozano, 2007	Prevalência do abuso íntimo.	1.886 participantes (72.1% de raparigas e 27.9% de rapazes) universitários, com idades entre os 18 e 27 anos.	CTS 2	A violência psicológica surgiu como o tipo de violência mais comum entre a amostra, com mais de metade dos participantes a admitirem terem insultado o(a) parceiro(a) amoroso(a) ou terem dito algo para o ferir (admitido por 79.3% de raparigas e 79.5% de rapazes). Ainda que a prevalência da violência física seja menor comparativamente com a psicológica, cerca de 30% dos participantes admitiram ter usado este tipo de violência, não se registando diferenças de género.
Espanha (Salamanca)	Fuertes, 2007	Prevalência do abuso íntimo nos últimos 12 meses.	601 participantes (41.7% de rapazes e 58.2% de raparigas) do ensino secundário, com idades compreendidas entre os 15 e 19 anos.	CADRI	16.3% dos participantes admitiram ter recorrido, pelo menos uma vez, a agressão verbal e 16.1% revelaram ter sido alvo deste tipo de abuso. As raparigas admitiram uma maior perpetração deste tipo de abuso. 4.5% dos inquiridos referiram ter usado agressão física nas suas relações amorosas, pelo menos uma vez e 7% verbalizaram ter sofrido este tipo de abuso. 3.5% admitiram ter perpetrado agressão sexual nas suas relações amorosas e 6.5% referiram a sua vitimação. Registaram-se diferenças de género na violência sexual, com os rapazes a admitirem recorrerem mais a este tipo de abuso e as raparigas a revelaram uma maior vitimação sexual.

Continente /País	Estudo	Objecto	Amostra	Instrumentos	Resultados/Conclusões
Rússia	Lysova, 2007	Prevalência da violência física, psicológica e sexual, no último ano.	338 participantes do ensino universitário (46.2% de homens e 53.8% de mulheres), com uma média de idades de 19 anos.	CTS 2	25% dos participantes revelaram ter sido vítimas de um ou mais actos de violência física e 29% admitiram a perpetração deste tipo de abuso contra o(a) parceiro(a) amoroso(a). A perpetração das formas de violência mais "severas" foi registada em 12% dos casos. Ainda que os indicadores de perpetração feminina (37.9%) deste tipo de violência se tenham apresentado mais elevados, comparativamente com os masculinos (20.5%), estas diferenças de género não se revelaram estatisticamente significativas. O mesmo se verificou para as formas mais "severas", registadas em 15.4% das mulheres e 8.4% dos homens. 26% dos participantes referiram vitimação sexual e 24% admitiram ter cometido este tipo de abuso. Predominância da coerção sexual. Apenas 3% dos participantes de ambos os géneros referiram ter sido alvo deste tipo de abuso mediante o uso da força e 3% referiu ter sido alvo de ameaças. As mulheres (4.5%) parecem recorrer mais às ameaças do que os homens (1.3%). No uso da força, não se verificaram diferenças de género (1.1.% para os homens e 0.6% para as mulheres). A violência psicológica é o tipo de abuso mais prevalente na amostra, sendo que mais de metade dos participantes masculinos (55%) e femininos (67%) revelaram ter experienciado este tipo de abuso. 13% relataram a experienciação das formas mais "severas" deste tipo de agressão. 2/3 dos participantes admitiram a perpetração da violência psicológica. Existência de diferenças de género na perpetração deste tipo de abuso, assumido por mais mulheres (77%) do que homens (48%). Nas formas de violência mais "severas" deste tipo de abuso não se verificaram diferenças de género (23% no caso das mulheres e 18% no caso dos homens).
Polónia (*Warsaw*)	Doroszewicz, & Forbes, 2008	Incidência da violência física, psicológica e sexual e diferenças de género.	201 participantes do ensino universitário (49.8% de raparigas e 50.2% de rapazes), com uma média de idades de 22 anos.	CTS 2	Mais raparigas (89%) do que rapazes (77.2%) admitiram perpetrar violência psicológica e mais raparigas (89%) do que rapazes (74.3%) admitiram usar formas "menores" de violência psicológica. Ausência de diferenças de género ao nível da violência severa, admitida por 29.7% de rapazes e 42% de raparigas. Um número substancial de rapazes (35.6%) e raparigas (48%) admitiram recurso à violência física. 34.7% dos rapazes e 45% das raparigas admitiram usar violência física "menor" e 15% dos rapazes e 25% das raparigas admitiram usar violência severa. 41.6% dos rapazes e 40% das raparigas admitiram usar coerção sexual . 41.6% de rapazes e 40% de raparigas referiram usar coerção sexual "menor" e apenas 4% de rapazes e 6% de raparigas admitiram recorrer a formas de coerção sexual mais severas.

QUADRO 1. Síntese da investigação internacional sobre a prevalência da violência nas relações de intimidade juvenil.

Continente/ País	Estudo	Objecto	Amostra	Medida	Resultados/Conclusões
Estudo que envolveu 9 países: Canadá, México, Texas, USA (Utah), Hong Kong, Suiça, Israel, Portugal, Brasil.	Straus, Aldrighi, Borochowitz, Brownridge, Chan, Figueiredo, Gagne, Galliher, Hebert, Jamieson, MacMillan, Laporte, Paiva, Ramirez, Trochme, Walsh, & Yodanis, 2002.	Prevalência da violência física e sexual.	3.086 participantes do ensino universitário.	CTS	28.2% dos participantes relataram ter perpetrado algum tipo de abuso (27.7% do género masculino e 28.7% do género feminino). Em 9.7% da amostra estavam presentes as formas mais severas do abuso, embora esta prevalência oscile entre os 16-51%, consoante os países. A prevalência do abuso físico era mais elevada no México (51%) e mais baixa no Canadá (16,1%). Portugal e Israel apresentaram uma prevalência de abuso físico inferior à da maioria dos países (20%), o mesmo se verificando para a forma severa deste tipo de abuso (7,1%). 24.7% dos participantes admitiu ter perpetrado coerção sexual (admitida por mais rapazes, 39.9%, do que raparigas, 18.6%), sendo que 3% referiram ter feito uso de ameaças e 3.2% de força física. Do total de países inquiridos, o Brasil apresentou-se com as taxas de perpetração mais elevadas deste tipo de abuso (41,6%), sendo que em Portugal os valores foram semelhantes aos da maioria dos outros países (24,7%).

Continente/ País	Estudo	Objecto	Amostra	Medida	Resultados/Conclusões
Estudo envolvendo 5 continentes e16 países: Ásia (Hong Kong, Singapura, Pune, Emekzyrl, Pusan); Austrália e Nova Zelândia (Adelaide, Christchurch); Europa (Bélgica, França, Alemanha, Inglaterra, Holanda e Portugal); América Latina (Brasil, México) e Norte da América. IDEM	Straus, 2004	Prevalência do abuso físico e físico severo, no último ano.	8.666 participantes do ensino universitário, com idades compreendidas entre os 18-40 anos.	CTS-2	Em média, 29% dos estudantes relataram ter sido fisicamente agredidos pelos seus parceiros amorosos nos últimos 12 meses. A violência física severa ocorrida no último ano foi em média de 9.4%. Os danos atingiram em média 6.7% dos casos. Existência de grande variabilidade das taxas de prevalência nas diferentes universidades: a percentagem de ofensores variou entre 17-45%. Ausência de diferenças de género na perpetração física (em média, 25% para o sexo masculino e 28% para o feminino). Esta similaridade registou-se igualmente para a perpetração da violência severa ,em média 9% para ambos os géneros. Preponderância da violência menor. 10% de abuso severo.
Estudo que envolveu 17 nações de 33 universidades (6 na Europa, 2 na América do Norte, 2 na América Latina, 5 na Ásia, Austrália e Nova Zelândia).	Straus & Savage, 2005	Prevalência da violência íntima.	6.900 participantes do ensino universitário, com idades compreendidas entre os 18-40 anos.	CTS-2	A perpetração variava entre 15-45%.
Estudo que envolveu 6 continentes e 19 países: Ásia (China, Índia, Israel, Singapura Coreia do Sul), Austrália e Nova Zelândia (Austrália e Nova Zelândia), Europa (Bélgia, Inglaterra, Alemanha, lituânia, Holanda, Portugal, Suécia e Suiça) América Latina (Brasil e México), América do Norte (Canada, E.U.A). IDEM	Douglas & Straus, 2006	Prevalência da agressão e das injúrias, no último ano.	9549 participantes do ensino universitário.	CTS-2	Em média, 29.8% dos estudantes admitiram ter agredido o parceiro amoroso durante o último ano. As agressões físicas situaram-se assim entre os 15-45% consoante o país considerado. A média da violência severa rondou os 9.7%, podendo situar-se entre os 4.4% e os 20%. Os indicadores de violência física eram mais elevados nos E.U.A. e Canadá Os homens (7.2%) infligiam mais danos do que as mulheres (6.1%). Este tipo de abuso variou entre os 17-20%. Surge mais elevado em países como os E.U.A., Canada e Índia.

Continente/ País	Estudo	Objecto	Amostra	Medida	Resultados/Conclusões
Estudo que envolveu 5 continentes e 32 países: África (África do Sul e Tanzânia, Ásia (China, Hong-Kong, Índia, Japão, Singapura, Coreia do Sul, Tailândia), Europa (Bélgica, Alemanha, Inglaterra, Grécia, Hungria, Lituânia, Malta, Holanda, Roménia, Suiça, Reino Unido, Suécia, Portugal), América Latina (Brasil, Guatemala, México e Venezuela), Médio Oriente (Irão e Israel), América do Norte (Canada e E.U.A.) e Austrália e Nova Zelândia IDEM	Straus, 2006	Avaliar o abuso íntimo em três contextos relacionais: marital, coabitação ou namoro.	13.601 participantes do ensino universitário, com uma média de 23 anos de idade.	CTS-2	A agressão masculina em média rondou os 24% e a feminina os 32%. Nas agressões tipificadas como severas, a média foi de 7.6% para o género masculino e 10.6% para o feminino. A violência recíproca emergiu como o padrão de abuso mais frequente (relatada em 68.6% dos casos), seguindo-se a violência feminina (21.4%) e depois a violência masculina (9.9% dos casos). Também na violência física severa, o padrão de reciprocidade se manifestou em 54.8% dos casos, seguindo-se a violência feminina (29.4%) e, por último, a violência masculina (15.7%).
Estudo que envolveu quatro contextos culturais distintos: Juarez, México, Texas e Hampshire	Straus & Ramirez, 2007	Avaliar a simetria de género na violência íntima.	1.544 participantes do ensino universitário, com uma média de idades de 21 anos.	CTS 2	33.7% da amostra admitiu usar violência física nas suas relações amorosas, nos últimos 12 meses. A percentagem de estudantes que admitiram recorrer à violência foi elevada nos quatro contextos culturais: 29.7% em News Hampshire, 30.9% no Texas, 34.2% no México e 46.1% em Juarez. 11.4% dos participantes admitiram agredir severamente os(a) seus parceiros(as) amorosos(as): 9.3% em News Hampshire, 12.4% no Texas, 14.2% no México e 15% em Juarez. Não se detectaram diferenças de género na perpetração da violência; no entanto, quando se consideraramas formas mais "severas" deste tipo de abuso, verificou-se que os homens perpetravam mais este tipo de abuso, comparativamente com as mulheres.

QUADRO 2. Estudos multiculturais realizados no âmbito do projecto *International Dating Violence*.

1.1. Localização geográfica dos estudos

Nesta revisão da literatura, foi possível acedermos a 109 estudos internacionais (destes, 103 são de âmbito nacional e 6 multiculturais) que se têm debruçado sobre a violência na intimidade dos jovens.

Tal como seria de esperar, e dado que o interesse empírico por este fenómeno surgiu primeiramente na América do Norte, mais precisamente nos E.U.A., é neste contexto geográfico que se regista uma parte substancial da investigação na área (65 estudos – 60%). A par dos E.U.A., alguns autores consideram que a comunidade científica do Canadá e Reino Unido teve igualmente um contributo importante na proliferação dos estudos nesta área (cf. Jackson, 1999), ainda que, na nossa revisão, apenas tenhamos conseguido aceder a oito estudos sobre o tema realizados no Canadá[13] (cf. quadro 1) e apenas a três estudos desenvolvidos no Reino Unido (cf. quadro 1). Ainda na América do Norte, detectamos quatro estudos realizados no México (cf. quadro 1).

Nesta análise inter-continental, registamos ainda quatro estudos na América Latina: dois na Colômbia e dois no Brasil (cf. quadro 1). Na África do Sul, encontramos dois estudos e, na África Oriental, um estudo desenvolvido na Tanzânia (cf. quadro 1). Outros estudos sobre a prevalência da violência íntima provinham da Ásia, especificamente da China (1) e das Filipinas (1); do Médio Oriente, em Israel (1); e da Nova Zelândia, com dois estudos (cf. quadro 1).

Por fim e relativamente ao continente Europeu, constatamos que a violência nas relações íntimas, enquanto objecto de estudo, assumiu maior visibilidade científica a partir dos anos 90. Nesta revisão da literatura, foi possível analisarmos três estudos no Reino Unido, um na Grécia, um na Polónia, e sete em Espanha (cf. quadro 1). Pese embora a grande maioria dos estudos acima referenciados restrinja o seu objecto de estudo a um único contexto geográfico ou país, registam-se seis estudos multiculturais bastante recentes (cf. quadro 2), integrados no projecto internacional sobre a violência no namoro dirigido por Straus, que procuraram determinar os indicadores de violência ocorridos no contexto das relações amorosas, utilizando para tal amostras de estudantes universitários

[13] Isto poderá dever-se ao facto de a grande maioria dos estudos desenvolvidos neste país serem publicados em revistas nacionais, às quais não nos foi possível aceder durante esta revisão.

de diversos pontos do mundo. Estes seis estudos multiculturais, comprovam que a violência na intimidade dos jovens é um problema à escala mundial, ainda que sejam notórias as variações nas taxas de prevalência da violência entre os vários países, como iremos ver mais à frente.

1.2. Caracterização das amostras

Como podemos constatar pela análise do quadro 1, a maioria dos estudos internacionais desenvolvidos na área da violência na intimidade integram populações normativas e privilegiam as amostras de grupos específicos (75 estudos), constituídos quer por estudantes do ensino secundário (38), quer por estudantes universitários (37). Esta tendência está igualmente presente nos estudos multiculturais, os quais envolveram única e exclusivamente estudantes universitários. Apenas três estudos, dois realizados nos E.U.A. (Muehlenhard & Clinton, 1987; Smith, White, & Holand, 2003) e um em Espanha (Franco, Díaz, & Bellerín, 1999) integraram estudantes dos dois contextos formativos (universitário e secundário). Apenas se registam três estudos que integraram participantes seleccionados atendendo a outros critérios que não o seu nível educacional: dois na América do Norte – um utilizou uma amostra de jovens adoptados (West & Rose, 2000) e outro jovens de classes sociais desfavorecidas (Howard, Beck, Kerr, & Shattuck, 2005) – e outro no Médio Oriente, que integrou na sua amostra jovens considerados de risco (Schiff & Zeira, 2005).

Por outro lado, a investigação internacional centra-se sobretudo na violência ocorrida nas relações heterossexuais (108 estudos), sendo esparsos os estudos sobre o abuso íntimo nas relações homossexuais. Apenas conseguimos aceder a um estudo realizado nos E.U.A. (Freedner, Freed, Yang, & Austin, 2002) que envolveu participantes com relações homossexuais e heterossexuais.

No que concerne ao dimensionamento da amostra, os estudos integram sobretudo amostras de dimensão local (97), e apenas se regista um número muito reduzido (12) cujas amostras se destacam pela sua representatividade nacional: quatro nos E.U.A., um no Canadá, um no México, um na Colômbia, um na Nova Zelândia, um na Grã-Bretanha e dois em Espanha.

Relativamente às características etárias dos participantes, apuramos um número significativo de estudos (45) que utilizaram amostras de adolescentes (entre os 11-18 anos) e amostras com jovens adultos (19-31 anos). Ainda que em número significativamente inferior, alguns estudos (5) consideraram intervalos etários mais alargados (18-45anos), e um estudo, realizado na China, incluiu mesmo participantes com idades compreendidas entre os 18-60 anos.

De referir ainda a existência de quatro estudos (Price, Byers, Whelan, & Saint-Pierre, 2000; Smith, White, & Holland, 2003; Valois, Oeltman, Waller, & Hussey, 1999; Watson, Cascardi, Avery-Leaf, & O'Leary, 2001) que procuram contemplar amostras inter-étnicas, no sentido de comparar diferentes grupos étnicos que residem num mesmo contexto geográfico e quatro estudos que consideram um (Howard, Beck, Kerr, & Shattuck, 2005) ou mais contextos sociais (urbanos, suburbanos e rurais) (Bergman, 1992; Henton, Cate, Koval, Lloyd, & Christopher, 1983; Spencer & Bryant, 2000).

Por fim, e no que respeita ao género dos participantes, podemos observar em oitenta estudos uma distribuição relativamente equilibrada em função do género. Apenas doze estudos privilegiaram o género feminino no estudo do fenómeno (7 estudos conduzidos nos E.U.A., 1 no México, 2 no Canadá, 1 em África e outro na China) e sete, o género masculino (1 estudo no Canadá, 5 nos E.U.A. e 1 em Espanha) (cf. quadro 1). Esta tendência para a consideração de ambos os géneros na amostra verifica-se igualmente no caso dos estudos com amostras específicas.

1.3. Formas de violência

Como já anteriormente foi referido, o abuso na intimidade dos adolescentes e jovens poderá envolver várias formas de violência, desde a violência psicológica ou física a actos de violência sexual (e.g., coerção, violação). A análise dos diferentes estudos a que acedemos permite-nos constatar uma dispersão dos estudos quanto às diferentes formas de violência analisadas, ainda que se registe um menor interesse pelo estudo da violência psicológica. Assim, um número considerável de estudos (24) não discriminou o tipo de violência avaliada e apenas referiram estudar a violência na intimidade dos jovens, sendo que a grande maioria destes (20) foram realizados na América do Norte (19 nos E.U.A. e 1 no México), um na África do Sul e três na Europa (2 no Reino-Unido e 1 em Espanha).

Não obstante, em todos os restantes estudos foi possível identificar o tipo de violência analisada. Assim, verificamos que dezanove estudos procuram avaliar as diferentes manifestações de violência íntima (violência física, psicológica e sexual), sendo que a grande maioria destes (13) foram desenvolvidos na América do Norte, mais especificamente, oito nos E.U.A., três no Canadá e dois no México. Registamos ainda um estudo na Ásia (China), outro no Médio Oriente (Israel) e três no continente Europeu (um no Reino Unido, outro na Polónia e outro na Rússia).

Em menor número, doze estudos privilegiaram a violência física, todos eles realizados na América do Norte (11 nos E.U.A. e 1 no México). Onze estudos procuraram determinar os indicadores de prevalência da violência física e da violência psicológica e, mais uma vez, a grande maioria destes (9) teve lugar na América do Norte (8 nos E.U.A. e 1 no Canadá) e três na Europa (2 em Espanha e 1 na Grécia). Em menor número (8), outros consideram no seu estudo a violência física e sexual, tendo sido realizados cinco na América do Norte (todos nos E.U.A.), um na América Latina (Colômbia), um na África Oriental (Tanzânia), e outro na Ásia (Filipinas). Adicionalmente, registamos dezasseis estudos que investigaram especificamente o problema da violência sexual nas relações de intimidade, tendo sido na grande maioria realizados na América do Norte (9 nos E.U.A. e 3 no Canadá), dois na América Latina (1 na Colômbia e outro no Brasil) e dois na Europa (Espanha). Destes, cinco centraram-se unicamente na avaliação da coerção (2 no Canadá, 2 nos E.U.A. e 1 no Brasil), um na violação (1 nos E.U.A.) e os restantes consideram as várias formas de agressão sexual. Por fim, apenas encontramos um estudo realizado nos E.U.A. (Molidor, 1995) que procurou especificamente estudar o problema da violência psicológica nas relações de intimidade.

1.4. Períodos de avaliação

Também os períodos de avaliação considerados para a mensuração dos diferentes tipos de violência divergem consoante os estudos. Assim, quinze estudos analisaram a vitimação/perpetração ao longo da vida (14 nos E.U.A. e 1 no Brasil) e treze procuraram avaliar o abuso ocorrido no ano anterior à realização do estudo (4 nos E.U.A., 2 no Canadá, 2 no México, 1 no Brasil, 1 na África do Sul, 1 na Nova Zelândia, 1 no Reino Unido e outro na Rússia). Adicionalmente, encontramos três estudos que procuraram determinar a prevalência da violência íntima, quer nas relações actuais, quer nos relacionamentos anteriores (2 nos E.U.A., e 1 no Reino Unido) e um estudo realizado nos E.U.A. que considerou um período de 18 meses. Finalmente, dois outros estudos (1 na África Oriental-Tanzânia e outro na Ásia-China) procuraram discriminar os indicadores da violência ao longo da vida e no último ano.

1.5. Medida de avaliação

Ao nível da mensuração da violência (física, psicológica ou sexual), a grande maioria dos estudos (108) analisados baseia-se no auto-relato dos inquiridos.

Do conjunto de 109 estudos internacionais analisados, um número (67) substancial recorreu ao *Conflitc Tactics Scale* (Straus, 1979) ou ao *Revised Conflict Tactics Scale* (Straus, Hamby, Boney-McCoy, & Sugarman, 1996), para medir a violência perpetrada e/ou sofrida nas relações amorosas dos jovens. Ainda que em menor frequência, também foram utilizados o *Teenage Dating Survey* (Molidor & Tolman, 1995 cit. Jezl, Molidor, & Wright, 1996) (utilizado por 1 estudo), o *Abusive Behavior Inventory – Psychological Abuse Subscale* (Shepard & Campbell, 1992 cit. Harned, 2002) (4 estudos), o *Teen Assessment Project* (Spencer & Bryant, 2000) (1 estudo), o *Youth Dating Violence Survey* (James, West, Deters, & Armijo, 2000) (1 estudo), o *Youth Risk Behavior Surveilhance System* (Centers Disease for Control and Prevention, 1996 cit. James, West, Deters, & Armijo, 2000) (5 estudos), o *Identity Positive Youth Development Survey for Latino Youth* (Howard, Beck, Kerr, & Shattuck, 2005) e o *Conflict in Adolescent Dating Relationships Inventory* (Wolfe, Scott, Reitzel-Jaffe, Wekerle, Grasley, & Straatman, 2001) (4 estudos).

Adicionalmente, verificou-se o recurso a outras medidas de avaliação específicas da violência sexual, sendo a mais recorrentemente utilizada o *Sexual Experiences Survey* (Koss & Gidycz, 1985) (8 estudos).

Por fim, 6 estudos recorreram a questionários de auto-relato e/ou entrevistas especificamente elaboradas para o efeito (Bergman, 1992; Digest, 2005; Jackson et al., 2000; Jonson-Reid & Bivens, 1999; Rhynard, Krebs, & Glover, 1997; Vicary, Klingaman, & Harkness, 1995) e um estudo (Byers, Leonard, Mays, & Rosén, 2005) utilizou vinhetas.

1.6. Taxas de prevalência do abuso íntimo

Neste tópico iremos proceder à caracterização das taxas de prevalência encontradas nos estudos internacionais. Para além de as descrevermos em termos globais, procuraremos também analisá-las em função do contexto geográfico do estudo, do nível educacional/etário da população estudada, do tipo de violência medido, e ainda em função do género de vítimas e agressores.

Como podemos comprovar pela análise dos quadros 1 e 2, a violência nas relações íntimas é um fenómeno que se encontra disseminado nos mais diversos contextos geográficos e culturais. Começando a nossa análise pelos *indicadores globais* de prevalência, podemos constatar, desde logo, a existência de uma grande disparidade entre estes. Assim, em termos genéricos, os índices de prevalência do abuso íntimo, apurados em diferentes períodos (ao longo da vida, no último ano, nas relações passadas e actuais) e em diferentes contextos formativos e/ou grupos etários (ensino secundário/adolescentes; ensino universitário/jovens adultos) poderão situar-se entre os 12.1% (Henton et al., 1983) encontrados num estudo realizado nos E.U.A. e os 72.4% apurados no Brasil (Aldrighi, 2004). De entre os diferentes estudos com informação sobre os índices gerais da violência, verificamos que uma percentagem[14] considerável (28%) apresenta indicadores de prevalência situados entre os 42% e os 50%.

A ausência de homogeneidade nos indicadores de prevalência é igualmente perceptível numa análise individualizada dos *indicadores de vitimação e perpetração* do abuso íntimo. Assim, a proporção de participantes que relataram ter experienciado algum tipo de violência nas suas relações íntimas varia consoante os estudos e poderá oscilar entre os 14.3% (Gray & Foshee, 1997; E.U.A.) e os 55% (O'Keefe, 1998; E.U.A.) e os indicadores de perpetração oscilam entre os 15.4% (Straus & Savage, 2005, E.U.A.) e os 49% (O'Keefe, 1998; E.U.A.).

O estudo dos indicadores de *vitimação e perpetração dos diferentes tipos de violência* remete igualmente para uma grande dispersão ao nível das taxas de prevalência. De entre as várias dinâmicas violentas consideradas, a *agressão psicológica* é aquela que regista índices de prevalência mais elevados, quer ao nível da vitimação, quer da perpetração. Mais concretamente, a vitimação psicológica varia entre os 49%, percentagem obtida

[14] Calculámos esta percentagem a partir da identificação, de entre o conjunto de estudos em causa, daqueles que apresentavam índices de prevalência muito aproximados, excluindo os que apresentavam valores mais extremos. A mesma metodologia foi utilizada nas referências análogas a esta que iremos fazendo ao longo desta discussão.

num estudo desenvolvido nos E.U.A. (James, West, Deters, & Armijo, 2000), e os 96% (Jezl, Molidor, & Wright, 1996), obtidos num outro estudo também proveniente dos E.U.A.. Por sua vez, a perpetração desta forma de abuso situa-se entre os 21.6%, dados apurados nos E.U.A. (Gidycz, Warkentin, & Orchowski, 2007), e os 90%, numa amostra de participantes espanhóis (Muñoz-Rivas, Graña, O'Leary, & Lozano 2007). Dos estudos que analisaram os indicadores de perpetração desta forma de abuso, 50% apresentam índices de ocorrência que oscilam entre os 50.4% e os 82%.

No que respeita aos indicadores de vitimação e perpetração da *violência física,* ainda que estes sejam relativamente inferiores aos observados na violência psicológica, encontramos igualmente taxas de prevalência preocupantes e díspares. Assim, a proporção mínima da população vitimada por alguma forma de violência física é encontrada num estudo realizado nos E.U.A., sendo de 7.8% (Ramisetty-Mikler, Goebert, Nishimura, & Caetano, 2006) e a máxima, igualmente encontrada numa amostra americana, é de 59% (Jezl et al., 1996). Em 54.5% dos estudos realizados neste âmbito, os índices de ocorrência situam-se entre os 21% e os 37.8%. A vitimação física severa oscila entre os 2%, percentagem obtida numa amostra de estudantes universitários num estudo nos E.U.A. (Katz, Kuffel, & Coblentz, 2002), e os 25%, dado também apurado nos E.U.A., mas com uma amostra de jovens provenientes de classes sociais desfavorecidas (West & Rose, 2000). Relativamente à perpetração da violência física, a percentagem mínima registada é de 5.2%, num estudo nos E.U.A. (Gidycz, Layman, Rich, Crothers, Gylys, Matorin, & Jacobs, 2007), e a máxima, apurada no México, é de 42.9% (Ramirez, 2002). As taxas de prevalência encontradas pela grande maioria (63.6%) dos estudos que estimaram a perpetração deste tipo de abuso situam-se entre os 25.6% e os 34%. A perpetração das formas mais severas da violência física varia entre um mínimo de 1%, apurado por Gidycz e colaboradores (2007), nos E.U.A., e um máximo de 16%, percentagem obtida numa amostra Mexicana (Ramirez, 2002).

Por fim, os padrões de vitimação e perpetração da *violência sexual em geral* registam índices de prevalência relativamente inferiores às duas outras formas de abuso, mas ainda assim elevados. Deste modo, 50% dos estudos estimam que os indicadores de vitimação deste tipo de violência poderão situar-se entre os 6.5% e os 59%. A proporção mínima (6.5%)

da população vitimada por este tipo de abuso foi encontrada em Espanha, por Fuertes (2007). A percentagem máxima de vitimação encontrada (59%) foi obtida nos E.U.A., por Abbey e colaboradores (1996). Os indicadores de perpetração deste tipo de abuso variam entre um mínimo de 3.5%, apurado em Espanha (Fuertes, 2007), e um máximo de 61%, obtido nos E.U.A. por Wheeler e colaboradores (2002).

Uma análise mais específica deste tipo de abuso revela-nos que a *vitimação sexual "menor"* (e.g., toques sexuais indesejados) se situa entre os 18%, dado apurado nos E.U.A. por Vicary e colaboradores (1995), e os 45% encontrados por Russel e Oswald (2002), também nos E.U.A. Por sua vez, a perpetração desta forma de violência, apurada apenas por Russel e Oswald, nos E.U.A., ronda os 36.4%.

A *vitimação sexual moderada* (coerção sexual) situa-se entre um mínimo de 8% (Abbey et al., 1999; E.U.A.) e um máximo de 83.6% (Serquina-Ramiro, 2005; Filipinas). Por sua vez, a perpetração desta forma de abuso compreende um mínimo de 5.4%, dado apurado por Gidycz e colaboradores (2007) nos E.U.A., e um máximo de 47.4%, também encontrado nos E.U.A. por Wheeler e colaboradores (2002).

Por fim, e no que diz respeita à *violação*, a vitimação situa-se entre um mínimo de 1%, dado apurado na Tanzânia por Larsen (2005), e um máximo de 23%, encontrado nos E.U.A. por Abbey e colaboradores (1996). A perpetração, estimada apenas por dois estudos, situa-se entre os 5.9% (Gidycz et al., 2007; E.U.A.) e os 9% (Wheeler et al., 2002; E.U.A.).

1.6.1. Prevalência em função do nível etário e educacional dos jovens

Se considerarmos apenas os estudos que recorreram a amostras de *estudantes universitários/jovens adultos* e que analisaram o fenómeno numa óptica global (apenas 2 estudos), verificamos igualmente uma grande oscilação nos indicadores de prevalência. Assim, a proporção de estudantes universitários que relatou o envolvimento, como vítimas ou agressores, em relacionamentos amorosos abusivos varia entre os 22.3% num amostra de estudantes nos E.U.A. (Cate et al., 1982) e os 87%, num estudo de dimensão local realizado no Reino Unido (Archer, 1989). Os perfis de vitimação e perpetração, traçados apenas por dois estudos realizados nos E.U.A. (Whitaker et al., 2007 e Follingstad et al., 1991, respectivamente) rondam os 23% e os 17%, respectivamente.

Se estendermos a nossa análise aos perfis de vitimação e perpetração das várias práticas abusivas, verificamos que a violência psicológica regista taxas de prevalência mais elevadas, quer ao nível da vitimação (57%), dado apurado numa amostra de estudantes Mexicanos (e.g., Ramirez, 2002), quer ao nível da perpetração que, segundo estudos desenvolvidos nos E.U.A., poderá situar-se entre os 30% (Riggs & O'Leary, 1996) e os 82% (Shoot, Gerrity, Jurich, & Segrist, 2000). No que respeita aos indicadores de violência física, o padrão de vitimação oscila entre os 25%, num estudo de dimensão local realizado na Rússia (Lysova, 2007) e os 47%, percentagem apurada nos E.U.A. por Katz e colaboradores (2002). Similarmente, a proporção de agressores físicos varia entre os 21%, numa amostra Americana (Shoot et al., 2000), e os 42.9%, numa amostra Mexicana (Ramirez, 2002). Por fim, os índices de ocorrência da vitimação sexual situam-se entre os 19.5% de coerção sexual, na população Mexicana (Ramirez, 2002), e os 26% relativos a experiências sexuais não consentidas, numa amostra Russa (Lysova, 2007). A proporção mínima de agressores sexuais é de 15.6%, dado também apurado no estudo Mexicano (Ramirez, 2002), e a máxima de 24%, também no estudo Russo (Lysova, 2007).

Nesta dimensão de análise importa igualmente atender aos resultados apurados pelos diferentes estudos multiculturais, dado que todos eles foram desenvolvidos com amostras de estudantes universitários. Uma análise global destes permite-nos constatar que os resultados apurados oscilam consoante o contexto cultural/geográfico (cf. quadro 2). Assim, no estudo de Straus e Savage (2005) que envolveu 33 universidades de 17 países de diferentes partes do mundo, a prevalência da perpetração do abuso físico na intimidade situa-se entre os 15% e os 45%. Similarmente, um outro estudo que integrou igualmente vários países (Straus, Aldrighi, Borochowitz, Brownridge, Chan, Figueiredo, Gagne, Galliher, Hebert, Jamieson, MacMillan, Laporte, Paiva, Ramirez, Trochme, Walsh, & Yodanis, 2002) dos diferentes continentes, apurou que a prevalência do abuso físico se apresentava mais elevada no México (51%) e mais baixa no Canadá (16.1%).

Ainda num outro estudo, mais micro do ponto de vista da diversidade dos contextos culturais considerados (apenas 4 e todos situados na América do Norte: Juarez, México, Texas e Hampshire), constatou-se igualmente uma oscilação dos índices de ocorrência consoante o contexto cultural (29.7% em Hampshire, 30.9% no Texas, 34.2% no México e 46.1% em Juarez).

A proporção de vítimas é igualmente variável, consoante o contexto geográfico das diferentes universidades e, segundo o apurado nos estudos desenvolvidos por Straus (2004), poderá variar entre os 17 e os 45%.

A perpetração da violência física severa, ainda que registe indicadores de prevalência relativamente inferiores, é também uma realidade presente entre os estudantes universitários nos diferentes contextos culturais, podendo oscilar entre os 9.4% (Straus, 2004) e os 51% (Straus et al., 2002).

A investigação internacional que integrou estudantes em níveis mais iniciais da sua formação (*ensino secundário*) ou *adolescentes* também encontrou grandes divergências ao nível das taxas de prevalência. Globalmente, os estudos estimam que a prevalência do abuso íntimo entre os estudantes do ensino secundário e/ou adolescentes poderá situar-se entre um mínimo de 12.1% (Henton et al., 1983) e um máximo de 66.2% (Gray & Foshee, 1997), valores apurados em amostras Americanas. As proporções, mínima e máxima, de vítimas e agressores, encontradas em estudos desenvolvidos nos E.U.A., apresentam igualmente grande variação, sendo que o padrão de vitimação oscila entre os 14.3% (Gray & Foshee, 1997) e os 55% (O'Keefe, 1998) e o de agressão entre os 19.5% (Gray & Foshee, 1997) e os 49% (O'Keefe, 1998).

Esta tendência para a dispersão das taxas de prevalência é igualmente perceptível na análise dos perfis de vitimação e perpetração das diversas práticas maltratantes. Tal como sucedia entre os jovens adultos ou estudantes universitários, os padrões de vitimação (entre 49% e 96%, segundo James et al., 2000 e Jezl et al., 1996, respectivamente) e perpetração (entre 50.4%, nos E.U.A., James et al., 2000 e 90%, numa amostra Espanhola, Muñoz-Rivas et al., 2007) da violência psicológica apresentam-se mais elevados, comparativamente com as outras formas de violência.

Ainda que relativamente inferiores, mas não menos preocupantes, os índices de ocorrência da violência física destacam-se igualmente pela ausência de uniformidade. No padrão de vitimação é onde se verifica maior discrepância entre o valor mínimo (7.8%), apurado nos E.U.A. (Ramissetty et al., 2006) e o máximo (59%), encontrado igualmente nos E.U.A. (Jezl et al., 1996). Já em relação à perpetração, verificou-se um mínimo de 25.6%, nos E.U.A. (James et al., 2000) e um máximo de 40%, numa amostra Espanhola (Muñoz-Rivas et al., 2007).

Finalmente, a agressão sexual é também uma realidade entre os mais novos, registando-se também grande disparidade nos seus indicadores de ocorrência, em ambos os perfis (vitimação e perpetração). Assim, a menor taxa de vitimação encontrada (8.9%) deriva de uma investigação que procurou caracterizar a prevalência do intercurso sexual forçado numa amostra de Colombianos (Basile et al., 2006) e as taxas mais elevadas (63%) referem-se à experienciação de coerção sexual numa amostra do Canadá (Colli-Vézina et al., 2006). A proporção mínima de agressores é estimada por um estudo realizado nas Filipinas, correspondendo a 10.8% de casos de coerção sexual (Serquina-Ramiro, 2005) e a máxima, apurada numa amostra espanhola, ronda os 47.9% (qualquer tipo de agressão sexual) (Fuertes & Martín, 2005).

1.6.2. Prevalência da violência e género: que relação?

Uma das questões que mais controvérsia tem gerado no estudo da agressão amorosa relaciona-se com a distribuição da violência em função do género das vítimas e agressores. Assim sendo, procuraremos neste tópico analisar os resultados obtidos pelos diferentes estudos internacionais e multiculturais quanto a esta matéria.

Uma análise dos indicadores de violência em função do género das vítimas e dos agressores remete, mais uma vez, para uma grande variabilidade dos dados encontrados. De uma forma global, verificamos que os indicadores de vitimação feminina registados por 80% dos estudos situam-se entre os 28% e os 39%, e os da vitimação masculina, encontrados em 70% dos estudos, entre os 10.5% e os 19.3%. Mais concretamente, os índices de vitimação masculina, oscilam entre um mínimo de 10.5%, percentagem apurada por Stets e Pirog-Good (1989) nos E.U.A., e um máximo de 41.5%, dado também encontrado nos E.U.A. por Freedner e colaboradores (2002). Por sua vez, entre o género feminino a percentagem mínima de vitimação (13%) foi registada por Carrado e colaboradores (1996) no Reino Unido e a máxima (39.4%) nos E.U.A., por Stets e Pirog-Good (1989).

No que respeita à população maltratante, os índices de prevalência para o género masculino, apurados por 62.5% dos estudos, situam-se entre os 10% e os 22% e, para o género feminino, entre os 30% e os 51%, em 55.5% dos estudos. A percentagem mínima (7.5%) da população masculina maltratante foi obtida numa amostra de estudantes Espanhóis (Méndez & Hernández, 2001) e a máxima (43%), no Canadá, por Sears e colaboradores (2006). Entre o género feminino, obtiveram-se percentagens de perpetração mínimas (7.1%) e máximas similares (51%), nas mesmas amostras (Espanha e Canadá, respectivamente).

A apreciação dos indicadores de vitimação e perpetração das diversas formas de violência em função do género não é excepção à regra e reitera a variação até agora encontrada nas taxas de prevalência. Também neste âmbito, os índices da *violência psicológica* se elevam comparativamente com as outras formas de violência. Assim, os indicadores de vitimação masculina e femininos apurados pela grande maioria dos estudos (54.5% e 58%, respectivamente) apresentam-se similares e elevados (87% e 82.7%, respectivamente). De forma mais concreta, a proporção de vítimas psicológicas masculinas varia entre um mínimo de 8.6% numa amostra nacional Mexicana (Rivera-Rivera, Allen-Leigh, Rodríguez-Ortega, Chávez-Ayala, & Lazcano-Ponce, 2007) e um máximo de 97.4%, apurado nos E.U.A. (Jezl et al., 1996). De igual modo, quanto às mulheres que relataram experiências de vitimação psicológica, encontramos taxas de prevalência muito dispersas, com uma percentagem mínima de 9.4%, obtida igualmente na amostra mexicana (Rivera-Rivera et al., 2007) e 94% de máxima, também no mesmo estudo dos E.U.A. acima referido (1996).

As taxas de perpetração da agressão psicológica entre homens e mulheres apresentam-se igualmente elevadas, com a grande maioria dos estudos (66.6% e 81.8%, respectivamente) a apontarem para índices de ocorrência da agressão masculina entre os 76.3% e os 94% e entre os 65.4% e os 95.3%, no caso da agressão feminina. As percentagens mínimas de agressores masculinos (4.3%) e femininos (4.2%) foram encontradas no México, por Rivera-Rivera e colaboradores (2007). Por sua vez, a proporção máxima da população masculina maltratante (94%) foi encontrada nos E.U.A. (Barnes, Greeenwood, & Sommer, 1990) e da população feminina maltratante (95.3%) em Espanha (Muñoz-Rivas et al., 2007).

Ainda que relativamente inferior aos níveis de violência psicológica, também a *violência física* regista índices de ocorrência preocupantes e com grande variação. Assim, a experienciação de violência física pelos homens oscila entre um mínimo de 6.5%, dado apurado num estudo realizado no

México (Sanderson et al., 2001), e os 63%, numa amostra local de Norte-Americanos (Jezl et al., 1996). Pese embora esta grande disparidade das taxas de prevalência, verificamos que 44.4% dos estudos neste âmbito situam a ocorrência da vitimação masculina entre os 31.2% e os 42%. Também entre as mulheres, verifica-se uma grande discrepância entre a proporção mínima da população feminina vitimada (8%), dado encontrado nos E.U.A. (Ramisetty-Mikler et al., 2006), e máxima (59.6%), obtida por um estudo desenvolvido no Canadá (Collin-Vézina et al., 2006). Não obstante, a grande maioria dos estudos (57.8%) estima taxas de prevalência entre os 22% e os 45.2%.

Esta dispersão das taxas de prevalência está igualmente presente nos indicadores de perpetração deste tipo de abuso. A percentagem de agressores masculinos varia entre um mínimo de 12%, num estudo de dimensão local realizado nos E.U.A. (Follingstad, Wright, Lloyd, & Sebastian 1991), e um máximo de 42.6%, numa amostra do Canadá (Barnes et al., 1991). Por sua vez, a proporção de mulheres maltratantes oscila entre os 11.7%, nos E.U.A. (Byers et al., 2000), e os 48%, apurado por Ramisetty-Mikler e colaboradores (2007), no México. Se tomarmos em consideração apenas os valores estimados pela grande maioria dos estudos, encontramos índices de ocorrência em intervalos mais concentrados. Assim, em 66.6% das investigações, a agressão masculina entre os 20.5% e os 42.6%. Já a agressão feminina será situada entre os 27% e os 3.5%, de acordo com 57.9% das investigações.

Relativamente aos indicadores de vitimação e perpetração da violência física severa, e ainda que se registe um menor investimento empírico em estimar os seus índices de ocorrência, verificamos igualmente ausência de homogeneidade nas taxas de prevalência encontradas. Curiosamente, a perpetração masculina desta forma de violência é a que apresenta taxas de prevalência mais reduzidas, com 66.7% dos estudos a apontarem para índices de ocorrência inferiores a 8.4%. A proporção mínima deste tipo de agressores é de 3.4% e foi apurada nos E.U.A (Stets & Henderson, 1991), e a máxima é de 15%, registada numa amostra local na Polónia (Doroszewicz & Forbes, 2008). Por sua vez, encontramos índices de ocorrência da agressão grave feminina superiores, com valores entre os 19.2% e os 25%, em 80% dos estudos. A percentagem mínima deste tipo de agressoras (5%) foi encontrada numa amostra dos E.U.A. (Riggs & O'Leary, 1996), e a máxima, de 25%, num estudo de dimensão local Polaco (Doroszewicz & Forbes, 2008).

Em contrapartida, ao nível dos indicadores de vitimação deste tipo de abuso, encontramos taxas de prevalência similares para ambos os géneros. Assim, a proporção mínima de vítimas masculinas e femininas é igual (8%), dados apurados em dois estudos desenvolvidos nos E.U.A. (Arias, Samios, & O'Leary, 1987 e Stets & Henderson, 1991, respectivamente). Similarmente, os valores máximos encontrados para a vitimação feminina (46%) e masculina (46.5%), por estudos provenientes do Canadá (Collin-Vézina et al., 2006) e dos E.U.A. (Jezl et al., 1996) respectivamente, são também análogos.

Por fim e no que respeita à *violência sexual*, a variabilidade registada nos índices de ocorrência é particularmente notória, em parte devido à multiplicidade de experiências sexuais contempladas pelos estudos. Começando a nossa análise pelos indicadores de vitimação, verificamos que, de uma forma global, não se verifica grande discrepância em termos de género. Entre os homens a proporção mínima (4%) deste tipo de vitimação foi registada no estudo de Price e colaboradores (206), no Canadá, e a máxima, de 67.4%, num estudo de dimensão local desenvolvido na Nova Zelândia centrado na coerção sexual (Jackson et al., 2000). Porém, 60% dos estudos que procuraram caracterizar os índices de ocorrência da vitimação masculina estimam que esta seja inferior a 20%. Os restantes 40% dos estudos apontam para taxas de prevalência mais elevadas, entre os 30% e os 67%. Por sua vez, as taxas de vitimação feminina apresentam também grande variação e oscilam entre um mínimo de 2.8%, percentagem relativa à experiência de violação, aferida num estudo desenvolvido nos E.U.A. (Forbes & Adams-Curtis, 2001), e um máximo de 77.6%, relativo a algum tipo de actividade sexual não-desejada, obtido num estudo de dimensão local no Texas (Muehlenhard & Clinton, 1987). 40% dos estudos estimam que a vitimação sexual feminina se situa entre os 11.9% e os 22%, enquanto 30% dos estudos sugerem índices de ocorrência mais elevados, entre os 42% e os 77.6%.

No que concerne aos agressores sexuais, encontramos taxas de prevalência mais elevadas entre o género masculino e, ainda que a grande maioria dos estudos (58%) situe a perpetração masculina entre os 9% e os 21%, em 33.3% dos estudos estas situam-se entre os 36.4% e os 58.8%. A percentagem de agressores sexuais masculinos oscila, assim, entre um mínimo de 4%, valor relativo à tentativa de violação numa amostra dos E.U.A. (Wheeler et al., 2002), e um máximo de 58.8%, que envolve a perpetração de algum tipo de agressão sexual, dado apurado num amostra Espanhola (Fuertes & Martín, (2005). Por sua vez, a percentagem mínima (1.2%) de ofensores femininos envolve a perpetração de algum tipo de agressão sexual e foi encontrado por Foshee (1996) nos E.U.A., e a máxima, de 41.5%, foi apurada num estudo de dimensão local realizado em Espanha (Fuertes & Martín, 2005) e diz respeito a uma ou mais formas de agressão sexual. Apesar desta percentagem elevada de agressoras sexuais encontradas no estudo espanhol, importa referir que 50% dos estudos situam este tipo de agressão entre os 1.2% e os 5%.

2. Investigação nacional

O estudo da violência nas relações de intimidade juvenil no nosso país é uma realidade recente e em clara expansão. Tal como sucedeu a nível internacional, também em Portugal se assistiu primeiro ao privilegiar do estudo da violência marital, e só nos anos 90, com a aplicação de inquéritos de vitimação aos jovens, se começou a perceber que a violência na intimidade é também uma realidade entre estes.

Actualmente, começamos a assistir a algumas transformações sociais e políticas que reconhecem a gravidade deste fenómeno e a premência na implementação de medidas preventivas do mesmo. A mais recente mudança envolve as alterações na lei, em que o crime de maus tratos previsto no artigo 152º do Código Penal passou a ser tipificado como violência doméstica, abrangendo, deste modo, a violência entre namorados e ex-companheiros, sejam casais heterossexuais ou homossexuais. Adicionalmente, assistimos a um empenho institucional (Associação Portuguesa de Apoio à Vítima, Comissão para a Igualdade de Género, Plataforma Portuguesa para os Direitos das Mulheres) no desenvolvimento de esforços preventivos que combatam esta realidade entre os mais novos.

Ainda que escassos, é possível identificar no nosso país um conjunto de estudos, que têm procurado, mediante o recurso a questionários ou inventários, caracterizar a prevalência da violência na intimidade juvenil. Ainda que a grande maioria se centre na população universitária e, portanto, nos jovens adultos, assistimos também à emergência de outros estudos interessados em perceber como esta realidade se manifesta entre os mais novos, recorrendo para isso a amostras de adolescentes ou estudantes do ensino secundário.

Apresentaremos, de seguida e ordenados cronologicamente, os principais resultados dos estudos desenvolvidos no nosso país aos quais foi possível acedermos:

1. «*A agressividade no namoro de adolescentes*» (Lucas, 2002). Estudo realizado entre 2001 e 2002, em que se procurou determinar a prevalência do fenómeno da agressividade entre namorados adolescentes. Tendo por base uma amostra de 925 participantes com idades compreendidas entre os 12 e 17 anos, e a partir do *Conflict in Adolescent Dating Relationships Inventory (CADRI)* (Wolfe, Scott, Reitzel-Jaffe, Wekerle, Grasley, & Straatman, 2001), este estudo constatou que os rapazes usam mais a agressividade física (20%) (onde se incluem actos como o empurrar, o dar pontapés, o esmurrar) do que as raparigas (9.8%). Por sua vez, as raparigas empregam mais a agressão verbal (43.2%) (rebaixar o parceiro, usar um tom hostil), comparativamente com os rapazes (27%). Adicionalmente, comprovou que os jovens mais velhos (entre os 15 e os 17 anos), de ambos os géneros, eram os mais agressivos.

2. «*Abuso no relacionamento íntimo: Estudo de prevalência em jovens adultos portugueses*» (Paiva & Figueiredo, 2004). Estudo realizado em 2003/2004, com 318 estudantes universitários, a partir do *Revised Conflict Tactics Scales (CTS2)* (Straus, Hamby, Boney-McCoy, & Sugarman, 1996), este estudo comprovou que, em termos de perpetração e da vitimação, a agressão psicológica é a mais prevalente (53.8-50.8%, respectivamente), seguindo-se a coerção sexual (18.9-25.6%, respectivamente) e o abuso físico sem sequelas (16.7-15.4%, respectivamente). O abuso físico com sequelas é a forma de abuso menos prevalente (3.8-3.8%, respectivamente) entre os jovens. As formas de abuso ligeiras sobrepuseram-se em frequência às formas mais severas. Neste estudo, a perpetração e a vitimação encontravam-se significativamente associadas, sendo o exercício da violência uma realidade comum aos dois elementos da relação.

3. «*Comportamentos dos jovens universitários face à violência nas relações amorosas*» (Oliveira & Sani, 2005). Tendo por referência uma amostra de 227 participantes do ensino universitário, com uma média de 24 anos de idade, este estudo procurou caracterizar as diferentes formas de violência (física e psicológica) nas relações amorosas, do ponto de vista das vítimas e agressores, nas relações actuais e passadas. Para tal, recorreu ao Inventário de Violência Conjugal, adapatado para a população juvenil (IVC) (Matos, Ma-

chado, & Gonçalves, 2000b), tendo obtido os seguintes resultados: nas relações actuais, 52% admitiram ter adoptado comportamentos violentos, pelo menos uma vez, para com o(a) parceiro(a) amoroso(a) e 42% admitiram ter sido vítimas de pelo menos um acto abusivo. Por sua vez, nos relacionamentos anteriores, 33% admitiram ter praticado pelo menos um acto abusivo e 41% afirmaram ter sido vitimados pelos(as) parceiros(as) amorosos(as).

Este estudo apurou ainda que os rapazes faziam mais uso de actos violentos nos seus relacionamentos amorosos actuais. Surgiram ainda como os mais vitimados, comparativamente com as mulheres.

4. «*Projecto IUNO II*». Este projecto foi desenvolvido pela Associação Portuguesa de Apoio à Vítima, mais especificamente, pelo Gabinete de Apoio à Vítima do Porto, durante o ano lectivo de 2005/2006, em 11 escolas dos concelhos do Porto, Matosinhos, Santo Tirso, Paredes, Paços de Ferreira, Vila do Conde e Vila Nova de Gaia. Foram inquiridos 578 participantes do ensino secundário, com idades compreendidas entre os 14 e 21 anos. Para tal recorreu-se ao *Conflict in Adolescent Dating Relationship Inventory (CADRI)* (Wolfe, Scott, Reitzel-Jaffe, Wekerle, Grasley, & Straatman, 2001), tendo-se obtido os seguintes resultados:

Comportamentos	**Taxas de prevalência**
Agressão emocional e verbal	▪ Os relatos de agressão pontual variaram entre 7.1% e os 31.9 %, enquanto os relatos de vitimação pontual variaram entre os 4.7% e os 29.6%. ▪ No caso dos actos perpetrados de forma mais continuada, os valores oscilaram entre 1.0% e 28.5%, enquanto nas situações de vitimação a percentagem variou entre os 6.1% e os 33.9%.
Agressão física	▪ Os relatos de agressão pontual variaram entre os 2.6% e os 7.2%, enquanto os relatos de vitimação variaram entre os 2.6% e os 8.5%. ▪ Nas situações de agressão mais continuada, os dados tendiam a diminuir respectivamente para os intervalos 0.2%- 2.8% e 0.8% -4.8%.
Comportamento ameaçador	▪ No que concerne aos relatos de vitimação pontual, estes apontaram para valores na ordem dos 2.6% e os 4.9%, enquanto que os de vitimação se aproximaram dos 1.2% a 7.1%. ▪ Os relatos a este nível oscilaram entre os 2.6% e os 3.6 %, enquanto os dados de ameaça continuada variaram entre os 0.4 % e os 1.6 %.
Abuso relacional[15]	▪ Os relatos de agressão relacional pontual variaram entre os 1.4% e os 2.6 %, enquanto os relatos de vitimação variaram entre os 3.3 % e os 4.6 %. ▪ Em actos mais contínuos, os valores oscilaram entre os 0.6% e os 2.2%, nos casos de perpetração, e entre 2.0% e 6.8% nos casos de vitimação.

[15] Esta é uma forma de violência social na sua natureza, que afecta o sujeito na medida em que perturba o seu relacionamento com os outros ou coloca em causa o seu estatuto/imagem social. Exemplo: "Eu tentei pôr os amigos dele(a) contra ele(a)" ou "Eu contei coisas aos amigos dele(a) para os pôr contra ele(a)"

Este estudo apurou ainda que, no caso da agressão emocional e verbal, agressão física e comportamento ameaçador, as raparigas referiram mais frequentemente terem sido agressoras, mas também frequentemente terem sido vítimas de algum acto de violência. Já no abuso relacional, as diferenças de género não eram tão evidentes.

5. «*Percursos da violência: Da família de origem à conjugalidade. Um estudo com jovens adultos a frequentarem o ensino superior*» (Mendes, 2006). Realizado em contexto universitário, com uma amostra de 354 participantes com idades compreendidas entre os 17 e os 37 anos, este estudo procurou determinar a prevalência da violência nas relações de intimidade, passadas e actuais. Através do Inventário de Violência Conjugal (IVC) (Matos, Machado, & Gonçalves, 2000b), obteve os seguintes resultados: Nas relações actuais, 14.4% dos participantes admitiu perpetrar um ou mais actos abusivos no último ano e 12.1% referiu ter sido vítima de pelo menos um acto abusivo. Nas relações anteriores, 17.5% reconheceu ter assumido condutas abusivas e 21.5% mencionou comportamentos de vitimação pelo(a) parceiro(a) amoroso(a).

Esta investigação verificou ainda um predomínio das formas "menores" de violência em ambos os contextos amorosos, e não se verificaram diferenças de género, quer para o estatuto do agressor, quer para o estatuto da vítima.

6. «*Prevalência da violência física e psicológica nas relações de namoro de jovens estudantes portugueses*» (Duarte & Lima, 2006). Por forma a analisar a prevalência da violência física e psicológica nas relações de namoro, bem como os papéis desempenhados pelos jovens nas situações de violência relatadas, este estudo, através de um questionário construído para o efeito, seleccionou uma amostra constituída por 429 participantes de dois contextos de ensino: universitário e secundário.

Em termos globais, 10.7% dos participantes admitiram ter estado envolvidos numa situação de conflito com violência física e 38.2% relataram envolvimento em situações de violência psicológica nas suas relações amorosas.

Relativamente ao papel assumido pelos participantes, e no que respeita à violência física, a quase totalidade dos envolvidos revelou ter sido vítima (97.3%), embora a maioria admitisse também ter agredido o(a) companheiro(a) (75%). Quanto à violência psicológica, 81.6% admitiu ter sido alvo deste tipo de violência e 65.8% revelou ter tido este tipo de comportamentos para com o(a) namorado(a). De referir que em 47.4% das situações de violência física e em 72.3% das situações de violência psicológica, ambos os elementos do casal agrediram e foram agredidos, apontando assim para um padrão de violência recíproca na díade.

Relativamente às questões de género, e no que concerne à violência psicológica, os rapazes assumiram ter cometido este tipo de comportamentos mais frequentemente (91.3%) do que as raparigas (70%). Não se verificaram diferenças entre rapazes e raparigas no que respeita à utilização de comportamentos fisicamente agressivos, nem no que respeita à vitimação física ou psicológica.

Por fim, este estudo registou ainda uma associação entre violência física e psicológica e constatou que os estudantes universitários relataram taxas mais elevadas de violência, quer física (14.8%), quer psicológica (43.8%), do que os estudantes do ensino secundário (5.9% e 32%, respectivamente).

7. «*Vitimização na relação com os pares: prevalência e crenças relacionadas com a vitimação*»[16] (Rodrigues, 2007). Mediante a aplicação do *Conflict in Adolescent Dating Relationships Inventory (CADRI)* (Wolfe, Scott, Reitzel-Jaffe, Wekerle, Grasley, & Straatman, 2001) a 596 participantes de cinco regiões distintas (Alentejo, Algarve, Lisboa e Vale do Tejo, Centro e Norte), com idades compreendidas entre os 15 e os 24 anos, recolheram-se dados referentes à caracterização das relações de namoro, às experiências sexuais não desejadas, à presença de comportamentos violentos na relação, às consequências das discussões e aos motivos para as mesmas. Destacamos de seguida os principais resultados:

[16] Estudo co-financiado pela Comissão para a Igualdade e para os Direitos das Mulheres, e desenvolvido no terreno pelo psicólogo Nelson Rodrigues da Associação para o Planeamento Familiar, delegação do Alentejo, desde Maio de 2005.

Tipos de violência	Comportamentos perpetrados
Violência psicológica	76.7% dos inquiridos referiram perante terceiros algo de mau que o parceiro(a) fez no passado, tendo 74.6% falado em tom hostil ou ofensivo 30.8% admitiram ter insultado o(a) parceiro(a) 10.4% ridicularizaram, diante de outros, a pessoa com quem mantinham uma relação.
Violência física	15.4% admitiram ter empurrado ou abanado o parceiro 8.3% atiraram com um objecto 6.3% deram um pontapé, murro ou bateram 4.4% esbofetearam ou puxaram os cabelos
Violência sexual	33.3% dos inquiridos referiu ter apalpado o parceiro ou parceira na relação de namoro, quando o(a) outro(a) não o(a) desejava. 1.7% referiu já ter forçado o(a) parceiro(a) a praticar relações sexuais, sem o seu consentimento 28,5% referiu beijar o(a) parceiro(a) quando este(a) não o(a) desejava
Ameaças	22.4% responderam já ter assustado deliberadamente o(a) parceiro(a) 7.2% ameaçaram destruir algo que o(a) outro(a) estimava 4.4% ameaçaram bater ou atirar um objecto ao(à) parceiro(a)

Este estudo constatou ainda que os rapazes eram tanto os mais agressivos como os mais agredidos sexualmente, sofriam mais agressões. Sofriam também mais consequências físicas (marcas, arranhões, nódoas negras) e faziam mais o que a parceira queria para evitar discutir. Por sua vez, as raparigas atribuíam mais a violência à perda de controlo e agrediam fisicamente os parceiros amorosos com maior frequência. Esta investigação compreendeu ainda a aplicação de outro questionário, só dirigido às raparigas, sobre experiências sexuais. Neste segundo estudo, 11.5% admitiram ter sofrido contactos sexuais não desejados, 1.58% relataram uma tentativa de violação e 0.9% relataram ter sido violadas.

8. «*O abuso e as crenças sobre a violência nas relações amorosas de estudantes universitários*» (Costa & Sani, no prelo). Realizado em 2007, este estudo procurou determinar a prevalência, frequência e severidade dos vários tipos de abuso em termos de perpetração e vitimação. Para tal aplicaram o *Revised Conflict Tactic Scale (CTS2)* (Straus, Hamby, Boney-McCoy, & Sugarman, 1996), a uma amostra de 345 participantes do ensino universitário, com idades compreendidas entre os 18 e os 40 anos. No que respeita ao perfil de perpetração, o estudo comprovou um predomínio da agressão psicológica (em 69% dos casos), seguindo-se o abuso físico sem sequelas (28%), a coerção sexual (19.8%) e o abuso físico com sequelas (5.6%). Também no padrão de vitimação, a violência psicológica elevava-se (61.4% dos casos), seguindo-se o abuso físico sem sequelas (26.7%), a coerção sexual (24.4%)

e, por último, o abuso físico com sequelas (5.9%). Os elementos do género masculino revelaram perpetrar mais abuso físico com sequelas e coerção sexual e relataram mais vitimação destas formas de abuso. Já ao nível da vitimação, não se verificaram diferenças de género.

3. Síntese e discussão dos estudos

A análise da produção científica internacional sobre a violência nas relações de intimidade juvenil evidencia uma proliferação dos estudos epidemiológicos, principalmente nas duas últimas décadas. Estes estudos permitem-nos comprovar que se trata de um problema comum e disseminado pelos vários contextos estudados, não se restringindo apenas aos países ocidentais.

Porém, o interesse científico por este objecto de estudo não é idêntico nas diferentes zonas geográficas analisadas. Deste modo, as primeiras publicações sobre o fenómeno surgem, primeiramente, em países desenvolvidos da América do Norte (E.U.A. e Canadá) e da Europa (Reino Unido). Na realidade, o investimento científico no estudo deste tema na América Latina, África, Ásia, Médio Oriente e na Europa Oriental (Rússia, Polónia), para além de escasso, surge mais tardiamente, sendo que as publicações a que foi possível aceder são bastante recentes. Na origem deste facto poderão estar várias explicações: por um lado, as alterações sociais e políticas que vieram favorecer o estudo destas realidades (e.g., abertura política dos países da Europa de Leste), por outro lado, o facto de alguns continentes (e.g., África, América Latina) enfrentarem um elevado número de problemas sociais mais graves (e.g., guerra, fome, pobreza extrema) face aos quais o problema em causa se tornava relativamente "menor" e menos prioritário. A título exemplificativo, Rotimi (2007) refere que o facto de em África os estudos epidemiológicos sobre violência conjugal serem esparsos se poderá dever ao facto de este fenómeno não ser percepcionado como um problema social, num continente onde a pobreza, a instabilidade política, o fanatismo religioso, a corrupção, os elevados indicadores de crime e outros problemas sociais significativos requerem uma maior atenção e uma resposta mais prioritária. Além disso, o autor acrescenta que os ditos países do terceiro mundo, incluindo África, não dispõem de recursos suficientes para investigar este tipo de fenómenos.

Por outro lado, apesar da grande expansão dos estudos, a investigação tem produzido resultados extremamente variáveis e de difícil interpretação, sugerindo taxas de prevalência (ofensores ou vítimas) que poderão ir desde os 12.1% (Henton et al., 1983) até aos 72.4% (Aldrighi, 2004). Na origem deste desfasamento estará, a nosso ver, a grande variabilidade ao nível das opções metodológicas empregues pelos autores (e.g., tipo de amostragem, tipo de abuso medido, instrumentos utilizados, intervalo temporal considerado) e sobre as quais passamos de seguida a reflectir.

A investigação empírica na área da violência na intimidade tem, de facto, conhecido alguns problemas conceptuais e metodológicos (Glass, Fredland, Campbell, Yonas, Sharps, & Kub, 2002; Jackson, 1999; Lewis & Fremouw, 2001; Vézina & Hébert, 2007) que, inevitavelmente, se repercutem nas taxas de prevalência registadas. Assim, um dos primeiros entraves metodológicos diz respeito ao conceito de violência utilizado nos estudos. Segundo Emery (1989 cit. Jackson, 1999), os termos violência ou abuso têm, desde logo, inerente alguma ambiguidade conceptual, na medida em que definir um acto como abusivo ou violento não é uma decisão objectiva, mas sim um julgamento social. Por outro lado, outros trabalhos (Archer, 1999 cit. ibidem) enfatizam a necessidade de haver uma distinção clara entre agressão e violência, dado que, na sua opinião, a primeira refere-se essencialmente aos actos enquanto a segunda incorpora as consequências dos actos agressivos (e.g., danos). A ausência de uma definição clara de violência e, mais especificamente, dos termos usados na investigação internacional – "*dating violence*", "*courtship violence*" – tem, desta forma, dado origem à emergência de diferentes conceptualizações, que originam uma disparidade de dados de prevalência (Arriaga & Oskamp, 1999; Jackson, 1999). Além disso, e tal como Hickman e colaboradores (2004) explicam, o próprio conceito de "*dating partner*" é de difícil definição, sendo reduzido o número de estudos que especificam que tipo de comportamentos ou padrões de relacionamento amoroso estão em causa (a tradução deste conceito para a realidade portuguesa suscita, aliás, dúvidas substanciais, sendo provavelmente demasiado restritiva a sua interpretação como sinónimo de "namoro").

Uma outra questão metodológica, capaz de produzir grande variabilidade ao nível dos indicadores de prevalência, é a natureza da medida utilizada. Esta remete, desde logo, para duas dimensões distintas: o tipo de abuso medido e a grande variedade de instrumentos utilizados na medição dos comportamentos violentos. O facto de uma percentagem considerável dos estudos nesta área se centrar no abuso físico conduz logicamente a uma subrepresentação do fenómeno da violência mais lata (Gover, 2004). Por outro lado, e já no âmbito dos instrumentos, a variedade de escalas utilizadas origina ela própria uma grande dispersão de valores de prevalência (Glass *et al.*, 2003).

Como podemos perceber pela análise do padrão de investigação internacional (cf. quadro 1), a prática mais comum para determinar a prevalência da violência nas relações amorosas envolve o recurso ao CTS – *Conflit Tactics Scale* – de Straus (1979, cit. Jackson, 1999). Contudo, esta escala tem sido alvo de diversas críticas, entre as quais, destacamos: o facto de não possibilitar o conhecimento da etiologia dos actos abusivos, permitindo apenas aceder à sua frequência (cf. Currie, 1998), e negligenciar, deste modo, questões como as motivações, intenções e consequências do comportamento (Jackson, 1999); não se adequar a participantes mais jovens, na medida em que não representa adequadamente o conjunto de comportamentos violentos que poderão ter lugar na interacção amorosa durante a adolescência (Wolfe, Scott, Reitzel-Jaffe, Wekerle, Grasley, & Straatman, 2001); e, por último, tratar-se de um instrumento muito sensível à violência masculina (cf. Archer, 2000).

De igual modo, o viés de amostragem (sobre-representação da população estudantil, particularmente do contexto universitário) contribui igualmente para problemas ao nível dos indicadores de prevalência. O facto de, tendencialmente, os estudos empíricos se basearem em amostras de conveniência (os participantes mais comuns deste tipo de estudos são jovens heterossexuais universitários[17]) não possibilita uma generalização dos resultados a outros grupos específicos (e.g., não permite conhecer a extensão do abuso em casais homossexuais, em outros grupos formativos, nas minorias étnicas) (O'Keefe, 1997; Vézina & Hébert, 2007). Uma outra lacuna amostral envolve o facto de os estudos não contemplarem pares de namorados, mas apenas jovens individualmente considerados

[17] O recurso recorrente a estudantes universitários advém das seguintes características: acesso fácil a este tipo de população, maior probabilidade de, neste contexto formativo, se verificarem relacionamentos amorosos entre os jovens, e o facto de o contexto universitário integrar uma porção significativa da população juvenil de cada país (Straus, 2004).

(O'Keefe, 1997). De facto, na nossa análise, apenas dois estudos (Perry & Fremouth, 2005; Stets & Straus, 1989) integraram na sua amostra casais.

Um outro problema metodológico, transversal à maioria dos estudos neste domínio, relaciona-se com o facto de estes se basearem no auto-relato dos inquiridos (O'Keefe, 1997). Efectivamente, tem sido defendido que as ilações em torno do comportamento relacional a partir dos relatos individuais, para além de serem pobres do ponto de vista da informação desejada, também são muito vulneráveis ao erro (Lewis & Fremouw, 2001). O facto de a violência nas relações amorosas constituir uma experiência pessoal, privada, e, frequentemente, acompanhada por sentimentos de culpa, irá condicionar os relatos factuais dos inquiridos, promovendo o sub-relato deste tipo de experiências. Neste sentido, uma solução para a obtenção de um retrato mais fidedigno do fenómeno, nas suas diversas dimensões, passaria pela inclusão de outros métodos de recolha de informação (Lewis & Fremouw, 2001). A título exemplificativo refira-se o estudo de Follete e Alexandre (1992), que utilizou a análise de segmentos de gravações de vídeo, em que casais de namorados procuravam resolver conflitos interpessoais, como método para avaliar as estratégias de resolução de problemas e a violência nas relações amorosas.

A variabilidade registada ao nível da idade dos participantes e os diferentes intervalos temporais considerados nos estudos (e.g., no ano anterior à realização do estudo, ou ao longo da vida), contribuem igualmente para a grande dispersão das taxas de prevalência registadas (Glass et al., 2003).

Outros problemas sinalizados ao nível da investigação na área referem-se ao facto de muitos estudos analisarem apenas os indicadores de prevalência do abuso íntimo, sem, no entanto, discriminar os dados de vitimação e de perpetração ou sem estabelecer comparações em função do género dos inquiridos (Lewis & Fremouw, 2001). Finalmente, a ausência de estudos longitudinais na área tem também sido mencionada como uma importante limitação da investigação (idem).

Em suma, os indicadores de prevalência disponíveis alteram-se substancialmente em função dos critérios adoptados em cada investigação, sendo evidente a necessidade de uma uniformização conceptual e metodológica que nos permita proceder a generalizações mais seguras no domínio da violência na intimidade dos jovens. Não obstante, parece-nos possível retirar algumas ilações dos dados empíricos atrás sistematizados.

Assim, a generalidade dos estudos sinaliza que a violência na intimidade não é um fenómeno característico e/ou exclusivo das relações maritais, mas que poderá ter início durante a fase do namoro, quer entre os jovens adultos, quer entre os grupos etários mais novos. Além disso, o conjunto das investigações internacionais permite-nos ainda concluir que a violência nas relações íntimas é um fenómeno transversal às mais diversas culturas e grupos étnicos.

A análise das diferentes formas de violência confirma a maior preponderância da agressão psicológica, nos diferentes contextos culturais. Esta constatação não afasta, contudo, inquietações, atendendo a que a violência emocional tem sido considerada como um precipitante das outras formas de violência, particularmente da violência física (Sears et al., 2006). Além disso, e pese embora o conhecimento empírico sobre os seus efeitos seja reduzido, sabe-se que este tipo de abuso surge, frequentemente, associado a múltiplas sequelas negativas nas vítimas (Árias & Pape, 1999; Follingstad et al., 1990 cit. Katz, Kuffel, & Coblentz, 2002). Acrescido a isto, tem sido igualmente referido (Roscoe & Callahan, 1983; Roscoe & Kelsey, 1986 cit. Glass *et al.*, 2003) que este tipo de abuso nem sempre é interpretado como tal pelas vítimas, o que poderá promover a manutenção das relações abusivas no tempo e a eventual escalada nos maus tratos praticados.

Por sua vez, a agressão sexual diferencia-se no sentido da sua menor prevalência nestes contextos relacionais, sendo que 50% dos estudos estimam que os indicadores de vitimação poderão situar-se entre os 10% e os 19% e os indicadores de perpetração, estabelecidos por 55.6% das investigações, entre os 15.6% e os 26.1%.

Estes dados evidenciam que a violência "menor" é aquela que atinge proporções mais elevadas entre os jovens. É, contudo, também possível no contexto das relações amorosas experienciar formas de abuso mais severas, quer no plano sexual, quer físico. Efectivamente, e de uma forma global, a vitimação física severa poderá situar-se entre os 2% (Katz et al., 2002) e os 25% (West & Rose, 2000) e os seus índices de perpetração entre os 1% (Gidycz et al., 2007) e os 16% (Ramirez, 2002). Por sua vez, a vitimação sexual mais severa (violação) poderá situar-se entre os 1% (Larsen, 2005) e os 23% (Abbey et al., 1996) e os seus indicadores de perpetração entre os 5.8% (Gidycz et al., 2007) e os 9% (Wheeler et al., 2002).

A violência nas relações amorosas é um problema que afecta de forma transversal quer os jovens adolescentes, quer os jovens adultos. Uma análise genérica das taxas de prevalência parece sugerir uma ligeira elevação destas entre os estudantes universitários, podendo oscilar entre os 22.3% (Cate et al., 1982) e os 87% (Archer, 1989). Entre os estudantes do ensino secundário, registou-se um mínimo de 12.1% (Henton et al., 1983) e o máximo de 66.2% (Gray & Foshee, 1997).

Na apreciação das taxas de prevalência em função do género dos inquiridos, verificamos que a grande maioria dos estudos (80%) sugere indicadores de vitimação feminina superiores (entre os 28% e os 39%) à masculina (10.5% a 19.3%, estimados por 70% dos estudos). Ao mesmo tempo, a agressão feminina, de acordo com 55.5% dos estudos, regista taxas de prevalência superiores (30% a 51%) à masculina (10% a 22%, de acordo com 60% dos estudos).

Mais concretamente, e ao nível da violência psicológica, os indicadores de vitimação feminina (82.7%) e masculina (87%) apresentam-se similares e elevados, de acordo com a grande maioria dos estudos (58% e 54.5%, respectivamente). O mesmo sucede com o padrão de perpetração feminina (65.3% a 95.3%) e masculina (76.3% a 94%), estabelecido pela maioria das investigações neste âmbito (81.8% e 66.6%, respectivamente).

Ainda que com taxas de prevalência inferiores, também ao nível da violência física as diferenças de género parecem ser reduzidas, registando-se índices de ocorrência similares nos dois perfis de violência: a vitimação masculina, de acordo com 44.4% dos estudos, situa-se entre os 31.2% e os 42% e a feminina entre os 22% e os 45.2% (segundo 57.8% das investigações). Por sua vez, em 66.6% das investigações, a agressão masculina situa-se entre os 20.5% e os 42.6% e a feminina entre os 27% e os 43.5% (57.9% dos estudos).

Quando se considera a violência física severa, verifica-se uma elevação da percentagem de agressores femininas, com 80% dos estudos a estimarem a ocorrência deste tipo de agressão entre os 19.1% e os 25%, comparativamente com os agressores masculinos que (66.7% dos estudos) não excede os 8.4%. Já ao nível da vitimação desta forma de abuso, observam-se taxas de prevalência similares para ambos os géneros.

Por fim, é no âmbito da violência sexual que se regista maior disparidade entre os géneros. Se uma análise global parece sugerir a inexistência de diferenças de género quanto ao padrão de vitimação, uma análise minuciosa permite-nos perceber que os homens experienciam indicadores de violência similares ao género feminino, no entanto, estes referem-se apenas à coerção sexual. Por sua vez, os índices de vitimação feminina englobam a vitimação sexual em geral, incluindo a violação. Adicionalmente, no que concerne à perpetração, é relativamente consensual que a agressão masculina apresenta índices de ocorrência consideravelmente mais elevados (58% dos estudos situam este tipo de agressão entre os 9% e os 21% e 33.3.% entre os 36.4% e os 58.8%). No que respeita à agressão feminina e ainda que no estudo espanhol (Fuertes & Martin, 2005) se verifiquem índices de ocorrência elevados (41.5%), a grande maioria dos estudos (50%) situa este tipo de agressão entre os 1.2% e os 5%.

Em suma, tal como tem vindo a ser sustentado na literatura sobre o tema, uma apreciação global do estudos epidemiológicos que se debruçaram sobre a diferenciação da violência em função do género dos inquiridos, contradita uma asserção usual acerca da essência desta forma de abuso, nomeadamente a de que o homem é o seu perpetrador e a mulher a sua vítima. Entre os adolescentes e/ou jovens adultos os padrões de violência parecem apresentar-se menos diferenciados em termos de género. Não obstante, não se verifica unanimidade entre os estudos que se têm debruçado sobre esta relação. Assim, uma análise mais circunstanciada da produção científica neste âmbito, permite-nos distribuir os estudos em 3 grupos distintos: 23.4% dos estudos não encontraram nas suas análises qualquer diferença de género, sugerindo, deste modo, uma certa simetria ao nível do abuso íntimo; 29.8% das investigações identificam diferenças de género sistemáticas nas suas análises, e 29.8% obtiveram resultados mistos, ou seja, igualdades e desigualdades de género para alguns tipos de abuso e/ou para determinado perfil de violência.

De entre os estudos que sustentam a inexistência de diferenças de género, 30.1% encontraram padrões mútuos de violência, com ambos os géneros a perpetrarem e a sustentarem algum tipo de abuso. Por exemplo, Cate e colaboradores (1982) verificaram que em 68% dos casos de violência, os parceiros assumiram-se como vítimas e ofensores de algum tipo de violência ao longo da vida. De igual modo, numa amostra de estudantes universitários Brasileiros, Aldrighi (2004) apurou que em 72.4% das situações de agressão, o abuso era mútuo. Por sua vez, na África do Sul, Swart e colaboradores (2002) também não encontraram diferenças entre rapazes (49.8%) e raparigas (52.4%), que frequentavam o ensino secundário, na perpetração e na vitimação do abuso íntimo.

As semelhanças de género foram igualmente apuradas por um outro conjunto de estudos, mas nestes essa similaridade verificava-se apenas no padrão de vitimação em termos globais (15.4%) ou ao nível da perpetração (7.1%). Outros estudos, ainda, não identificaram diferenças de género, mas desta feita em relação a formas específicas de violência: 20% dos estudos apontam para ausência de diferenças na perpetração de violência física; 15.3% na agressão psicológica; 11.5% na vitimação física; e 7.7.% na vitimação sexual.

Relativamente aos estudos empíricos que identificaram algum tipo de diferença de género, 50% sustentam que o género feminino admite, mais frequentemente, o recurso ao abuso físico. Apenas no estudo de Makepeace (1986), realizado com uma amostra de estudantes americanos do ensino secundário, a agressão masculina assume maior preponderância, com os rapazes (72.9%) a admitirem a agressão três vezes mais do que as raparigas (8.6%).

Não obstante, alguns estudos (Muñoz-Rivas et al., 2007; Stets & Henderson, 1991) defendem que o género feminino perpetra formas de violência menos severas e sofre um tipo de abuso mais severo (Arriaga & Foshee, 2004; Molidor & Tolman, 1995). Outras investigações reiteram, em parte, estas conclusões, e consideram que o género masculino sofre, regra geral, um tipo de violência mais moderada (Arriaga & Foshee, 2004; Jezl et al., 1996; Katz et al., 2002; Molidor & Tolman, 1998), sendo o abuso físico severo da sua responsabilidade (Arriaga & Foshee, 2004; Schiff & Zeira, 2005). Em contrapartida, alguns trabalhos (Doroszewicz & Forbes, 2008; Magdol et al., 1997; Stets & Henderson, 1991) verificaram que as mulheres recorrem mais frequentemente a este tipo de abuso severo.

Como já atrás referimos, de forma mais consensual, os resultados (e.g., Byers et al., 2000; Foshee, 1996; Lane et al., 1985; Poitras & Lavoie, 1995; Stets & Pirog-Good, 1989) em torno da distribuição da violência sexual em função do género sustentam que este tipo de abuso, regra geral, é sofrido no feminino e perpetrado no masculino. Porém, estudos há, como o de Jezl e colaboradores (1996) que, numa amostra de estudantes do ensino secundário, não encontraram diferenças de género na experienciação da violência sexual, admitida por 11.4% dos rapazes e 17.8% das raparigas. Também Molidor e Tolman (1998) apuraram índices de ocorrência da vitimação sexual similares para ambos os géneros (31.1% das raparigas e 32.6% dos rapazes).

Em síntese, ainda que os padrões de vitimação e perpetração neste contexto relacional se apresentem menos diferenciados em termos de género, comparativamente ao que se verifica nas relações maritais (e.g., Lourenço, Lisboa, & Pais, 1997; Machado, 2005; Straus & Gelles, 1986 cit. Magdol et al., 1997), e alguns resultados empíricos pareçam apoiar a tese da paridade da violência, esta está longe de ser uma leitura unânime entre os diferentes estudos. Face a estes resultados, e tal como Johnson (1995) preconiza, consideramos necessário ponderar a possibilidade de existirem múltiplas formas de violência entre os parceiros íntimos, sendo que algumas destas formas de violência poderão ser simétricas em termos de género e outras não. Nesta lógica de pensamento, alguns autores defendem que a violência íntima não pode ser entendida como um fenómeno unitário, mas deverá ser conceptualizada em função da sua multiplicidade (e.g., o tipo de violência, as motivações subjacentes, o enquadramento social dos parceiros e os contextos culturais em que a violência ocorre) (Johnson & Ferraro, 2000).

Por outro lado, devemos atender que os estudos que sustentam a simetria no exercício da violência têm sido objecto de inúmeras críticas, entre as quais se destaca o facto de estes simplesmente permitirem determinar o agente (se homem ou mulher ou ambos) responsável pelo acto abusivo e não considerarem os contextos em que a violência é praticada, por exemplo em auto-defesa ou como forma de retaliação (Gray & Foshee, 1997). Nesta lógica, Saunders (2002) sublinha que os estudos que apontam para níveis similares de perpetração da violência entre homens e mulheres ignoram o facto de o género feminino agir, a maior parte das vezes, em auto-defesa. Por sua vez, segundo Follingstad e colaboradores (1992 cit. Marquart et al., 2007), o comportamento agressivo masculino é geralmente motivado pela necessidade de controlar e intimidar a parceira amorosa.

Assim, vários autores (e.g., Dobash & Dobash, 2004) consideram que, na origem destes dados contraditórios sobre o papel do género estão questões de índole metodológica, mais concretamente a forma como a violência é conceptualizada, medida e relatada nos diferentes estudos. Na sua opinião, os estudos baseados em inquéritos populacionais apontam para um tipo de violência simétrica, pelo menos em parte porque – tal como explicámos anteriormente – os actos de agressão não são analisados em termos de contexto, consequências, motivações, intenções e reacções. Já os estudos de cariz usualmente mais clínico e conduzidos com amostras com queixa focalizam-se na violência assimétrica exercida maioritariamente pelos homens contra as mulheres, espelhando diferenças em termos de género na sua perpetração, bem como nas suas consequências. Assim, nesta lógica de pensamento, diriamos que as situações em que as mulheres recorrem à violência diferem em termos de natureza, frequência, intenção, intensidade e impacto daquelas em que os homens o fazem.

Um passo importante na clarificação desta polémica resultou da investigação levado a cabo por Molidor e Tolman (1998), que comprovou que efectivamente não existem diferenças quantitativas entre homens e mulheres no que concerne à perpetração dos comportamentos abusivos, mas que do ponto de vista qualitativo estes se diferenciam. Segundo estes autores, quando se analisa o contexto e as consequências do abuso, as mulheres experienciam mais níveis elevados de violência severa e reacções emocionais mais acentuadas comparativamente com os homens. De igual modo, uma análise dos efeitos indica que a violência masculina resulta, na maioria das vezes, em sequelas mais graves que a cometida pelas mulheres (Molidor & Tolman, 1998; Straus & Ramirez, 2002). Porém, ainda que esta ideia tenha sido corroborada por alguns estudos da nossa revisão empírica, devemos enfatizar que também esta não é uma constatação consensual.

Outras explicações para os resultados que sugerem a inexistência de diferenças de género ou até a maior vitimação masculina defendem que os rapazes apresentam diferentes percepções sobre o que constitui violência para com as raparigas, bem como evidenciam uma percepção distinta sobre o contexto que precede um acto violento (Wekerle & Wolfe, 1999). Tal posicionamento tende a influenciar as percepções masculinas sobre os seus actos, diminuindo a avaliação da sua severidade ou até levando-os a percepcionar-se como não violentos (Schiff & Zeira, 2004). Alguns autores sugerem ainda que a negação do uso de comportamentos violentos pelos rapazes poderá significar negação dos problemas de relacionamento, não acatamento da responsabilidade como forma de evitar as sanções sociais em que este tipo de actos pode incorrer e, ainda, uma tendência masculina para minorar os sintomas e as dificuldades (e.g.,

Dutton & Hemphdl, 1992; Pederson & Thomas, 1992 cit. Feiring, Deblinger, Hoch-Espada, & Haworth, 2002). Concomitantemente, o facto de as mulheres tenderem a relatar a perpetração de violência física moderada (e.g., Foshee, 1996, O'Keefe, 1997) poderá reflectir uma tendência para estas assumirem mais facilmente a sua quota parte de responsabilidade nas dificuldades relacionais.

Em contrapartida, outros autores destacam que a vitimação masculina também poderá ser sub-relatada, pela tendência masculina de minimizar situações que os façam representar como frágeis ou vulneráveis. Molidor e Tolman (1998), por exemplo, verificaram que cerca de metade dos seus participantes de género masculino tendiam a satirizar a sua vitimação, enquanto um terço simplesmente ignorava a sua condição de vítima.

Em jeito de síntese, diríamos pois que, apesar da sugestão de muitos estudos no sentido da paridade de género na violência íntima, são inúmeras as indicações de que o género pode interferir de forma relevante na motivação para a violência, actos específicos praticados, seu impacto na vítima e seu relato nos inquéritos. Do ponto de vista metodológico, o investimento na complementaridade entre análises quantitativas e qualitativas parece-nos fundamental de forma a alcançar-se uma leitura mais integrativa desta relação tão controversa (DeKeseredy & Schwartz, 1998).

Orientando a nossa discussão para a análise da investigação nacional, verificamos que o interesse por este objecto de estudo é recente e que o investimento científico é ainda escasso para uma correcta identificação da extensão e das dinâmicas que este problema assume no território português. Não obstante, os dados obtidos a partir dos estudos realizados corroboram a literatura internacional quanto ao facto de a violência na intimidade ser uma realidade presente não só entre os jovens adultos, mas também entre os adolescentes.

Ainda que não disponhamos de dados empíricos suficientes para retirar ilações válidas no que respeita às taxas de prevalência da violência nas relações amorosas no contexto nacional, importa destacar algumas peculiaridades encontradas. De acordo com dois estudos que utilizaram o mesmo instrumento (IVC) e integraram na sua amostra o mesmo grupo populacional – estudantes universitários –, a percentagem de participantes que admitiram ter adoptado comportamentos violentos pelo menos uma vez para com o(a) parceiro(a) amoroso(a), nas suas relações actuais, oscila entre os 14% (Mendes, 2006) e os 55% (Oliveira & Sani, 2005). Percentagens similares foram obtidas no perfil de vitimação, variando entre os 12% (Mendes, 2006) e os 42% (Oliveira & Sani, 2005). Se considerarmos apenas os relacionamentos amorosos passados, encontramos dados também discrepantes entre os dois estudos. O estudo de Oliveira e Sani (2005) aponta para uma ligeira redução nas taxas de prevalência, sobretudo no perfil de perpetração (33%), em comparação com as obtidas nas relações actuais. Por sua vez, no estudo desenvolvido por Mendes (2006) verificamos um aumento dos indicadores de ocorrência, sendo este particularmente notório no que respeita ao perfil de vitimação (21.5%).

À semelhança do que se verificou na investigação internacional, a violência psicológica e as formas "menores" de violência assumem, entre nós, maior preponderância nos relacionamentos amorosos. Esta conclusão foi partilhada por todos os estudos realizados em contexto nacional, importando destacar que em dois dos mesmos (Costa & Sani, no prelo; Paiva & Figueiredo, 2004), se verificou que o abuso físico com sequelas não ultrapassa os 6%.

Comparativamente com os estudos que já vão surgindo no âmbito da violência física e emocional, o investimento nacional no estudo da agressão sexual nas relações amorosas é deveras escasso e poderá, em parte, explicar-se pela dificuldade em estudar esta problemática ou mesmo pelo pudor que persiste, por parte dos jovens, em relatarem as suas experiências sexuais. Como podemos perceber pela análise dos diferentes trabalhos desenvolvidos no nosso território, apenas três investigações (Costa & Sani, no prelo; Paiva & Figueiredo, 2004; Rodrigues, 2007) avaliaram a prevalência deste tipo de abuso, ainda que os dois primeiros estudos apenas contemplassem uma forma de agressão sexual específica – a coerção sexual.

Não obstante, e mediante os dados empíricos disponíveis, é possível perceber que este tipo de abuso é também uma realidade frequentemente presente nestes contextos relacionais. À semelhança do que sugerem os estudos internacionais, as formas mais severas deste tipo de abuso (e.g., forçar o parceiro a praticar relações sexuais) assumem menor preponderância, parecendo não exceder os 2% (Rodrigues, 2007). Se considerarmos formas "menores" de violência sexual (e.g., coerção sexual, beijos forçados, toques indesejados), deparamo-nos com índices de ocorrência superiores. Assim, no estudo de Rodrigues (2007), 33.3.% dos inquiridos admitiu ter perpetrado toques sexuais indesejados e 28.5% referiram ter sido beijados contra vontade. Relativamente à prevalência da coerção sexual, os dois estudos (Costa & Sani, no prelo e Paiva & Figueiredo, 2004) desenvolvidos junto de estudantes universitários encontraram indicadores de vitimação (19.8% e 18.9%, respectivamente) e perpetração (24.4% e 25.6%, respectivamente) análogos e bastante elevados.

No que respeita à distribuição da violência em função do género dos participantes, tal como sucede no panorama internacional, os dados portugueses caracterizam-se pela ausência de consensualidade. Porém, é possível afirmar que as diferenças de género no contexto das relações amorosas juvenis não se evidenciam tão sólidas como sucede nas relações maritais. A título meramente exemplificativo refira-se um estudo representativo da região norte do nosso País (Machado, 2007), no qual se procurou estudar a prevalência da violência no contexto familiar, designadamente ao nível conjugal e parental. Neste estudo, apesar de não existirem diferenças de género quanto à violência emocional, os homens evidenciaram-se como mais agressores em geral, perpetrando mais violência física, nomeadamente grave.

Apesar desta discrepância de género não ser tão marcada nas relações juvenis, quatro dos estudos (Costa & Sani, no prelo; Lucas, 2002; Oliveira & Sani, 2005; Rodrigues, 2007) realizados em território português sugerem que os rapazes perpetrarão, de uma forma geral, formas de violência mais severa (agressão física e sexual). Já no que concerne à agressão feminina, alguns estudos (Lucas, 2002) sugerem que as raparigas recorrem mais frequentemente à agressão psicológica, enquanto outros (APAV, 2006; Rodrigues, 2007) constataram que as raparigas também fazem uso relativamente frequente da agressão física, ainda que sejam igualmente vítimas frequentes deste tipo de abuso (APAV, 2006).

Adicionalmente, dos estudos que sustentam uma maior agressão masculina, alguns verificaram que os rapazes relatam simultaneamente uma maior vitimação, tanto em termos globais (Oliveira & Sani, 2005), como das formas de violência mais severas (Costa & Sani, no prelo; Rodrigues, 2007). Por fim, apenas um estudo realizado em contexto universitário (Mendes, 2006) não encontrou diferenças de género para ambos os perfis de violência (perpetração e vitimação). Esta simetria do abuso foi parcialmente confirmada num outro trabalho levado a cabo por Duarte e Lima (2006), em dois grupos etários distintos (estudantes do ensino secundário e universitário), na medida em que não verificaram diferenças de género na agressão física e na vitimação física e psicológica. Este estudo apurou, contudo, indicadores de agressão masculina superiores no que respeita à violência psicológica.

Por último e no que diz respeito à medida de avaliação commumentemente utilizada para a pesquisa desta problemática, verificamos que ao nível nacional o CTS é igualmente um instrumento de eleição (utilizado no estudo de Paiva & Figueiredo, 2004 e de Costa & Sani, no prelo). Contudo, um outro instrumento – Inventário de Violência Conjugal (IVC) – adaptado para a população juvenil (quer na sua denominação, quer nas instruções dadas aos participantes) por Matos, Machado e Gonçalves (2001b), começa a ser comummente utilizado na investigação nacional (2 estudos).

Tomando em consideração esta variabilidade verificada nas taxas de prevalência encontradas nos estudos portugueses, bem como a ausência de unanimidade no que às questões de género diz respeito, somos levados a reiterar o que dissemos atrás sobre os problemas decorrentes da diversidade de opções metodológicas dos estudos, assim como sobre as limitações deste tipo de abordagem. Assim, consideramos fundamental desenvolver a incipiente investigação nacional desta matéria, essencialmente a dois níveis:

- por um lado, através da realização de estudos mais fiáveis e consistentes sobre a prevalência deste fenómeno, que caracterizem a sua extensão bem como as variáveis (e.g., idade, género, escolaridade) que lhe estão associadas;
- por outro, a complexificação da abordagem deste problema, indo para além da mera identificação dos seus números para estudar os contextos, significados, motivações e atribuições para a violência entre a população juvenil.

Estas duas dimensões nortearão, precisamente, os nossos estudos empíricos. Porém, uma adequada compreensão do fenómeno da violência na intimidade juvenil exige, a nosso ver, mais do que a discussão que até agora realizámos sobre a prevalência deste problema. Na verdade, embora a investigação internacional tenha começado por caracterizar a dimensão deste fenómeno, alargou-se, mais recentemente, ao estudo dos factores que para ele contribuem. Será este, precisamente, o tema do nosso próximo capítulo.

Capítulo 2
Dos Factores de Risco para a Violência na Intimidade Juvenil

A adolescência constitui uma fase desenvolvimental peculiar, durante a qual os jovens se vêm confrontados com um conjunto de novas tarefas (e.g., integração no grupo de pares, aprendizagem de certas normas sociais, autonomização dos pais) (e.g., Howard & Wang, 2003). Estes desafios podem impulsionar o envolvimento em actividades problemáticas (e.g., fumar, beber, comportamentos sexuais de risco), frequentemente percepcionadas pelos jovens como normativas (Werkerle, Wall, & Knoke, 2004 cit. Schiff & Zeira, 2005). Para alguns jovens, sobretudo os mais "vulneráveis", este período é, muitas vezes, marcado pela instabilidade e por conflitos vários, entre os quais o início de relacionamentos amorosos caracterizados pela agressividade e violência. Este facto é tanto mais grave quanto se sabe que o namoro constitui um contexto onde os adolescentes são socializados para os papéis maritais futuros (Follette & Alexander, 1992).

Uma grande diversidade de trabalhos tem vindo a identificar os factores de risco[18] que podem incrementar condutas violentas nas relações amorosas (e.g., Chase, Treboux, & O'Leary, 2002; Glass *et al.*, 2003;

[18] Os factores de risco referem-se a atributos que poderão incrementar a probabilidade de receber ou perpetrar violência nas relações amorosas (Sugarman & Hotaling, 1989).

Gover, 2004; Lewis & Fremouw, 2001; O' Keefe, 1997, 1998). Neste capítulo procuraremos analisar os principais estudos que documentam os factores de risco para o abuso íntimo em geral, destacando igualmente os factores específicos para a ocorrência da violência sexual, consensualmente tida na literatura como a forma de abuso que mais se diferencia (sobretudo em termos de género) das outras formas de violência (física e psicológica).

1. Factores de risco para a violência física e psicológica

As explicações teóricas para a violência na intimidade divergem consoante o contexto social enfatizado (e.g., família, pares) e a ênfase dada às variáveis estruturais, situacionais, culturais e psicológicas (Mahlstedt & Welsh, 2005), sendo múltiplas as correntes explicativas[19] que têm procurado deixar o seu contributo para a elucidação deste fenómeno. Estas diferentes linhas de teorização têm vindo a orientar um vasto conjunto de estudos que procuram identificar as características pessoais, familiares, culturais ou mesmo situacionais que podem favorecer a emergência de comportamentos agressivos no contexto amoroso.

A grande maioria destes trabalhos tem vindo a diferenciar os factores de risco para a violência na intimidade juvenil em função das características da vítima e do ofensor. Através da análise da literatura neste domínio, podemos agrupar os factores de risco em diferentes categorias: familiares (e.g., observar violência interparental, práticas parentais maltratantes, abuso sexual na infância); ambientais (e.g., características dos grupos de pares, observar violência na comunidade); factores sociodemográficos (e.g., idade, género, etnia, nível socioeconómico, área de residência e práticas religiosas); intrapessoais (e.g., depressão, autoestima, comportamentos antissociais); interpessoais (e.g., satisfação relacional, estratégias de resolução de problemas, competências de comunicação, duração da relação, comprometimento emocional); e, ainda,

[19] Optámos por não desenvolver aqui estas abordagens teóricas, uma vez que, tal como foi referido na introdução, a nossa opção foi a de organizar a revisão da literatura em função dos objectivos específicos dos estudos empíricos. Não obstante, abordaremos estas teorias ao longo deste capítulo e do seguinte, na medida em que tal for necessário para explicar o porquê de determinadas características constituírem factores de risco para a violência.

factores situacionais ou contextuais (e.g., consumo de álcool e/ou drogas) (e.g., Lewis & Fremouw, 2001; Vézina & Hébert, 2007).

Adicionalmente, as atitudes têm sido também identificadas como preditores importantes da violência na intimidade juvenil. Efectivamente, sabe-se que este tipo de crenças podem interferir, não só no entendimento que os intervenientes da violência – vítimas e agressores – constroem acerca destas experiências, mas também nos seus desempenhos face a estas dinâmicas abusivas. As vítimas podem permanecer na relação, não conferindo qualquer significado aos episódios abusivos ou considerá-los como irrelevantes e, por sua vez, os agressores podem desvalorizar a necessidade de modificar a sua conduta abusiva. Atendendo a que o capítulo seguinte será inteiramente dedicado à relação entre atitudes e conduta abusiva na relação amorosa, remetemos a análise do seu valor preditivo para esse capítulo (cf. capítulo III).

1.1. Factores familiares

A literatura tem vindo a comprovar, de uma forma sistemática, que o conflito familiar poderá comprometer o estabelecimento de relações amorosas saudáveis durante a adolescência.

A experienciação de violência na família de origem, seja por maus-tratos directos ou vitimação vicariante, tem sido um dos elementos mais referidos pela literatura como forte preditor da violência na intimidade juvenil (Dahlberg, 1998). No essencial, tem sido sustentado que as crianças inseridas em contextos familiares violentos, para além da exposição directa e indirecta à violência, são igualmente expostas a um ambiente familiar isento de oportunidades de socialização adequadas no sentido de promover formas de relacionamento saudáveis (Wolfe, Wekerle, & Scott, 1997). Neste sentido, vários autores têm vindo a defender a existência de uma associação consistente e directa entre observar a violência interparental e violência na intimidade juvenil (e.g., Arriaga & Foshee, 2004; Carr & Vandeusen, 2002; Foo & Margolin, 1995; Foshee, Bauman, & Linder, 1999; Kaura & Allen, 2003; O'Keefe, Brockopp, & Chew, 1986), assim como entre esta e o ter experienciado maus tratos parentais (e.g., Malik et al., 1997; Wolfe et al., 2001; Wolfe, Wekerle, Scott, Straatman, & Grasley, 2004).

De entre as várias investigações que têm defendido a associação entre violência familiar e agressão na intimidade juvenil, importa destacar o trabalho de O' Keefe e colaboradores (1986 cit. Glass *et al.*, 2003), no qual se concluiu que mais de 50% dos adolescentes vítimas de abuso na intimidade tinham presenciado violência interparental. Wolf e Foshee (2003) interpretam este tipo de resultados a partir da ideia de que os adolescentes que experienciam violência familiar tendem a desenvolver estilos de expressão da raiva, tornando-se propensos à perpetração de comportamentos violentos nas relações amorosas. Ainda que esta associação se verifique em ambos os géneros, evidencia-se mais robusta no caso do género masculino (Wolf & Foshee, 2003).

A par desta linha explicativa, outros contributos importantes para a clarificação desta relação provêm dos estudos empíricos que se centram nas atitudes (cf. capítulo III). A este nível, a literatura é consensual ao considerar que perceber o comportamento abusivo como justificável constitui um elemento importante na explicação da relação entre exposição à violência interparental e o envolvimento em relações amorosas abusivas (cf. Kinsfogel & Grych, 2004). A título exemplificativo cita-se o estudo de Riggs e O'Leary (1996), no qual se verificou que os adolescentes que observavam comportamentos agressivos entre os seus progenitores tinham mais probabilidades de interpretar tal como aceitável e, consequentemente, de reagir mais agressivamente face a uma situação de conflito em contexto amoroso. As atitudes surgem, aliás, neste estudo como o preditor mais consistente da agressão nas relações amorosas. Outros estudos comprovam esta associação, ainda que esta pareça ser mais evidente no caso do género masculino (e.g., Cate et al., 1982; Henton et al., 1983). Em contrapartida, as crenças femininas sobre a agressão não surgem correlacionadas com a exposição ao conflito interparental (e.g., Bookwala et al., 1992; O'Keefe, 1998; Tontodonato & Crew, 1992).

Esta relação entre a vitimação na família de origem e violência na intimidade juvenil pode ser melhor compreendida se atendermos ao conceito de transmissão intergeracional da violência. A teoria da aprendizagem social tem sido o princípio pelo qual a grande maioria dos investigadores tem explicado este fenómeno (Hines & Saudino, 2002). Esta abordagem considera que o comportamento de cada indivíduo é determinado pelo ambiente em que este se insere, particularmente pelos elementos da sua família, mediante mecanismos de observação, reforço, modelagem ou coacção (Foo & Margolin, 1995). Deste modo, uma criança que seja exposta à violência interparental ou que tenha sofrido maus tratos na infância tem mais probabilidades de vir a imitar estes comportamentos e/ou de evidenciar uma maior tolerância face a este tipo de práticas abusivas. A vitimação directa ou indirecta (exposição ao conflito interparental) poderá contribuir para a aceitação deste tipo de práticas e, deste modo, a violência ser interpretada como uma forma adequada de resolução dos conflitos (Riggs & O'Leary, 1996). O recurso à violência pelos jovens expostos ao conflito familiar tem sido ainda explicado pelo facto de estes associarem à violência interpessoal mais funcionalidades positivas do que consequências negativas e, consequentemente, desenvolverem expectativas positivas face ao comportamento violento (Foshee, Bauman, & Linder, 1999).

Em continuidade com estas ideias, Dutton (1999) considera que a modelagem não se processa apenas ao nível das atitudes e comportamentos, mas inclui também a modelagem de certas características de personalidade que sustentam o abuso íntimo (e.g., tendência para externalizar a responsabilidade, emoções desproporcionais face à rejeição/abandono). Por outro lado, a modelagem de crenças legitimadoras da violência poderá não advir apenas do seu testemunho directo ou indirecto, mas também do papel da família enquanto agente de transmissão de certos valores ideológicos e sociais (e.g., atitudes e crenças sobre os papéis de género e a violência) promotores de condutas violentas (Gelles, 1997).

Não obstante a importância da teoria da aprendizagem social, outros autores (e.g., Simons, Lin, & Gordon, 1998) consideram que o comportamento violento na intimidade pode ser também explicado através de modelos importados do campo da criminologia. Em linhas gerais, os estudos desenvolvidos neste domínio conceptualizam a violência íntima como a expressão de um padrão de conduta antissocial mais geral, propondo que as pessoas que apresentam um comportamento de agressão persistente para com o(a) parceiro(a) amoroso(a), têm grandes probabilidades de ter uma história passada de envolvimento em outros comportamentos antissociais. Além disso, as investigações no domínio da criminologia sustentam que a ausência de práticas parentais efectivas, mais do que a agressão interparental ou mesmo os maus tratos, constitui um importante factor precipitante da violência na intimidade juvenil. Esta leitura estabelece, deste modo, o fenómeno da violência como resultante da ineficácia parental (cf. Gonçalves, 2000). Simons e colaboradores (1998) desenvolveram um estudo prospectivo com uma amostra de adolescentes masculinos para estudar precisamente o valor preditivo da parentalidade efectiva, punição física e da violência interparental na agressão amorosa. Os autores encontraram nesta investigação suporte para os pressupostos de que um fraco envolvimento e suporte parental estão associados a comportamentos delinquentes e ao uso de drogas, que, por sua vez, predizem o recurso a práticas abusivas nas relações de intimidade. De igual modo, e ainda que não tenham encontrado uma relação entre violência interparental e violência íntima, verificaram a existência de uma relação entre exposição à punição física e relações amorosas violentas.

Outras evidências empíricas decorrentes de um estudo longitudinal (Lavoie et al., 2002) desenvolvido com adolescentes reiteraram a existência de uma relação directa entre padrões familiares disfuncionais precoces e abuso nas relações amorosas dos adolescentes. De acordo com este estudo, as crianças expostas a comportamentos parentais coercivos e inconsistentes têm mais probabilidades de desenvolver tácticas agressivas, que poderão ser posteriormente utilizadas nas suas relações amorosas, onde a negociação deveria ser a estratégia primordial a adoptar. Também Howard e colaboradores (2003) comprovaram no seu estudo que a monitorização parental constitui um elemento importante e fundamental na prevenção da violência nas relações de intimidade. Defendem, assim, que os jovens que experimentam uma adequada monitorização parental possuem menos probabilidades de ser vitimados nas suas relações amorosas, na medida em que estão, muitas vezes, impossibilitados de participar em certas situações sociais desprovidas de supervisão e potenciadoras do envolvimento em comportamentos de risco (e.g., consumo de álcool e/ou drogas).

Não obstante este conjunto de estudos que corroboram, embora diferentemente, a relação entre o ambiente familiar disfuncional e a violência na intimidade juvenil, outros têm contrariado esta associação (e.g., Carr & VanDeusen, 2002). Por exemplo, um estudo longitudinal recente (Lichter & McCloskey, 2004) concluiu que os jovens inseridos em ambientes familiares violentos não perpetram nem sofrem mais violência do que os jovens em contextos familiares isentos de violência ou com baixo nível de conflituosidade entre os progenitores. Aliás, contrariamente ao esperado, neste estudo, os jovens expostos aos conflitos interparentais tendiam a evidenciar uma maior reprovação deste tipo de condutas violentas.

Este tipo de resultados tem levado alguns autores a defender que um *background* violento nem sempre pré-determina a conduta abusiva. Nesta linha, Dutton, 1998 (cit. Hines & Saudino, 2002) sugere que, embora o facto de uma criança experienciar violência na família possa efectivamente desenvolver a sua capacidade para se tornar violenta, tal não significa que esse potencial seja posto em prática, já que poderão existir factores protectores que atenuem os efeitos das experiências negativas passadas. Neste sentido, têm sido identificados diferentes mecanismos psicológicos (e.g., características da personalidade, atitudes de género, estratégias de resolução de problemas, mecanismos de *coping)* que poderão mediar a relação entre exposição à violência e agressão na intimidade juvenil (cf. Hines & Saudino, 2001). A frequência e gravidade da violência observada, o género do observador e do modelo, o tipo de papel assumido (vítima ou agressor) e o tipo de implicação na violência dos pais (violência directa ou vicariante) podem também afectar a reprodução da violência experienciada na família de origem (Barnett, Miller-Perrin, & Perrin, 1997 cit. Cedrés & Méndez, 2000). O próprio impacto da violência experienciada na infância poderá assumir um importante papel moderador, havendo autores (e.g., McCloskey & Lichter, 2003) que defendem que as experiências precoces apenas promovem a agressão na intimidade juvenil de forma indirecta, por constituírem um factor de risco para o desenvolvimento de psicopatologia (e.g., depressão) que, por sua vez, promove a agressão amorosa.

O processo de transmissão intergeracional da violência evidencia-se, deste modo, muito mais complexo daquilo que se supunha inicialmente, sendo que diversas variáveis poderão influenciar a forma como o ciclo da violência se processa. De entre estas dimensões, o género do adolescente tem sido consistentemente referido como uma das mais importantes variáveis mediadoras entre a exposição à violência durante a infância e a violência nas relações amorosas (e.g., Foo & Margolin, 1995; Foshee et al., 1999; Kinsfogel & Grych, 2004; Magdol, Moffitt, Caspi & Silva, 1998; O'Keefe, 1997).

Um dos estudos mais relevantes neste domínio foi conduzido por O'Keefe (1998), tendo por objectivo precisamente identificar os factores protectores e de vulnerabilidade que poderão mediar a relação entre experienciar violência na família de origem e violência na intimidade juvenil. Neste estudo, o género revelou-se uma importante variável moderadora, quer para os factores protectores, quer para os factores de vulnerabilidade. Assim, enquanto a auto-estima emerge como um factor protector consistente e que diferencia os rapazes de risco que infligem violência dos que não o fazem, o sucesso escolar surge sobretudo associado ao género feminino. O estatuto socioeconómico, a exposição à violência na comunidade e/ou escola e a legitimação da violência surgem como factores de vulnerabilidade no caso do género masculino. Para o género feminino, apenas dois factores de vulnerabilidade assumem alguma relevância nesta relação: a exposição à violência da comunidade e/ou escolar e ter experienciado abuso na infância.

Neste sentido, Follingstad e colaboradores (1992 cit. O' Keefe, 1998) estabelecem que a exposição à violência interparental constitui, para as raparigas, um factor de risco privilegiado para a vitimação nas relações de intimidade juvenil. O efeito oposto será mais típico nos rapazes, apresentando estes uma maior probabilidade de virem a exibir comportamentos agressivos para com as suas parceiras amorosas ou esposas, caso tenham testemunhado violência interparental (e.g., Hendy, Weiner, Bakerofskie, Eggen, Gustitus, & McCleod, 2003; Straus, 1992; Straus, Kaufman, & Kantor, 1994 cit. Rosen, Bartle-Haring, & Stith, 2001).

Estas diferenças de género foram igualmente comprovadas num trabalho realizado por Foo e Margolin (1995), tendo-se concluído que observar violência interparental apenas prediz a perpetração masculina, não se registando evidências substantivas para o género feminino. As autoras concluíram, ainda, que a violência feminina é sobretudo resultado de variáveis proximais (e.g., ser alvo de abuso pelo parceiro amoroso), o que é comprovado por outras referências (e.g., Bookwala et al., 1992). Por sua vez, a perpetração masculina surge associada a variáveis mais distais (e.g., observar violência na família de origem).

Um outro estudo (Kinsfogel & Grych, 2004) mais recente reitera que a exposição ao conflito e agressão interparental afecta sobretudo os rapazes, não só na forma como estes irão resolver os seus conflitos relacionais, mas também no desenvolvimento futuro de relações amorosas saudáveis. Segundo estes autores, os rapazes que experienciam elevados níveis de conflito interparental agressivo tendem a perceber como justificável a agressão no contexto das suas relações amorosas. Por sua vez, esta legitimação do abuso prediz a ocorrência de comportamentos hostis e abusivos para com a sua parceira amorosa. Em contrapartida, as crenças femininas sobre a agressão amorosa não surgem relacionadas com a sua exposição ao conflito interparental.

Tal como outros (e.g., Gwartney-Gibbs et al., 1987; O'Keefe, 1997, 1998), estes autores apontam as diferenças verificadas ao nível dos padrões de socialização de género como uma possível explicação para os seus resultados. Este efeito de uma socialização diferencial poderá, por exemplo, afectar a forma como rapazes e raparigas interpretam a violência, sendo as raparigas mais sensíveis ao impacto potencial do conflito parental, enquanto os rapazes, tendencialmente, se centram mais na funcionalidade da agressão. Por outro lado, tal como defendem as perspectivas feministas, estas diferenças de género poderão reflectir as mensagens sociais e culturais em torno da normalização e aprovação da violência masculina na intimidade, enquanto as mulheres são educadas para aceitarem a dominação (O'Keefe & Treister, 1998).

Apesar deste conjunto de estudos que documentam efeitos diferenciados da exposição à violência em função do género, há, contudo, autores que descrevem resultados diferentes. Assim, por exemplo, Breslin, Riggs, O'Leary, e Árias (1990) encontraram um maior risco de perpetração da violência também entre as mulheres expostas à agressão entre os pais, enquanto outros consideram que o risco de envolvimento na violência é igual para ambos os géneros (e.g., Tontodonato & Crew, 1992). Há mesmo estudos (e.g., Wolf & Foshee, 2003) segundo os quais o observar violência na família surge apenas associado à perpetração feminina da violência.

Na análise da tríade constituída pelo género, pela violência parental e pela violência nas relações amorosas, há ainda a considerar uma outra questão, que se relaciona com a forma como o género dos progenitores responsáveis pela agressão poderá interferir na perpetração/vitimação feminina e masculina do abuso íntimo. Não obstante a escassez de estudos neste domínio, refira-se o estudo de Jankowski e colaboradores (1999), que verificou que os participantes que observam a agressão parental perpetrada pelo mesmo género (situação em que o rapaz observa a perpetração paterna ou situação em que a rapariga observa a perpetração materna) apresentam uma maior probabilidade de perpetrar agressão física na sua relação amorosa. No entanto, este efeito de modelagem não se verifica ao nível da vitimação. Em contrapartida, no estudo de Kaura e

Aleen (2003) verificou-se que, no caso das raparigas, apenas a perpetração paterna prediz a perpetração de abuso íntimo, enquanto para os rapazes apenas a expressão violenta materna surge associada à perpetração da agressão amorosa. Estes resultados, de alguma forma opostos ao que poderia ser esperado, remetem, segundo os autores, para a necessidade de mais estudos neste domínio.

Para além do género enquanto mediador da relação entre exposição à violência parental e violência nas relações amorosas, outros autores defendem que outras variáveis também podem mediar esta associação, tais como os estilos de expressão da raiva[20]. Neste contexto, a raiva é tida como um percursor emocional do abuso íntimo (cf. Henton et al., 1983). Assim sendo, e tomando em consideração os pressupostos da teoria da aprendizagem social, os indivíduos que se encontram perante um potencial conflito amoroso poderão responder à raiva mediante o que observaram no contexto familiar e que integraram como sendo aceitável. Num estudo realizado por Wolf e Foshee (2003) foi possível comprovar esta associação entre raiva, experienciar violência na família de origem, e perpetração da agressão amorosa.

Também no estudo de Foshee e colaboradores (1999), o estilo agressivo de resposta ao conflito e a legitimação do abuso íntimo emergem com as principais variáveis moderadoras da relação entre exposição à violência na família e perpetração feminina da violência na intimidade. No caso da perpetração masculina, a mediar esta relação encontram-se, para além do estilo agressivo de resposta ao conflito e da legitimação da violência íntima, as expectativas de resultados positivos para a agressão e crenças de tipo convencional.

Mais recentemente, um outro estudo desenvolvido por Foshee e colaboradores (2005) revela-se pioneiro ao verificar que a relação entre exposição à violência familiar e violência íntima é moderada também por outras variáveis, como sejam a etnia, o nível socioeconómico e a estrutura familiar. Neste estudo, a etnia constitui o preditor mais consistente, surgindo a exposição à violência interparental associada ao abuso íntimo pelos adolescentes negros, mas não no caso dos adolescentes caucasianos.

[20] Por estilos de expressão da raiva entende-se as diferentes formas como, tipicamente, os indivíduos respondem à raiva (cf. Wolf & Foshee, 2003).

Finalmente, ainda no que se refere à violência experienciada no contexto familiar, há que referir uma outra forma de abuso que, ainda que tenha suscitado um menor interesse investigativo, tem sido igualmente associada à ocorrência de violência nas relações amorosas – a violência entre irmãos. Os poucos estudos (e.g., Noland, Liller, McDermott, Coulter, & Seraphine, 2004; Simonelli, Mullis, Elliott, & Pierce, 2002) que procuraram estudar a relação entre estas duas variáveis, documentaram que a violência entre irmãos constitui, tal como o abuso parental, um importante factor preditor da violência íntima. Também de acordo com os pressupostos da teoria da aprendizagem social, considera-se que as crianças que sofreram abuso físico, psicológico ou sexual pelos irmãos poderão reproduzir tais comportamentos agressivos no contexto das suas relações amorosas, pois aprenderam que a violência é uma forma correcta de interagir com os pares (Simonelli et al., 2002).

1.2. Factores ambientais

A par da experienciação de violência na família de origem, a influência dos pares também parece assumir grande proeminência na determinação do comportamento violento íntimo, ainda que se verifique um menor investimento na investigação desta relação. Os pares constituem importantes transmissores de normas e valores sociais e são modelos de comportamento particularmente relevantes para a interacção social dos jovens (Kinsfogel & Grych, 2004), havendo mesmo quem sustente que os pares parecem ter uma influência mais significativa do que a das figuras parentais na modelagem das práticas violentas nas relações amorosas (Arriaga & Foshee, 2004).

Neste sentido, vários estudos comprovam que a interacção com pares que já tenham tido qualquer contacto (como vítimas ou como ofensores) com a violência íntima constitui um importante factor de risco para o abuso na intimidade (Arriaga & Foshee, 2004; Gwartney-Gibbs, Stockard, & Bohmer, 1987; Kinsfogel & Grych, 2004; Tontodonato & Crew, 1992). De igual modo, a literatura tem defendido a existência de uma relação consistente entre violência nas relações amorosas e agressão contra os pares, sendo que os adolescentes que tendem a manifestar comportamentos agressivos para com os seus pares, tendem mais a usar da agressão nas suas relações de intimidade (Riggs & O'Leary, 1989 cit. O'Keefe, 2005).

Num estudo longitudinal, Arriaga e Foshee (2004) confirmaram que a interacção com amigos envolvidos em relações amorosas violentas prediz a perpetração masculina e feminina da violência íntima. Contudo, e no que se refere à vitimação, neste estudo só se regista uma associação positiva entre estas duas variáveis no caso do género feminino. Um outro estudo longitudinal (Foshee, Linder, MacDougall, & Bongdiwala, 2001) comprovou que a interacção com pares envolvidos em relacionamentos amorosos violentos surge correlacionada com o abuso na intimidade dos adolescentes, para ambos os géneros, e constitui um forte preditor da violência feminina. Pese embora existam estudos que documentam esta relação para ambos os géneros, outros (Chase et al., 1998; Ozer, Tschann, Pasch, & Flores, 2004), apuraram que esta relação (ao nível da perpetração) é sobretudo evidente no caso do género masculino.

Ainda ao nível dos factores ambientais, a literatura documenta que a exposição à violência na comunidade e/ou na escola poderá igualmente favorecer a oportunidade para a modelagem dos comportamentos agressivos e, assim, fomentar a interacção violenta nas relações de intimidade (O'Keefe, 1998). Não obstante, também neste âmbito, os resultados provenientes dos estudos empíricos revelam-se pouco consistentes sobre a forma como a exposição a este tipo de violência poderá afectar ambos os géneros. Enquanto para alguns (e.g., Malik et al., 1997) a exposição à violência na comunidade surge associada à perpetração do abuso íntimo para ambos os géneros, para outros (e.g., O'Keefe & Treister, 1998), a observação deste tipo de violência estimula essencialmente a vitimação do género feminino.

1.3. Factores sociodemográficos

Embora as variáveis sociodemográficas tenham sido analisadas por diversos estudos, o seu contributo para a predição do abuso íntimo não é consensual. De entre as diferentes variáveis sociodemográficas analisadas, tal como foi documentado no capítulo anterior, a forma como o género poderá afectar a agressão amorosa tem sido o principal foco de debate empírico (Archer, 2000). Em termos gerais, e recapitulando as principais conclusões anteriormente enunciadas, tem-se verificado que, se o foco principal for a prevalência do problema, a violência sofrida e perpetrada por ambos os géneros poderá assumir as mesmas proporções e configurar um tipo de abuso recíproco. Quando se considera a frequência, severidade e dano, as raparigas tendem a relatar a vitimação de formas de violência mais severa e de muito mais violência sexual (e.g. Lane & Gwartney-Gibbs, 1985; Molidor, 1995; Molidor & Tolman, 1998). Não obstante, e como também já foi referido, a investigação em torno da relação entre género e violência na intimidade juvenil está longe de ser consensual (cf. capítulo I).

Tendo em linha de conta os autores (e.g., O'Keefe & Treister, 1998) que sustentam que a análise dos factores preditores da vitimação e/ou perpetração masculina e feminina constitui também uma importante forma de elucidar as diferenças de género na agressão íntima, passamos a apresentar alguns dos resultados dos estudos empíricos desenvolvidos neste domínio.

Começamos por destacar o estudo de O'Keefe (1997) onde se verificou que o uso da violência pelo género masculino surge, sobretudo, associado ao seu "*background*" individual, enquanto a agressão feminina está mais relacionada com factores situacionais, tais como o conflito relacional e o grau de envolvimento amoroso. Outros estudos (e.g., Cleveland et al., 2003) posteriores reiteraram estes resultados.

Também O'Keefe e Treister (1998) encontraram diferentes padrões ao nível dos preditores em função do género. No caso do género masculino, a variável 'infligir violência' surge como a única com potencial preditivo da vitimação. No caso do género feminino, múltiplas variáveis apresentam um valor preditivo. Mais concretamente, as raparigas tendem a experienciar mais violência íntima quando: infligem violência, acreditam que a violência masculina é legítima, experienciam grande conflito na relação amorosa, experienciam menor satisfação e maior envolvimento relacional, e tiveram vários companheiros amorosos durante a fase do namoro.

Por sua vez, no estudo realizado por Kreiter, Krowchuk, Woods, Sinal, Lawless e DuRant, (1999), as raparigas que relataram agressão amorosa evidenciavam uma maior probabilidade de possuir múltiplos parceiros sexuais, e de estar envolvidas em outros comportamentos de risco, tais como o uso de drogas ou andar de carro com condutores alcoolizados. O envolvimento em comportamentos tais como ter parceiros sexuais do mesmo género, sexo forçado, ou ter sido alvo de violência física no passado surgem relacionados com os relatos da agressão amorosa pelo género masculino.

Mais recentemente, uma outra investigação (Foshee, Benefield, Ennett, Bauman, & Suchindran, 2004) longitudinal estima os factores de risco para a vitimação física e sexual durante a adolescência. Assim, no caso do género masculino, a agressão perpetrada por um adulto com a intenção de ferir, possuir uma baixa auto-estima, e estar envolvido em lutas com os pares, prediz a vitimação física séria nas relações amorosas. Se a estas variáveis se acrescentar o facto de possuir um amigo que foi vítima de abuso na sua intimidade, e o uso de álcool, tal prediz a vitimação crónica nos rapazes. No caso das raparigas, a vitimação física séria surge associada com o facto de ter sido agredido por um adulto. Já a vitimação crónica parece relacionada com o facto de se pertencer a uma família monoparental, facto para o qual os autores não avançam com qualquer explicação.

O nível socioeconómico enquanto factor de risco para violência na intimidade juvenil é também uma dimensão sobre a qual têm sido encontrados resultados pouco consistentes. Enquanto alguns (Rivera-Rivera et al., 2007) encontraram uma associação positiva entre níveis socioeconómicos médios e elevados e a perpetração masculina da violência íntima, outros (e.g., Castro & Ruíz, 2004; Rivera-Rivera et al., 2006) registaram uma associação inversa, encontrando níveis mais elevados de violência entre as classes mais desfavorecidas. Um conjunto significativo de estudos (e.g., Cyr et al., 2006; Foshee et al., 2002; Magdol et al., 1998; O' Keefe & Treister, 1998) não comprovou, aliás, a existência de qualquer tipo de relação entre nível socioeconómico e violência na intimidade juvenil. Porém, O'Keefe (1997, 1998) defende que as pessoas de estatutos económicos mais desfavorecidos tendem a experienciar mais violência na intimidade e, de igual modo, constituem um grupo de risco para a perpetração deste tipo de abuso. As famílias com baixos recursos económicos tendem a experienciar mais *stress* decorrente do desemprego, problemas financeiros, e capacidades de *coping* limitadas, aumentando a probabilidade de recurso a estratégias violentas nas relações. O facto de estes comportamentos serem percebidos como normativos no contexto familiar poderá propiciar o seu uso fora deste contexto, nomeadamente na interacção amorosa (O'Keefe, 1998). Adicionalmente, estes stressores familiares poderão promover uma menor supervisão e monitorização parental e, deste modo, interferir nas crenças e comportamentos (violentos) dos adolescentes (cf. Pflieger & Vazsonyi, 2006).

Da mesma forma, o valor preditivo da idade em relação à violência íntima evidencia-se pouco robusto e pouco consensual (Lewis & Fremouw, 2001), com uma maioria de estudos a não encontrarem relação entre idade e agressão amorosa, considerando mesmo a idade como uma variável irrelevante na ocorrência do abuso íntimo (Cyr et al., 2006; Gover, 2004; Harned, 2002; Howard, Qiu, & Boekeloo, 2003; Malik, Sorenson, & Aneshensel, 1997; Noland et al., 2004). Não obstante, alguns estudos (e.g., Kreiter et al., 1999; Roberts & Klein, 2003; Halpern et al., 2001) apuraram que as raparigas mais velhas apresentam mais probabilidades de ser vítimas de algum tipo de violência.

A pertença a uma minoria étnica tem sido também documentada como um factor de risco para a violência na intimidade juvenil (Vézina & Hébert, 2007), pese embora neste domínio seja igualmente perceptível uma certa incoerência nos resultados empíricos. Se, por um lado, alguns estudos (e.g., O'Keefe, 1997; O'Keefe, Brockopp, & Chew, 1986) registam elevados indicadores de violência entre os jovens afro-americanos quando comparados com os caucasianos, por outro lado, outros (Lane & Gwartney-Gibbs, 1985) sinalizam elevados indicadores de violência entre os caucasianos. Outros estudos ainda (White & Koss, 1991; Malik et al., 1997) não detectaram quaisquer diferenças raciais.

A área de residência (urbana, suburbana ou rural) onde os jovens se encontram inseridos e suas características também parecem assumir alguma relevância enquanto elementos de risco para o abuso (cf. Vézina & Hébert, 2007). Alguns estudos (e.g., Lane & Gwartney-Gibbs, 1985) comprovam que os jovens que residem em zonas urbanas evidenciam indicadores mais elevados de violência do que os indivíduos inseridos em zonas menos urbanizadas. Tem também sido defendido que viver em bairros com elevados níveis de pobreza, violência e desorganização social poderá potenciar o envolvimento dos jovens em relações amorosas violentas (e.g., Glass et al., 2003, Howard & Wang, 2003).

Por outro lado, no estudo de Spencer e Bryant (2000), os jovens que residiam em áreas rurais experienciavam, mais frequentemente, violência nas suas relações amorosas, comparativamente com os jovens que residiam em zonas urbanas ou suburbanas. Finalmente, Bergman (1992) encontrou altas taxas de incidência da violência entre os estudantes do ensino secundário, independentemente do contexto geográfico.

No seu conjunto, estes estudos parecem, pois, sugerir que a violência poderá ocorrer em qualquer contexto, ainda que seja difícil concluir se determinados ambientes residenciais favorecem mais os relacionamentos violentos do que outros ou se, pelo contrário, a violência nas relações amorosas juvenis é independente da zona habitacional.

Por fim, existem ainda estudos que sugerem que a participação em práticas religiosas pode estar associado a um menor envolvimento por parte dos adolescentes em alguns comportamentos de risco (e.g., abuso de álcool) e, deste modo, minorar o risco de violência nas relações amorosas (Gover, 2004; Howard et al., 2003). De acordo com Howard e colaboradores (2003), a exposição dos jovens a mensagens religiosas promove e reforça certas crenças e atitudes (desencorajadoras do uso da violência) com potencial impacto no comportamento dos jovens, conduzindo, deste modo, a uma diminuição do risco de ocorrência de violência na intimidade.

1.4. Factores intrapessoais

A bibliografia documenta igualmente o contributo de certas variáveis intrapessoais (e.g., depressão, comportamentos suicidas, baixa autoestima) para a ocorrência da agressão amorosa. De referir aliás que alguns autores (Rensetti, 1994 cit. Sharpe & Taylor, 1999) consideram mesmo que, mais do que atender às explicações macro, a compreensão da violência íntima deve envolver a análise das diferenças ao nível destas variáveis individuais.

Na verdade, as perspectivas intra-individuais destacam-se por terem sido as primeiras explicações teóricas a dar o seu contributo na explicação da violência íntima. Em linhas gerais, estas explicações para além de procurarem compreender as acções dos agressores a partir das suas características biológicas e psicológicas, procuraram igualmente descrever a personalidade das vítimas e a sua vulnerabilidade psicológica para a ocorrência do abuso (cf. Hydén, 1995). Apresentaremos de seguida o conjunto de trabalhos que nos parecem mais relevantes para caracterizar esta linha de investigação sobre o nosso objecto de estudo.

Um estudo longitudinal desenvolvido por Roberts, Klein e Fisher (2003) sustenta que os sintomas depressivos e os comportamentos suicidas poderão constituir quer percursores quer consequências da violência na intimidade dos jovens. Outros estudos (e.g., Cleveland et al., 2003; Foshee et al., 2004), também em formato longitudinal, comprovam a associação entre depressão e a ocorrência de violência física e sexual na intimidade. De igual modo, Kreiter e colaboradores (1999) evidenciaram que as adolescentes com história de tentativa de suicídio apresentavam mais probabilidades de virem a experienciar pelo menos um acto de violência física na sua relação amorosa, do que as adolescentes sem estes percursores.

A investigação sobre a importância da auto-estima na ocorrência de violência íntima já não é tão clara e tem-se revelado assaz inconsistente. Se, por um lado, alguns estudos (e.g., Cleveland et al., 2003; Foshee et al., 2004; O'Keefe, 1998) não encontraram qualquer associação entre as duas variáveis, outros autores (e.g., Bird, Stith, & Schladale, 1991; Jezl, et al., 1996) defendem que uma baixa auto-estima incrementa a probabilidade de sofrer violência íntima, sobretudo para o género feminino (O'Keefe & Treister, 1998).

No estudo de Sharpe e Taylor (1999), uma baixa auto-estima surge correlacionada com a vitimação e perpetração feminina de violência física, enquanto, para o género masculino, uma elevada auto-estima surge associada à vitimação e perpetração de violência psicológica. Já no estudo de Stets (1991) a relação entre uma baixa auto-estima e violência psicológica verifica-se apenas para o género feminino. O facto de as mulheres investirem e inferirem uma grande parte parte da sua auto-estima das suas relações amorosas tem sido avançado como uma hipótese explicativa para estas diferenças de género (Stets, 1991). Adicionalmente, o facto de a mulher sofrer um maior dano físico durante os episódios violentos e ser alvo de violência psicológica prolongada encerra uma segunda possibilidade explicativa, dado que tais circunstâncias poderão produzir elevados níveis de ansiedade e uma baixa auto-estima. Porque o género masculino tende a apresentar uma auto-estima difundida por vários domínios, não experimenta tão facilmente um declínio da auto-estima, mesmo perante as dificuldades relacionais (Sharpe & Taylor, 1999).

Por fim, também a conduta anti-social na adolescência tem sido associada ao envolvimento em violência física nas relações amorosas. Roberts, Klein e Fisher (2003), tendo por base uma amostra representativa de adolescentes, comprovaram a associação entre a vitimação na intimidade e o comportamento anti-social, para ambos os géneros.

1.5. Factores interpessoais

No plano interpessoal, o papel do controlo interpessoal[21] como percursor da violência íntima tem sido também objecto de estudo. As evidências empíricas (e.g., Stets, 1991) comprovam que, efectivamente, o controlo interpessoal apresenta um contributo importante para a ocorrência da violência física e psicológica nas relações íntimas, e que a tolerância feminina ao controlo surge associada à vitimação na intimidade (Follingstad, Rutledge, Polek, & McNeill-Hawkins, 1988).

A satisfação relacional, as estratégias de resolução de problemas e as competências de comunicação têm também sido identificadas como algumas das variáveis interpessoais que poderão ter impacto no sucesso dos relacionamentos amorosos (Lewis & Fremouw, 2001). Tem sido defendido, deste modo, que a satisfação relacional apresenta um efeito bidireccional, na medida em que poderá precipitar a vitimação e/ou perpetração, mas também poderá ser consequência da violência nas relações amorosas (cit. ibidem). Também os indivíduos que não revelam competências adequadas e efectivas de comunicação possuem um maior risco de sofrer violência na sua intimidade (Follete & Alexander, 1992; Riggs & O'Leary, 1996).

Na verdade, a investigação tem vindo a comprovar que a promoção de competências de comunicação poderá desempenhar um papel fundamental na redução da violência, na medida em que a adequada expressão de sentimentos e intenções, por ambos os parceiros, poderá minimizar a frequente errónea interpretação de sinais que, por vezes, dão lugar a comportamentos violentos (Avery-Leaf & Cascardi, 2002 cit. Mahlstedt & Welsh, 2005). Além disso, não será de negligenciar o facto de a agressão verbal constituir um importante preditor da violência física (White et al., 2001).

Uma análise das dinâmicas relacionais entre os jovens evidencia a presença de outros factores de risco para a violência íntima. Assim, a falta de

[21] Por controlo interpessoal entende-se o "acto de manobrar ou regular os pensamentos, sentimentos e acções dos outros" (Stets, 1991, p. 98).

experiência relacional, associada à necessidade de emancipação e de independência dos jovens nesta fase, nem sempre facilitam o reconhecimento de uma condição de vitimação, nem tão-pouco a identificação de eventuais recursos para a gerir (e.g., contacto com outros adultos ou pares) (Matos et al., 2006).

Adicionalmente, as assimetrias de poder entre os parceiros íntimos, são igualmente reconhecidas como fortes preditores da violência na intimidade. Nas relações íntimas em que o poder e, consequentemente, a tomada de decisão não é partilhada, os níveis de violência são significativamente superiores (Felson & Messmner, 2000; Frieze & McHigh, 1992, cit. Kaura & Allen, 2003). Neste âmbito, as interpretações feministas assumem especial destaque, na medida em que defendem que a ordem patriarcal que impera na sociedade alimenta, de forma estrutural, as diferenças de género em matéria de poder (Gelles, 1997). Nesta lógica de pensamento, equacionam a violência como uma forma "legítima" de o género masculino preservar o *status quo* e exercer controlo e poder sobre o género oposto, especialmente quando a hierarquia de género é percebida como ameaçada (cf. Gelles & Loseke, 1993).

Outros factores interpessoais analisados pela investigação envolvem o grau de seriedade da relação amorosa, a sua duração e, ainda, o número de parceiros amorosos. Assim, os estudos empíricos demonstram que a agressão tende a ocorrer sobretudo nas relações amorosas mais sérias (e.g., Cate et al., 1982; Henton, et al., 1983; O'Keefe & Treister, 1998). A reiterar este dado está a tendência, também confirmada empiricamente, para uma maior tolerância do comportamento violento aquando de um maior envolvimento relacional (e.g., Cate et al., 1983). De igual modo, a agressão parece estar associada à duração da relação amorosa e ao número de parceiros íntimos, na medida em que a exposição ao risco é mais elevada e, como tal, maior a probabilidade de experienciar violência, sobretudo no caso do género feminino (O'Keefe & Treister, 1998). Além disso, o maior envolvimento emocional parece estar relacionado, essencialmente, com a experienciação de violência psicológica, devido à elevada probabilidade de se gerarem conflitos e, assim, virem a ocorrer ofensas verbais (Stets, 1991).

1.6. Factores situacionais

A relação entre o consumo de substâncias[22] (e.g., álcool, drogas) e a violência na intimidade tem sido também largamente comprovada pela investigação (e.g., Barnes, Greenwood, & Sommer, 1991; Buzy, Jouriles, Swank, Rosenfield, Shimek, & Corbitt-Shindler, 2004; Cleveland et al., 2003; Coker et al., 2000; Gover, 2004; Harned, 2002; Howard & Wang, 2003; Kreiter et al., 1999; Lavoie et al., 2000; Magdol et al., 1997; Malik et al., 1997; O'Keefe, 1997; Roberts et al., 2003; Williams & Smith, 1994). Primeiramente, os estudos empíricos começaram por dar ênfase à associação entre o uso de substâncias e perpetração da violência pelo género masculino (cf. Testa, Livingston, & Leonard, 2003). Porém, outros estudos empíricos surgiram e sustentam que as mulheres que relatam elevados níveis de consumo de substâncias apresentam mais probabilidades de experienciar violência íntima (Malik et al., 1997). Na verdade, embora existam estudos (e.g., O'Keefe et al., 1986) que documentam a relação entre consumo de álcool e droga e abuso (vitimação e perpetração) na intimidade para ambos os géneros, estes resultados não se revelam muito consensuais quando se considera o género. Assim, um estudo longitudinal (de um ano) verificou que o uso de substâncias surge mais fortemente associado à vitimação feminina (Roberts & Klein, 2003). Em oposição, Foshee e colaboradores (2004) constataram que o consumo de substâncias prediz a vitimação masculina, mas não a feminina. Um outro estudo longitudinal (Foshee et al., 2001) evidenciou que o consumo excessivo de álcool pelas adolescentes em idades precoces (18 anos) conduz ao risco de adopção de comportamentos violentos na sua intimidade.

Ainda que com estas inconsistências, na generalidade os estudos empíricos sugerem que o álcool constitui um importante factor de risco para a experienciação de violência na intimidade, sobretudo para as mulheres (cf. Buzy et al. 2004). Assim sendo, importa perceber como se processa esta influência do consumo de álcool no comportamento violento.

Malik e colaboradores (1997) atribuem esta maior vulnerabilidade feminina ao facto de o uso de substâncias poder promover menos com-

[22] O consumo de substâncias foi enquadrado nos factores situacionais uma vez que a maioria dos estudos aqui citados se refere à agressão ou vitimação sob efeito directo da intoxicação e não a padrões mais ou menos regulares de uso.

portamentos auto-protectores e, deste modo, favorecer ao envolvimento em situações que as podem conduzir ao risco de vitimação. Outros teóricos centram-se nas consequências físicas e cognitivas que advém do consumo de álcool. No topo das explicações, está a tese defendida por alguns (e.g., Norris et al., 1996) de que o consumo de álcool afecta de forma adversa os julgamentos, a percepção do risco e as capacidades motoras das pessoas. Deste modo, a menor capacidade da mulher para mostrar resistência física em situações potencialmente ameaçadoras torna-a mais vulnerável à vitimação (Muehlenhard & Linton, 1987).

Outros autores (e.g., Testa et al., 2003) consideram ainda que o uso de drogas, por ambos os géneros, poderá conduzir a um aumento da irritabilidade e da volatilidade na interacção social, o que reduz a probabilidade de haver uma resolução adaptativa de eventuais conflitos, podendo originar violência. Além disso, e dado que o consumo de álcool é ilícito na adolescência (pelo menos em alguns dos países onde a investigação mais frequentemente tem sido conduzida), geralmente estes consumos tendem a ocorrer em contextos desprovidos de qualquer supervisão e em que a possibilidade de a agressão ocorrer é maior (Vézina & Hébert, 2007).

A maioria dos estudos referidos até ao momento aborda a questão dos consumos na perspectiva da agressão ou vitimação ocorrerem sob o efeito directo da intoxicação. No entanto, outros autores têm estudado o papel mais geral dos padrões de consumo sobre a agressão amorosa. Assim Buzy e colaboradores (2004) desenvolveram um estudo longitudinal no qual verificaram que o consumo de álcool, em geral (e não especificamente a intoxicação no momento da agressão), pelas adolescentes aumenta o seu risco de vitimação, sendo este superior ao risco decorrente dos efeitos situacionais do uso de álcool, das variáveis relacionais e demográficas, e do uso de drogas. Estes resultados permitiram, não só corroborar a influência do consumo do álcool na violência amorosa, mas também sugerem que os mecanismos pelos quais o álcool incrementa o risco de vitimação excedem os sugeridos pelas teorias que defendem o argumento da vitimação-intoxicação. Os autores especulam ainda, no sentido anteriormente apontado, que as raparigas que consomem mais álcool têm mais probabilidades de se envolver em situações de risco, poderão associar-se mais facilmente a rapazes agressivos, ou possuir parceiros amorosos também com consumos excessivos.

2. Síntese e discussão dos estudos

A violência no contexto familiar tem sido um dos elementos mais referenciados pela literatura enquanto factor de risco para a violência íntima. No essencial, tem sido defendido que as crianças inseridas em ambientes familiares violentos possuem menos oportunidades de observar formas adaptativas de resolução dos conflitos, bem como as consequências positivas associadas a estas estratégias apropriadas, comparativamente com as crianças que não observam violência (Foshee et al., 1999).

Os adolescentes que não dispõem de um adequado suporte parental tendem a procurá-lo fora do contexto familiar, muitas vezes junto de pares que apresentam comportamentos sociais disfuncionais e/ou delinquentes (e.g., violação das normas sociais, consumo de álcool ou drogas) (Pflieger & Vazsonyi, 2006). Outros estudos (Gwartney-Gibbs et al., 1987) reiteram igualmente que o contacto com pais, pares e companheiros amorosos agressivos proporciona as condições de aprendizagem necessárias para infligir e suportar a agressão amorosa.

A noção de aprendizagem social da violência e o seu potencial em termos da transmissão intergeracional trouxeram contributos fundamentais neste âmbito, ao alertar para a importância dos contextos precoces de socialização familiar e da influência dos pares no comportamento agressivo. De acordo com os seus pressupostos, os pais e os pares poderão influenciar o recurso ao comportamento violento através de processos de modelagem e reforço. Mediante a observação do comportamento agressivo dos pais e pares, as crianças poderão aprender que a violência física constitui uma forma aceitável de atingir os objectivos desejáveis em vários contextos, incluindo o contexto amoroso (Brendgen, Vitaro, Tremblay, & Wanner, 2002).

Apesar dos importantes contributos da teoria da aprendizagem social, convém não esquecer que existem situações para as quais este paradigma não nos providencia explicações satisfatórias. Especificamente, as situações em que, ainda que tenham presenciado violência familiar, os jovens não assumem comportamentos violentos nas suas relações de intimidade, ou ainda, quando pessoas que nunca experienciaram qualquer tipo de abuso na família adoptam estratégias abusivas para com o(a) parceiro(a) amoroso(a). Neste sentido, têm sido colocadas algumas questões relevantes que deverão continuar a motivar a investigação neste domínio (cf. Jackson, 1999): como se pode explicar e a que factores atribuir o facto de as pessoas provenientes de contextos violentos não terem experiências de vitimação e/ou perpetração de abuso íntimo? o que é que efectivamente motiva o recurso à violência pelas pessoas provenientes de contextos violentos? qual é de facto a influência do género do agressor na família de origem sobre a agressão feminina e masculina nas relações amorosas juvenis?

A ausência de resultados mais consistentes no domínio da transmissão intergeracional da violência tem sido apontada como resultante de alguns problemas metodológicos, tais como o facto de a maioria da investigação empírica neste âmbito se basear em relatos retrospectivos das experiências de violência sofridas na infância, sendo esparsos os estudos de natureza prospectiva (Lichter & McCloskey, 2004; Simons et al., 1998). Adicionalmente, o facto de muitos estudos recorrerem a amostras por conveniência poderá influenciar os resultados, na medida em que os *backgrounds*, as atitudes e as motivações destes participantes são, muitas vezes, enviezados (e.g., a grande maioria das amostras contém poucos participantes com características antissociais) (Simons et al., 1998).

A par destas limitações, importa não negligenciar também a ausência de conclusões definitivas sobre a forma como o contacto com a violência no contexto familiar pode afectar, de forma diferente, rapazes e raparigas. Se, por um lado, alguns estudos (e.g., Foo & Margolin, 1995; Kinsfogel & Grych, 2004) sugerem que a transmissão do legado da violência é mais consistente no que respeita aos rapazes, outros (e.g., McCloskey & Lichter, 2003) defendem a inexistência de tais diferenças.

A par das figuras parentais, os pares ocupam também uma posição extremamente importante para muitos adolescentes. A adolescência enquanto período de transição entre a dependência parental e a independência dos jovens conduz, muitas vezes, a que os adolescentes se afiliem aos pares e estabeleçam as primeiras relações amorosas neste contexto. Os estudos que procuram perceber a relação entre pertença ao grupo de pares e violência na intimidade juvenil comprovam que também aqueles constituem um factor de risco importante, talvez até mais importante que o experienciar violência familiar. O contacto com os pares parece determinar aquilo que é esperado, aceitável ou não, numa relação amorosa ou por parte do(a) parceiro(a) amoroso(a). Deste modo, a pertença a um grupo onde o recurso à violência é tido como natural incrementa o risco de a pessoa percepcionar a violência como justificável e aceitável, colocando-a, assim, perante o risco de ser vitimada (Connolly & Goldberg, 1999 cit. Vézina & Hébert, 2007).

Os pares, enquanto confidentes privilegiados para a revelação da vitimação (Bergman, 1992), poderão intervir na relação abusiva providenciando conforto e suporte emocional à vítima. No entanto, aqueles também poderão contribuir para aumentar o efeito de legitimação e/ou desculpabilização do abuso (DeKeseredy, 1990 cit. Sharpe & Taylor, 1999). Além disso, sabe-se que os pares possuem geralmente uma parca experiência de resolução de conflitos relacionais ou violência íntima (Weisy et al., 2007), pelo que poderão não saber qual a melhor forma de aconselhar ou ajudar a vítima. Dada a relevância desta fonte de influência, a forma como os pares poderão influenciar as trajectórias de violência na intimidade juvenil parece-nos carecer ainda de investigação substancial.

Por sua vez, ainda que as variáveis demográficas tenham sido rotineiramente analisadas pelos estudos de prevalência, os resultados sobre o seu valor preditor no abuso íntimo não têm sido muito conclusivos. De todas as características demográficas analisadas enquanto potenciais factores de risco para a violência íntima, o género é o que tem gerado maior controvérsia empírica. Por seu turno, e ao contrário do que sucede nas relações conjugais, são parcos os estudos que indicam o estatuto socioeconómico como um possível factor de risco para a violência na intimidade juvenil. Alguns autores (O'Keefe, 2005) avançam com algumas explicações para ausência de resultados mais conclusivos nesta área, nomeadamente o facto de a investigação com grupos minoritários ser muito esparsa, algo talvez explicável pelo facto de a grande maioria das investigações neste domínio recorrer a amostras de estudantes universitários, onde as famílias de baixos níveis socioeconómicos estão sub-representadas.

De igual modo, e ainda que a maior idade tenha sido associada à maior vitimação (Roberts & Klein, 2003), poucos estudos têm comprovado a sua relevância preditiva quanto ao comportamento abusivo (Lewis & Fremouw, 2001). A ausência de resultados mais conclusivos neste âmbito tem também sido justificada pela ausência de variabilidade nas amostras no que respeita à idade dos participantes (cf. Vézina & Hébert, 2007).

Por fim, também a linha de investigação que procurou analisar a relação entre etnicidade e violência íntima é pouco clara, o que em parte, poderá ser explicado pelo reduzido número, já acima referido, de estudos com grupos minoritários (O'Keefe, 2005). Efectivamente, a grande maioria dos estudos na área inclui apenas participantes caucasianos (Sugarman & Hotaling, 1989).

No que respeita aos estudos que apelam à importância que certas variáveis individuais poderão ter nas trajectórias da violência na intimidade dos jovens, importa também tecer algumas considerações. Para além de o recurso a explicações intra-individuais ser uma prática difundida no senso comum, também um vasto corpo teórico tende a enfatizar os factores individuais na explicação da violência na intimidade (Lloyd & Emery, 2000 cit. Ismail, Berman, & Ward-Griffin, 2007). Não obstante, estas explicações de carácter individual têm-se revelado insuficientes e, por vezes, inadequadas na compreensão do problema. Do nosso ponto de vista, este privilegiar das explicações internas, se ocorrer em detrimento de outras abordagens, poderá contribuir para uma individualização do problema, esquecendo outros factores (e.g., sócio-culturais) que parecem igualmente desempenhar um contributo importante na explicação deste fenómeno. Além disso, e pensando numa lógica preventiva, uma ênfase nesta concepção individualista significaria que sua erradicação passaria apenas por uma questão de tratamento clínico dos agressores e das vítimas, em detrimento de uma intervenção mais macro (Matos, 2006).

Por fim, e ainda que o álcool surja documentado como um importante factor de risco para a ocorrência de violência na intimidade dos jovens, o papel que este desempenha na vitimação e/ou perpetração não é consensual e tem gerado alguma controvérsia, especialmente no que concerne à sua influência na vitimação feminina. A grande maioria dos estudos que procuram analisar a relação entre estas duas variáveis centra-se nas implicações físicas e cognitivas que advém do consumo de álcool (e.g., Norris et al., 1996). No entanto, os estudos na comunidade (Morgan & Tolman, 1998) comprovam que a maioria das mulheres que experienciaram abuso íntimo não tinha ingerido qualquer bebida alcoólica. Além disso, tem sido documentado que uma excessiva focalização no álcool como principal causa da violência poderá conduzir por um lado, a uma redução da responsabilidade do agressor e, por outro, a uma atribuição da responsabilidade à vítima (Jasinski, 2001). Deste modo, o carácter situacional associado a esta variável (Riggs & O'Leary, 1996) tem sido questionado, considerando-se que, numa cultura patriarcal, a ausência de uma análise estrutural que contemple o consumo de álcool e drogas, poderá promover a atribuição de responsabilidade à vítima pelo abuso, se esta estiver sob o efeito de álcool (Mahlstedt & Welsh, 2005). Por este conjunto de razões, diversos investigadores consideram que é necessária uma compreensão mais aprofundada sobre a forma como o consumo de álcool feminino poderá contribuir para a sua vulnerabilidade (Buzy et al., 2004) e recusam-se a aceitar a associação de causalidade linear álcool-violência (Schwarts & DeKeseredy, 1997), considerando que a agressão íntima não é redutível a esta variável causal.

3. Factores de risco específicos para a violência sexual

Os esforços mais tradicionais de explicação da agressão e coerção sexual enfatizavam sobretudo as características psicopatológicas do agressor. No entanto, emergiram mais tarde outros posicionamentos teóricos, destacando-se, desde logo, o papel da família no desenvolvimento, transmissão e expressão da violência (Forbes & Adams-Curtis, 2001). De uma forma geral, tem sido sustentado que, constituindo a agressão uma expressão de certos valores culturais, e a família o contexto privilegiado para a transmissão destes, é plausível que os padrões de agressão interpessoal e as atitudes favoráveis a esta, sejam aprendidos na infância dos jovens, quando a influência familiar é particularmente robusta (cit. ibidem). Por outro lado, também as dinâmicas violentas que têm lugar no seio familiar irão ter um papel determinante na agressão relacional em geral, como de resto já fora documentado anteriormente, e na agressão sexual, em particular.

Concomitantemente a estas perspectivas teóricas de nível mais micro, as teorias feministas deram também um importante contributo para a compreensão da agressão sexual, considerando que esta é consequência de uma sociedade sexista onde imperam estereótipos sexuais rígidos (e.g., duplo papel sexual, representação da sexualidade masculina como incontrolável e das mulheres como sexualmente passivas) e em que a violência sexual é exercida como uma forma de controlo e subjugação das mulheres (Brownmiller, 1975 cit. ibidem).

Tendo como referência estes e outros modelos teóricos mais específicos, um amplo corpo de estudos tem procurado identificar os factores de risco associados, quer à vitimação sexual, quer à perpetração deste tipo de agressões. De um modo geral, estes factores de risco podem ser agrupados em três categorias: características da vítima (e.g., idade, experiências prévias de vitimação sexual, atitudes e comportamentos), características dos ofensores (e.g., idade, género, atitudes, traços de personalidade, modelos de comportamento sexual) e características situacionais (e.g., consumo de álcool, contexto de ocorrência do incidente) (Marx, Wie, & Gross, 1996).

3.1. Características da vítima

O género feminino é apontado pela grande maioria dos estudos (e.g., Bergman, 1992; DeKeseredy & Schwartz, 1997; Foshee, 1996; Jackson & Davis, 2000; Mahoney, Williams, & West, 2001) como vítima preferencial da violência sexual na intimidade juvenil. Neste sentido, vários estudos têm procurado identificar as características femininas que podem favorecer tal vitimação. Esta tentativa tem, contudo, suscitado alguma polémica ao nível da literatura, sendo percebida por alguns autores (e.g., Schwartz & DeKeseredy, 1997), como uma forma de atribuição a estas de alguma responsabilidade pelo abuso sofrido. Não sendo este, obviamente, o nosso intento, pensamos que a identificação dos factores que poderão conduzir a uma maior vulnerabilidade feminina à vitimação sexual é pertinente para traçar políticas preventivas mais eficazes (Wilson, Calhoun, & Bernat, 1999).

Na explicação da vulnerabilidade feminina à agressão sexual, Koss (1985) faz referência a três modelos teóricos: o modelo de precipitação pela vítima, que atribui a vitimação sexual feminina a certos comportamentos específicos (e.g., estilos de vestir, consumo de álcool) e a certas características de personalidade (e.g., passividade, submissão); o modelo do controlo social, que sustenta que as mulheres são socializadas de forma a interiorizarem crenças e atitudes sustentadoras da agressão sexual, o que vai aumentar a sua exposição ao risco; e, ainda, o modelo de responsabilidade situacional, em que a vitimação sexual é percebida como sendo resultado das circunstâncias situacionais e ambientais inerentes ao abuso (e.g., estratégias de resposta da vítima). A partir destes diferentes paradigmas teóricos, vários estudos têm procurado identificar os principais factores que poderão colocar a mulher numa situação de risco para a vitimação sexual.

Vários autores (e.g., Gidycz, Coble, Latham, & Layman, 1993; Gidycz, Hanson, & Layman, 1995) sustentam, com base em indicadores estatísticos, que as estudantes universitárias se destacam, quer pelo risco de violação, quer de qualquer outra forma de vitimação sexual, comparativamente com a população em geral. A adolescência tem também sido considerada como um período de grande vulnerabilidade para a violência sexual, dada a imaturidade emocional, inexperiência relacional e iniciação à sexualidade que geralmente caracteriza esta etapa desenvolvimental (Serquino-Ramiro, 2005). O risco parece ser acrescido nas adolescentes mais novas (por volta dos 15 anos de idade), altura em que se estabelecem usualmente as primeiras relações amorosas (Vicary, Klingaman, & Harkness, 1995), estando, deste modo, mais expostas a eventuais agressores sexuais. Por sua vez, Humphrey e White (2000), através de um estudo longitudinal, não só comprovaram que a adolescência constitui efectivamente um período de grande risco para a primeira vitimação sexual, como acrescentaram que, por sua vez, esta poderá predizer a vitimação futura.

Efectivamente, a par da idade, a história de vitimação sexual passada tem sido consensualmente apontada pela investigação como um dos factores preditores mais consistentes da vulnerabilidade feminina à vitimação sexual (e.g., Banyard, Arnold, & Smith, 2000; Breteinbecher & Gidycz, 1998; Gidycz et al., 1993; Gidycz et al., 1995; Hanson & Gidycz, 1993; Norris et al., 1996; Sanders & Moore, 1999). As experiências prévias de vitimação sexual, na infância (e.g., Greene & Navarro, 1998; Humphrey & White, 2000; Vogel & Himelein, 1995) e adolescência (e.g., Gidycz et al., 1993; Himelein, 1995), têm sido associadas à vitimação sexual posterior. Num estudo prospectivo, Gidycz e colaboradores (1993) verificaram que uma rapariga com história de tentativa de violação ou mesmo violação na adolescência tinha duas vezes mais de probabilidade de vir a experimentar uma nova agressão sexual. Estes resultados foram corroborados por Gidycz, Hanson e Layman (1995), que comprovaram que a agressão sexual tende a ser um trauma re-experienciado. Mais concretamente, os autores constataram que 47.9% das raparigas com história de abuso sexual moderado e 62.3% com história de abuso sexual severo na infância ou adolescência apresentavam uma história de vitimação na idade adulta. De forma análoga, também Himelein (1995) apurou que a experiência precoce de violência sexual nas relações amorosas constitui um importante preditor da vitimação sexual posterior entre as estudantes do ensino secundário.

De que forma pode ser explicada esta maior vulnerabilidade das vítimas?

Sanders e Moore (1999), referindo-se ao conjunto de experiências de vida stressantes e negativas (e.g., maus tratos) que poderão contribuir para a vulnerabilidade feminina, consideram que as mudanças psicológicas produzidas pelo trauma (e.g., dissociação, depressão, irritabilidade, comportamento sexual disfuncional) medeiam a relação entre as experiências negativas precoces e a vitimação posterior. Num sentido análogo, Gidycz e colaboradores (1993) constataram que o comprometimento do ajustamento psicológico (e.g., depressão, ansiedade), decorrente da vitimação precoce, poderá predizer a vitimação sexual posterior.

Centrando-se mais especificamente nas experiências precoces de abuso sexual, Himelein, Vogel e Wachowiak (1994) consideram que as sequelas desta experiência (e.g., conhecimento/contacto precoce com a actividade sexual, confusão acerca das normas sexuais, isolamento) predispõem a vítima à actividade sexual precoce e frequente, o que aumenta o risco de vitimação sexual. Presume-se, deste modo, que as raparigas sexualmente activas estão mais expostas a contextos de risco para a agressão sexual e que os rapazes sexualmente agressivos tendem a escolher para parceiras amorosas as raparigas que acreditam ser sexualmente activas, percebendo-as como mais facilmente "conquistadas" (Koss, 1985). Concomitantemente, a investigação empírica em torno das consequências a longo-prazo do abuso sexual tem identificado inúmeras reacções (e.g., baixa auto-estima, depressão, sentimentos de isolamento, abuso de substâncias, prejuízo das competências sociais e insegurança sexual) que poderão potenciar a subsequente vitimação sexual (e.g., Browne & Finkelhor, 1986 cit. Himelein et al., 1994).

Através do conceito de sexualização traumática, Finkelhor e Browne (1985 cit. Gidycz et al., 1993) deram também um contributo importante para a explicação destas dinâmicas. Segundo estes autores, a sexualização traumática ocorre quando a sexualidade infantil é moldada de uma forma desenvolvimentalmente inapropriada em virtude da experiência de abuso sexual (por exemplo através da associação entre sexualidade e agressão, ou entre sexualidade e recompensas), o que por sua vez, vai incrementar o risco de vitimação futura. Simultaneamente, consideram que o conjunto de sentimentos não resolvidos (e.g., traição, estigmatização, impotência, confusão emocional) decorrentes da experiência abusiva irão também potenciar a revitimação, na medida em que fomentam a incapacidade da vítima controlar ou responder adequadamente às situações de perigo. Ainda a este propósito, outros autores acrescentam que as raparigas que sofreram abuso sexual na infância poderão mais facilmente demonstrar interesse sexual inapropriado para a idade, possuir mais dificuldades em impor limites no contexto da actividade sexual, e usar o comportamento sexual para obter a atenção do parceiro amoroso (cf. Marx, Wie, & Gross, 1996). Num sentido análogo, Norris e colaboradores (1996) verificaram que as raparigas com história de vitimação sexual experimentam algumas dificuldades psicológicas (e.g., embaraço, medo da rejeição masculina) que as impedem de demonstrar resistência efectiva face à ameaça de revitimação sexual. Assim, ainda que a rapariga experimente desconforto nas interacções sexuais coercivas, a sua dificuldade em responder adequadamente à situação impede-a de sair do contexto abusivo (Wilson, Calhoun, & Bernat, 1999).

Desta forma, o estilo assertivo tem vindo a ser associado a uma menor probabilidade de sofrer agressão sexual, dada a maior capacidade feminina de resistir às pressões verbais ou emocionais. Pelo contrário, a baixa auto-estima e o estilo passivo estarão associados a uma maior probabilidade de a mulher permanecer em relações coercivas, assim como à percepção da mulher pelos agressores como um alvo apropriado para insistências sexuais não desejadas (Testa & Dermen, 1999). Ainda assim, devemos salientar que não existe consenso na literatura quanto ao impacto da atitude da vítima na experienciação de violência sexual. Na verdade, se vários autores (e.g., Green & Navarro, 1998), na linha do que temos vindo a expor, defendem que a ausência de assertividade feminina poderá conduzir a uma maior vulnerabilidade para a vitimação sexual, outros (e.g., Himelein, 1995) não confirmam esta relação.

Por outro lado, tem sido afirmado que a história de agressão sexual feminina está associada a uma alteração nos processos de avaliação do risco. Desta forma, uma mulher com experiência de vitimação precoce estaria menos capaz de identificar os riscos inerentes à interacção sexual e como tal, menos capaz de responder de forma eficaz às situações abusivas e/ou de se auto-proteger (cf. Combs-Lane & Smith, 2002).

O riso para a experienciação de coerção sexual pelas raparigas tem sido igualmente associado às características dos seus relacionamentos amorosos e à sua história sexual. Assim, vários estudos documentam a existência de uma relação entre o número de parceiros sexuais e risco feminino de experienciar coerção sexual (e.g., Abbey et al., 1996; Himelein et al., 1994; Koss, 1985; Koss & Dinero, 1989; Maxwell et al., 2003; Shapiro & Schwarz, 1997; Söchting et al. 2004), assim como entre a vitimação sexual e a frequência de experiências sexuais consentidas (e.g., Himelein, 1995; Shapiro & Schwarz, 1997) e de relações sexuais de tipo casual (e.g., Harned, 2002). Outros estudos (e.g., Bergman, 1992; Maxweel et al., 2003; O'Keefe & Treister, 1998; Schubot, 2001) acrescentam que a duração da relação amorosa (relações mais prolongadas) e o envolvimento em relações sexuais prévias aumentam o risco de vitimação sexual entre as adolescentes. Adicionalmente, um estudo longitudinal realizado por Himelein (1995) revela que as mulheres sexualmente mais conservadoras possuem um menor risco de ser vitimadas sexualmente, dado que isto fomenta a desconfiança na relação amorosa e o menor envolvimento sexual.

Apesar de esta ser a linha de estudos mais significativa no que concerne à vulnerabilidade da vítima, uma revisão recente da investigação (Maxwell et al., 2003) defende abordagens que nos parecem mais dúbias, nomeadamente a ideia de que as vítimas podem prevenir o ataque e de que, muitas vezes, a agressão sexual é da sua responsabilidade. Esta leitura interpretativa decorre do estudo de Amir (1971 cit. Marx et al., 1996) sobre a "violação precipitada pela vítima", apesar das numerosas críticas de que este foi alvo. Entre estas, a mais significativa foi a acusação de que tal abordagem mais não faz do que *blame the victim*, fazendo eco dos mitos e estereótipos disseminados no senso comum. Neste sentido, as mulheres que não apresentam um comportamento conforme com as normas convencionais, por exemplo que possuam um estilo de vestir entendido como "provocador", tendem a ser responsabilizadas pelos ataques sexuais (e.g., Forbes & Adams-Curtis, 2001; Muehlenhard, Friedman, & Thomas, 1985). Outras críticas pertinentes dirigidas à proposta de Amir prendem-se com o facto de este modelo presumir a sexualidade masculina como incontrolável, de assumir que o comportamento de alguém (o agressor) é determinado pelo comportamento de outrem (a vítima) e de atribuir à vítima motivações intrínsecas enquanto explica o comportamento do agressor com base em factores situacionais (Doerner & Lab, 1998).

Tais críticas não têm, contudo, demovido um conjunto de autores (e.g., Muehlenhard et al., 1985; Muehlenhard & Linton, 1987) de analisar a possível relação entre os comportamentos e/ou atitudes da vítima e a ocorrência de violência sexual nas suas relações amorosas. Os resultados destas investigações sinalizam que o risco de vitimação sexual feminina aumenta em função de várias situações, designadamente quando são as mulheres a iniciar a relação amorosa, quando é o parceiro que custeia as gastos da relação, quando a mulher frequenta o apartamento do companheiro e, ainda, em função da forma como a mulher se veste.

Efectivamente, é possível encontrar na bibliografia disponível sobre o tema, alguns estudos que procuram ilustrar como o vestuário da vítima poderá influenciar as atribuições de responsabilidade em situações de violação na intimidade. A este propósito, a literatura sustenta que o facto de as mulheres usarem roupas consideradas como "provocadoras" poderá ser interpretado pelo género masculino como um indicador de consentimento sexual, sendo isto particularmente comum quando as mulheres usam roupas justas e que revelam as formas corporais (cf. Johnson, 1995).

Devemos, contudo, salientar que dois importantes estudos que procuraram perceber a forma como o vestuário da vítima poderá afectar as atribuições de responsabilidade à vítima acerca da violação na intimidade não encontraram qualquer relação entre estas duas variáveis (Johnson, 1995; Johnson & Lee, 2000), tal como também não a encontraram no que respeita ao dinheiro dispendido na relação amorosa (Johnson, 1995). Desta forma, podemos considerar que, caso este tipo de factores tenha efectivamente influência na vitimação sexual, tal decorrerá essencialmente das atribuições que lhes são associadas, intimamente relacionadas com os papéis e estereótipos de género ainda prevalentes, no contexto de uma sociedade com um duplo padrão em matéria sexual (cf. capítulo III). Indo de encontro a esta interpretação, nestes estudos verificaram-se interessantes diferenças de género na atribuição da responsabilidade à vítima, com o género masculino a imputar-lhe, ainda que indirectamente, maior responsabilidade pela agressão sexual, descrevendo o seu comportamento como insinuador e provocador.

Um outro resultado igualmente curioso, apurado num estudo do Johnson (1995), relaciona-se com a constatação de diferenças na atribuição da responsabilidade em função do tipo de relação afectiva. Assim, verificou-se que a responsabilidade atribuída ao agressor é menor se o comportamento sexualmente agressivo ocorrer no contexto de uma relação amorosa estável, assim como a agressão perpetrada tende a ser considerada menos severa. De acordo com o autor, quando as mulheres experimentam relações sexuais forçadas no domínio de uma relação amorosa estável, esta interacção agressiva é menos frequentemente considerada uma forma de violação. Estes resultados parecem corroborar a crítica feminista aos conceitos de posse e propriedade sobre a sexualidade da mulher que caracterizam as relações amorosas tradicionais (Ward, 1995).

Finalmente, outros factores são referidos na literatura, ainda que de modo mais periférico, como potenciais preditores da vitimação sexual, nomeadamente o baixo estatuto socioeconómico da mulher enquanto gerador de vulnerabilidade à agressão sexual perpetrada por estranhos (cf. Söcthing et al., 2004). Um estudo longitudinal (Vicary et al., 1995) sugere também que as raparigas que consideram possuir poucas amizades e que possuem uma imagem de si negativa tendem a aceitar mais facilmente condutas sexuais agressivas por parte dos seus parceiros amorosos. Neste sentido, a vulnerabilidade psicológica (e.g., depressão, ansiedade) (Green & Navarro, 1998; cf. Söcthing et al., 2004) tem sido considerada um elemento potenciador da vulnerabilidade feminina à agressão sexual.

3.2. Características do ofensor

Não descurando a pertinência da identificação das características da vítima que poderão conduzir a uma maior susceptibilidade à agressão sexual, tem sido defendido que a forma mais eficaz de combater o fenómeno da violência sexual será identificar os preditores do comportamento sexualmente agressivo. Como variáveis mais susceptíveis de conduzir a comportamentos sexualmente agressivos destacam-se: o género e as experiências de socialização, as crenças e atitudes em torno da sexualidade, a personalidade, e o consumo de álcool (Loh, Gidycz, Lobo, & Luthra, 2005).

É praticamente consensual que o género masculino constitui o principal grupo de risco para a perpetração de violência sexual. Uma revisão recente da literatura (Carr & VanDeusen, 2004) sugere que esta relação poderá ser explicada pela socialização diferenciada dos papéis sexuais e as concomitantes crenças e atitudes em relação à sexualidade e à agressão. Assim, tem sido defendido que os rapazes tendem a manifestar uma percepção distinta das raparigas no que concerne à violência sexual, decorrente da forma como absorvem os mitos[23] associados à violação e as atitudes sexistas emergentes do discurso social (cf. Marx et al., 1996). Muehlenhard e Linton (1987) comprovam estas diferenças de género, constatando que os rapazes sexualmente agressivos tendem a aprovar mais facilmente os papéis de género tradicionais, a violência contra a mulher, e a sustentar uma representação hostil ou conflitual da sexualidade (cf. capítulo III).

Este tipo de resultados tem sido central para diversas leituras teóricas explicativas da agressão sexual, nomeadamente as abordagens feministas e a teoria da aprendizagem social.

Nas abordagens feministas a agressão sexual é equacionada como o resultado da normal socialização masculina (e.g., Rozée, 1993), sustentando-se que certas formas de condicionamento sociocultural poderão incrementar o risco de ocorrência do comportamento sexualmente agressivo (Hall & Barongan, 1997). Neste sentido, as abordagens feministas concebem a violação como sendo resultado de uma longa tradição de dominação masculina. Mais concretamente, defendem que a violação representa uma expressão da desigualdade social entre géneros, não tendo por objectivo primário a gratificação sexual, mas sim a obtenção do controlo e dominação da mulher (cf. Jasinski, 2001) e a preservação do status *quo* (Ward, 1995). Ainda de acordo com a conceptualização feminista sobre a violação, esta representa uma forma de reaver o poder nas relações e de expressar raiva contra as mulheres, sendo que esta raiva é também culturalmente transmitida (Shotland, 1992 cit. Hall & Barongan, 1997).

Por sua vez, a teoria da aprendizagem social também entende a agressão sexual como uma função das influências culturais que fomentam papéis de género restritivos, onde a sexualidade coerciva é legitimada. Não dedica, contudo, tanta atenção às desigualdades de género, nem às funções sociais que cumpre a agressão sexual. O seu foco de atenção reside na forma como os indivíduos assimilam motivos, atitudes e outras

[23] Os mitos associados à violação podem ser entendidos como "atitudes ou crenças, geralmente, falsas, que são toleradas de forma persistente, por uma grande percentagem da população e que servem para negar ou justificar a agressão sexual masculina contra as mulheres" (Lonsway & Fitzgerald, 1994, p. 134).

racionalizações que alimentam o comportamento sexualmente coercivo. A violência sexual é, nesta óptica, conceptualizada como um comportamento aprendido, proveniente das interacções ambientais e rotinas sociais. Neste sentido, alguns autores têm explorado a relação entre masculinidade, atitudes sexuais, e experiências precoces de exposição à violência. De facto, vários estudos sugerem que a associação entre o género masculino e a agressão sexual é particularmente forte em sujeitos provenientes de ambientes familiares violentos, nos quais observaram violência entre os progenitores (e.g., Forbes & Adams-Curtis, 2001) e/ou foram vítimas de abuso sexual (e.g., Gidycz et al., 1993). No estudo de Forbes e Adams-Curtis (2001), a relação entre violência na família de origem e a experiência de agressão e coerção sexual foi, aliás, verificada, quer para o género masculino, quer para o género feminino. De forma menos directa, outros investigadores (e.g., Blumenthall, Neemann, & Murphy, 1998; Mohr, 1999 cit. Hunter, Figueredo, Malamuth, & Becker, 2004) sugerem que a exposição dos jovens à violência doméstica poderá ser um factor potenciador de vários problemas de comportamento, entre os quais a agressão sexual. A severidade destes problemas parece estar relacionada com a extensão da exposição à violência, bem como com o suporte parental recebido (Grych, Jouriles, Swank, McDonald, & Norwood, 2000 cit. ibidem).

Para além das questões da socialização, os traços constitucionais e de personalidade dos agressores têm sido igualmente entendidos como potenciais preditores da vitimação sexual (Marx et al., 1996). Assim, Maletzky (2000 cit. Carr & Vandeusen, 2004) considera que os factores genéticos poderão desempenhar um papel importante na predisposição para a violência sexual. Por outro lado, numa revisão recente sobre o tema (cf. Hunter et al., 2004), a hostilidade masculina surge como preditor significativo da agressão sexual. Os homens com níveis elevados de hostilidade tendem a adoptar determinados estereótipos e mitos sexuais e, deste modo, legitimam mais facilmente a violência interpessoal, nomeadamente sexual. É certo, contudo, que nem todos os estudos sobre esta hipótese corroboram tal interpretação (cf. Hunter et al, 2004).

O desconhecimento do carácter ilícito dos comportamentos abusivos, por parte de muitos adolescentes perpetradores, emerge igualmente como preditor da agressão sexual. A este nível, sabe-se que à medida que o conhecimento legal acerca da violência sexual aumenta, diminui a probabilidade de ofensa sexual (Maxwell et al., 2003). Também o número de parceiros sexuais tem sido associado a uma maior probabilidade de ocorrência da agressão sexual masculina (Maxweel et al., 2003).

3.3. Factores situacionais

Tal como se verifica para as outras formas de violência, também ao nível da violência sexual, o uso de álcool e/ou drogas constituem os preditores usualmente mais citados na literatura. Pese embora o facto de os diferentes estudos variarem na explicação da acção destas variáveis enquanto agentes desencadeadores da agressão sexual, todos eles enfatizam a sua potencialidade na predição deste tipo de abuso (Abbey, McAuslan, Zawacki, Clinton, & Buck, 2001; Combs-Lane & Simth, 2002; Gidycz, Warkentin, & Orchowski, 2007; Gross et al., 2006; Himelein, 1995; Norris et al., 1996; Vogel & Himelein, 1995). A investigação desenvolvida neste domínio comprova que cerca metade dos casos de agressão sexual estão associados ao consumo de álcool do ofensor, da vítima, ou de ambos (e.g., Abbey et al., 1996; Green & Navarro, 1997; Koss et al., 1987; Muehlenhard & Linton, 1987).

Adicionalmente, tem sido documentado que o consumo de álcool está associado a agressões sexuais mais severas e a uma maior probabilidade de estas agressões culminarem em violação (e.g., Abbey, Clinton-Sherrod, McAuslan, Zawacki, Clinton, & Buck, 2003; Abbey et al., 1996). Os estudos com base em relatos retrospectivos masculinos (Ullman, Karabatsos, & Koss, 1999a) e femininos (Ullman, Karabatsos, & Koss, 1999b) comprovam que o uso de álcool desempenha um papel directo e indirecto nas consequências da agressão sexual. Assim, no estudo com a amostra de homens (Ullman et al., 1999a), verificou-se que o consumo de álcool pela vítima, antes do incidente abusivo, exerce directa e indirectamente um contributo na severidade da agressão sexual, enquanto o uso masculino de álcool também contribui para as consequências da agressão (agressões sexuais mais severas). No estudo com a amostra de mulheres (Ullman et al., 1999b), o consumo de álcool pela vítima e ofensor, previamente à experiência abusiva, contribui directa e indirectamente para severidade da vitimação sexual, enquanto o comportamento alcoólico feminino também concorre, ainda que em menor escala, para as consequências da agressão sexual. No entanto, os consumos de álcool pela vítima e ofensor, antes do episódio abusivo, diferem na predição dos resultados da vitimação: o uso de álcool pelo ofensor surge associado a mais agressividade e a uma vitimação sexual mais severa; por sua vez, os ofensores tornam-se menos agressivos perante vítimas que consumiram álcool, dado que, nestes casos, a força não é necessária para a concretização da ofensa sexual. Além disso, as vítimas nestas circunstâncias tendem a auto-culpabilizar-se pelo sucedido, havendo uma menor responsabilização do agressor (Ullman et al., 1999a).

O álcool poderá, contudo, constituir tanto um precipitante como um inibidor do comportamento sexualmente agressivo do homem (e.g. Berkowitz, 1992 cit. Carr & VanDeusen, 2004), o que tem vindo a contribuir para que a relação entre álcool e agressão sexual seja entendida de forma multifacetada. Num esforço de clarificação da relação álcool-violência, os investigadores têm desenvolvido um conjunto de teorias, entre as quais se destaca o modelo "desinibidor" do controlo social. Este estabelece a existência de diferentes formas pelas quais o efeito do álcool poderá determinar a agressão sexual, especificamente mediante o desenvolvimento de crenças em torno dos efeitos desinibidores do álcool; pelo facto de o consumo do álcool estar associado a normas mais indulgentes no comportamento social; e, por fim, pelo facto de o consumo do álcool produzir, geralmente, uma incapacidade para o processamento da informação inibidora, tais como pistas de angústia e de não consentimento feminino (cf. Gross, Bennett, Sloan, Marx, & Juergens, 2001). Também Abbey (1991) sugere que a relação entre álcool e violência sexual poderá resultar de inúmeros factores, tais como as expectativas em torno dos seus efeitos, percepções erróneas sobre a intenção/desejo sexual, legitimação do comportamento inapropriado, e ainda estereótipos associados aos consumos femininos.

A par destes factores situacionais, outros têm sido descritos na literatura como possuindo um contributo importante na predição da agressão sexual. Especificamente, o conhecimento que o ofensor possui da vítima, o isolamento do contexto, a existência anterior de actividade sexual consentida e a percepção masculina distorcida sobre o grau de interesse feminino no acto sexual tendem a favorecer a ocorrência do ataque sexual (Abbey et al., 2001).

4. Síntese e discussão dos estudos

A violência sexual, e em particular a coerção sexual, tem sido conceptualizada como um fenómeno social complexo que poderá ocorrer nas mais diversas interacções sociais, incluso nas relações de intimidade, podendo ser determinado por múltiplos factores (Adams-Curtis & Forbes, 2004).

A grande maioria da investigação destaca o género masculino enquanto agente principal desta forma de abuso. Esta maior centração no género masculino tem sido atribuída a motivos de vária ordem: a agressão masculina é mais evidente e mais susceptível de causar um maior dano e impacto social; reflecte a comum e sexista percepção de que o género masculino nunca poderá sofrer violência sexual; e, traduz também a representação de senso comum da sexualidade masculina como mais agressiva e da sexualidade feminina como passiva, não agressiva e subordinada.

Apesar destas críticas, os estudos empíricos comprovam que, efectivamente, as mulheres e os pré-adolescentes constituem os dois principais grupos de risco. Ainda que os homens também possam ser alvo deste tipo de violência (Serquina-Ramiro, 2005), sabe-se que estes experimentam formas de violência menor (e.g., coerção sexual) e que as mulheres tendem a relatar formas de violência física mais severas do que aqueles (Makepeace, 1986).

Efectivamente, e independentemente das polémicas assinaladas, parecem existir algumas evidências de um risco diferencial de vitimação entre as mulheres e que este poderá, pelo menos em parte, estar ligado a aspectos comportamentais da vítima, eventualmente de natureza sexual. Uma ponderada apreciação dos resultados neste âmbito apenas é possível, a nosso ver, se separarmos os factos da argumentação moral e da tendência para aproveitar tais dados para culpar a vítima, centrando-nos na identificação dos contextos ou condutas que aumentam o risco e na forma de o minimizar. Uma análise destes resultados parece sugerir que há comportamentos da vítima (e.g., envolvimento em relacionamentos variados) que, por meras razões estatísticas, aumentam a sua exposição a potenciais parceiros violentos, enquanto outros factores de risco (e.g., modo de vestir) dependem sobretudo da interpretação e valoração social que é feita de determinadas condutas da mulher, frequentemente imbuídas de estereótipos e distorções sobre a sexualidade e o género.

Por sua vez, no que concerne ao papel da história de vitimação, ainda que os estudos retrospectivos sustentem a existência de uma relação entre sequelas psicológicas do trauma e revitimização sexual, estes dados são ainda pouco consistentes e carecem de corroboração por estudos prospectivos (Breitenbecher & Gidycz, 1998). Uma das principais críticas enunciadas aos estudos retrospectivos relaciona-se com o facto de as vítimas poderem fracassar na recordação dos eventos traumáticos. Alguns especulam mesmo (Harney & Muehlenhard, 1991 cit. Gidycz et al., 1993, 1995) que a experiência de abuso sexual não potencia o risco de revitimação na idade adulta e defendem que geralmente o que sucede é que as vítimas adultas se tornam mais capazes de recordar as experiências abusivas passadas.

Efectivamente, um estudo muito recente (Loh & Gidycz, 2006), baseado em relatos retrospectivos e prospectivos, questiona a relação entre vitimação sexual na infância e perpetração do comportamento violento. Ainda que mediante uma análise retrospectiva, os autores tenham confirmado a relação entre vitimação sexual na infância e perpetração de comportamento sexual coercivo na idade adulta, os dados prospectivos não corroboram estes resultados. Desta forma, os autores consideram que esta relação poderá ser mediada por outros factores (e.g., estratégias de resolução dos conflitos familiares, estratégias de resolução de conflitos na relação amorosa) e ser menos linear do que o inicialmente pensado. Destaque-se que, neste estudo, em apenas 5% dos casos com vitimação sexual na infância se registou uma história de agressão sexual na idade adulta.

Por fim, também para esta forma de vitimação, o consumo de álcool parece assumir um papel de destaque. No essencial, o seu potencial preditivo tem sido associado ao seu efeito desinibidor, maximizado pela sua aceitação social, comparativamente com outras drogas, cujo consumo é, geralmente, percebido como uma violação das normas sociais (King, Flisher, Noubary, Reece, Marais, & Lombard, 2004). Não obstante, e ainda que o uso de álcool potencie o risco de vitimação, tal como sugerido pelas teorias da intoxicação-vitimação, sabe-se que esta relação é mais complexa do que algumas leituras teóricas fazem supor (Buzy et al., 2004). O facto de a vitimação feminina também poder ocorrer em períodos de não consumo contesta, de certa forma, esta relação causal e sugere a necessidade de se produzir uma compreensão mais profunda sobre como os consumos femininos poderão incrementar o risco de violência sexual. Além disso, tem sido sustentado que é mais plausível que os consumos femininos funcionem como um factor de risco distal na vulnerabilidade para a vitimação (cf. Buzy et al., 2004). Dito de outro modo, as raparigas que consomem álcool incrementam o seu risco de vitimação ao associarem-se a parceiros amorosos agressivos ou ao envolverem-se em situações de risco. Tal como havíamos dito anteriormente, a propósito do papel do álcool na predição da violência física e psicológica, também no caso específico da violência sexual, uma ênfase excessiva nesta variável enquanto factor causal poderá minimizar a responsabilidade do agressor e atribuir a culpa pela sua conduta aos efeitos da bebida (Jasinski, 2001).

Em síntese, a análise da literatura sobre os factores preditores comprova que a investigação neste domínio tem sofrido um desenvolvimento significativo, não só pelo crescente aumento de estudos neste âmbito, mas também pela forma como estes têm vindo a aperfeiçoar e a rebuscar o seu *design* metodológico. São de enfatizar, neste âmbito, o desenvolvimento de várias medidas de avaliação da agressão amorosa, o recurso a amostras representativas, e a condução de estudos com formato longitudinal (Vézina & Hébert, 2007). Todavia, não podemos deixar de sublinhar igualmente que a investigação nesta área continua a apresentar algumas limitações que poderão estar a comprometer a obtenção de resultados mais conclusivos. Destacamos três principais lacunas que têm sido apontadas a estes estudos: o facto de a sua grande maioria recorrer sistematicamente a amostras de estudantes (populações normativas) que, como se sabe, não são representativos dos grupos minoritários ou mais desfavorecidos; a tendência para se utilizar apenas auto-relatos dos sujeitos; e, ainda, o facto de algumas formulações teóricas proporcionarem explicações pouco compreensivas sobre a violência nas relações de intimidade, carecendo-se de modelos teóricos mais consistentes que possam servir de suporte à investigação deste fenómeno (cf. O'Keefe & Treister, 1998; Riggs & O'Leary, 1996).

Em termos gerais, a investigação disponível sobre os factores de risco para a agressão amorosa permite-nos concluir que as diferentes experiências de violência (física, psicológica e sexual) na intimidade não se explicam invariavelmente pelos mesmos factores. A violência íntima surge assim conceptualizada como um problema multidimensional e em que factores de ordem diversa interagem entre si para atingir um determinado fim (Lewis & Fremouw, 2001). Desta forma, os mecanismos pelos quais os múltiplos factores surgem associados ao fenómeno da violência nas relações amorosas e como se relacionam entre si carecem ainda de uma compreensão mais profunda (O´Keefe, 2005).

De todas as variáveis preditoras analisadas, as experiências precoces de violência na família e o consumo de substâncias (especialmente o álcool) são os dois elementos que têm despoletado maior interesse e consensualidade empírica, em termos do seu valor preditivo na agressão amorosa. No entanto, tal como já foi documentado, nem todos os indivíduos expostos a um ambiente familiar e/ou social violento sofrem e/ou perpetram abuso íntimo, pelo que seria importante a elaboração de estudos que visassem a identificação dos factores de resiliência que impedem que o comportamento agressivo se desenvolva em sujeitos com este tipo de *background* (O'Keefe, 2005).

Por outro lado, e como já fomos referindo ao longo deste capítulo, a literatura estabelece também que as atitudes constituem um dos preditores mais consistentes do abuso íntimo juvenil. Atendendo a esta relevância preditiva, bem como ao facto de a caracterização das atitudes dos jovens face ao fenómeno constituir um dos objectivos dos nossos estudos empíricos, dedicaremos o próximo capítulo à discussão deste tema.

Capítulo 3
Crenças e Atitudes Legitimadoras da Violência na Intimidade Juvenil

Para além de evidenciar a ampla prevalência da violência na intimidade juvenil e alguns dos factores que para ela contribuem, a investigação tem vindo a demonstrar que, frequentemente, os intervenientes neste tipo de abuso – vítimas e ofensores – desvalorizam e/ou minimizam a ocorrência deste tipo de dinâmicas violentas (Ismail, et al., 2007; Machado et al., 2003). De igual modo, a investigação evidencia que muitos adolescentes tendem a culpabilizar as vítimas pela ocorrência dos incidentes abusivos (Lavoie et al., 2000). Estes argumentos de normalização da violência e/ou atribuição da sua responsabilidade à vítima fomentam a não-responsabilização do agressor e a desvalorização da necessidade de prevenção.

Efectivamente, a investigação empírica tem vindo a evidenciar que a tolerância ao uso da violência física e sexual pelos adolescentes constitui um consistente factor preditor do comportamento coercivo nas relações íntimas (e.g., Cano et al., 1998; Chase et al., 1998) e da sua perpetuação ao longo do tempo (Carlson, 1999). As experiências pessoais abusivas adquiridas no período de namoro, bem como a tolerância à violência, têm sido consideradas, também, importantes elementos potenciadores de uma relação marital futura violenta (e.g., Flynn, 1987 cit. Carlson, 1999).

Enquanto período de desenvolvimento favorável ao estabelecimento das primeiras relações amorosas, a adolescência constitui uma fase particularmente propícia para a formação de atitudes sobre a intimidade, bem como para as primeiras manifestações de poder e controlo nas relações afectivas (Wekerle & Wolfe, 1999). Por outro lado, é também durante a adolescência que os jovens são confrontados com uma intensificação das suas expectativas de género (Feiring, 1999 cit. Lichter & McCloshey, 2004) que, tradicionalmente, se traduzem em crenças sobre o controlo masculino e a submissão feminina. Assim, é na adolescência que se podem intensificar as diferenças entre os papéis de género, que se pode consolidar a normalização da violência como uma versão do amor ou como algo "tolerável" em certas circunstâncias e é ainda neste período que se podem consolidar alguns mitos "perigosos" sobre as relações "românticas" (e.g., indissolubilidade, associação do amor ao sofrimento) (cf. Black & Weiz, 2003).

Tomando em conta esta caracterização das atitudes como um dos preditores mais consistentes do comportamento abusivo (e.g., Malik et al., 1997; Riggs & O'Leary, 1996; Avery-Leaf et al., 1998; Tontodonato & Crew, 1992), não só entre os estudantes universitários como entre outros grupos de indivíduos (e.g., Byers & Eno, 1991), e da adolescência como período particularmente favorável à consolidação de atitudes legitimadoras do abuso íntimo, o estudo desta dimensão assume particular pertinência no contexto deste trabalho. Atendamos, então, à forma como a literatura tem vindo a conceber esta relação entre atitudes, crenças e comportamentos violentos.

1. Crenças e atitudes dos jovens sobre a violência física e psicológica

Apesar do crescente reconhecimento empírico (e.g., Gray & Foshee, 1997; O'Keefe, 1997) do papel fulcral que as atitudes e crenças desempenham na ocorrência do comportamento abusivo na intimidade dos jovens, a produção científica sobre esta matéria é ainda escassa.

De um modo geral, os estudos mais quantitativos (Mercer, 1988 cit. Price et. al., 1999; O' Keefe, 1997) demonstram que os adolescentes, quer do género feminino quer do género masculino, evidenciam uma baixa concordância com o uso da violência nas relações íntimas. Contudo, outros estudos (e.g., Price et. al., 1999) comprovam que, ainda que em minoria, um número significativo de jovens tende a concordar com o uso de algum tipo de violência nas relações amorosas. Outros ainda (e.g., Roscoe & Callahan, 1983; Roscoe & Kelsey, 1986 cit. Glass et al., 2003; Henton et al., 1983) apuraram que uma percentagem considerável dos adolescentes (25-35%) interpreta a violência como um acto de amor.

Por sua vez, a associação entre estas atitudes e comportamentos violentos tem sido encontrada em ambos os géneros, embora de forma menos consistente no caso do género feminino (e.g., Foo & Magolin, 1995; O'Keefe, 1997; Riggs & O'Leary, 1996). Esta relação evidencia-se, assim, particularmente robusta no caso do género masculino, sendo estes a manifestar uma maior concordância com as crenças que legitimam ou desculpabilizam a conduta agressiva (Cate et al., 1982; Henton et al., 1983). Vários trabalhos têm vindo a comprovar esta maior legitimação masculina do abuso íntimo. Um estudo desenvolvido por Jackson, Cram e Seymour (2002) em que se procurou analisar a forma como os jovens percebiam (e.g., significações atribuídas, consequências na relação) os actos abusivos perpetrados no âmbito das suas relações amorosas, apurou que, contrariamente às raparigas, os rapazes tendiam a exprimir alguns sentimentos positivos face à violência. Na origem destes resultados estariam, segundo os autores, duas explicações possíveis: ou os rapazes não experienciam os episódios abusivos como tal ou, então, tendem a legitimar e a tolerar mais este tipo de actos violentos.

Outros investigadores acrescentam que a concordância com este tipo de atitudes por parte do género masculino poderá ter um efeito directo na agressão perpetrada. Um trabalho realizado por Parrott e Zeichner (2003), em que se procurou analisar os efeitos da raiva e de certas atitudes negativas sobre a mulher (e.g., hostilidade) na frequência da agressão física nas relações íntimas, comprovou que os rapazes que possuem elevados níveis de raiva evidenciam uma maior tendência para adoptar comportamentos fisicamente abusivos para com as suas parceiras amorosas. Neste seguimento, outros trabalhos (e.g., Spence, Losoff & Robbins, 1991 cit. Jenkins & Aubé, 2002; Thompson, 1991) têm vindo a comprovar que a hostilidade, o auto-controlo e masculinidade tendem a favorecer (para ambos os géneros) a ocorrência da agressividade na intimidade.

Por outro lado, os estudos sobre a relação entre papéis de género e violência na intimidade dos jovens, revelam que os estereótipos de género se encontram associados à violência íntima (e.g., Stets & Pirog-Good, 1989) e à violação (e.g., Koss, Leonard, Beazley, & Oros, 1985 cit. Thompson, 1991), sendo que os elementos de género masculino detentores de estereótipos de género tradicionais, tendem mais a recorrer ao uso da agressão na sua intimidade. No mesmo sentido, Byers e Eno (1991) comprovaram que os homens que sustentam visões tradicionais acerca dos papéis das mulheres têm mais tendência a adoptar comportamentos agressivos para com as suas parceiras amorosas ou esposas.

No desenvolvimento dos papéis de género e na legitimação da violência, o contexto familiar assume um papel crucial. Efectivamente, alguns estudos (e.g., Foo & Margolin, 1995, Jaffe, Wolfe, & Wilson, 1990 cit. Lichter & McCloskey, 2004) comprovam que experienciar e/ou observar violência familiar durante a infância promove o desenvolvimento de atitudes legitimadoras da violência na adolescência. A título meramente exemplificativo, refira-se que no estudo conduzido por Foshee e colaboradores (1999) as raparigas adolescentes que tinham testemunhado violência parental evidenciaram uma maior legitimação da agressão amorosa, sendo esta tolerância à violência mediadora da relação entre observar violência interparental e violência íntima.

Nesta linha de estudos, inscreve-se também o trabalho desenvolvido por Reitzel-Jaffe e Wolfe (2001), com estudantes universitários masculinos, que partiu da asserção de que a existência de história de violência na família de origem está indirectamente relacionada com a expressão violenta masculina nas relações amorosas, sendo que esta relação é mediada por dois constructos: crenças de género negativas e associações de pares. No seu estudo, os autores confirmam que a presença de violência masculina na família de origem prediz o abuso na sua intimidade, e está igualmente relacionada com o desenvolvimento de crenças negativas sobre o género e as relações interpessoais. Por sua vez, estas crenças negativas estimulam o uso de violência e/ou coerção nas relações amorosas e a associação com pares legitimadores de atitudes e comportamentos violentos. Estes resultados foram corroborados por um outro estudo longitudinal mais recente, desenvolvido por Lichter e McCloskey (2004), em que se verificou que os jovens inseridos em ambientes familiares violentos tendem a aceitar mais frequentemente as atitudes legitimadoras da violência como uma forma justificável de resolução de conflitos.

Apesar destes resultados que parecem atestar a relevância das crenças e atitudes para a ocorrência de comportamentos violentos na intimidade, importa acrescentar que, também nesta área, os resultados não são conclusivos. Assim, se muitos estudos, tais como os que acabámos de rever, defendem que os sujeitos mais tolerantes face ao abuso tendem mais a assumir condutas violentas nas suas relações afectivas, também existem outros que não encontraram qualquer associação entre atitudes e receber ou infligir abuso íntimo (Follingstad et al., 1991; Stets & Pirog-Good, 1989). Outros, ainda (e.g., Gray & Foshee, 1997) encontraram grande variação quanto à normalização da violência, mesmo entre os adolescentes envolvidos em relacionamentos amorosos abusivos. Assim, os adolescentes que admitiram a perpetração de algum tipo de abuso evidenciaram uma maior aceitação da violência, comparativamente com as vítimas deste tipo de abuso. Por sua vez, o maior grau de concordância com a violência foi obtido entre os adolescentes envolvidos em relações mutuamente violentas, sugerindo que estes não só legitimam o seu comportamento abusivo como o(a) do(a) companheiro(a), contribuindo, assim, para a escalada da violência. Por sua vez, Foo e Margolin (1995), ao analisarem as atitudes legitimadoras do abuso íntimo em duas situações abusivas distintas: auto-defesa e humilhação, verificaram que a concordância com a violência na base da humilhação prediz o abuso íntimo, enquanto que alegar auto-defesa como forma de justificar a agressão amorosa não possui qualquer relação com o comportamento abusivo.

Estudos mais recentes (cf. Schumacher & Slep, 2004) corroboram a existência de uma relação, significativa ainda que moderada, entre atitudes e comportamentos violentos na intimidade, em que, quer os adolescentes quer os adultos que tendem a validar o abuso na intimidade, relatam mais ter perpetrado actos violentos nas suas relações amorosas.

2. Crenças e atitudes dos jovens sobre a violência sexual

Quando se considera uma forma mais específica de agressão – a violência sexual – o papel preditivo das atitudes legitimadoras da violência também tem sido comprovado pela literatura, nomeadamente no que se refere aos jovens, e especificamente no que concerne à agressão sexual perpetrada pelo género masculino (e.g., Cleveland et al., 2003; Loh et al., 2005; Lonsway & Fitzgerald, 1994).

Neste âmbito, assumem especial destaque as crenças e/ou mitos em torno da violação, frequentemente referenciadas pela comunidade científica como "*rape myths*". Conceptualizadas como estereótipos ou falsas crenças sobre a violação, (Burt, 1980 cit. Kalra, Wood, Desmarais, Verberg, & Senn, 1998), este tipo de crenças visa negar ou justificar a agressão sexual masculina (Lonsway & Fitzgerald, 1994). Frequentemente, a aceitação dos mitos sexuais surge associada a vários factores, tais como: estereótipos em tornos dos papéis de género, conservadorismo sexual e tolerância à violência interpessoal (Burt 1980 cit. Schechory & Idisis, 2006).

A análise das atitudes sobre a violação e/ou mitos sexuais é extremamente relevante para compreender como as pessoas reagem e se comportam face às vítimas e ofensores sexuais. Estas atitudes envolvem atribuições em torno das causas para a violência, entre as quais a culpabilização da vítima, a minimização do impacto psicológico do crime e a justificação do comportamento do ofensor (Frese, Moya, & Megías, 2004). Da análise destas crenças, têm emergido três tipos de atribuições distintas para a agressão sexual: a precipitação feminina, a sexualidade masculina e a hostilidade masculina (Cowan & Quinton, 1997).

Subjacentes à ideia de precipitação feminina estão crenças centradas na vítima, tais como: a ideia de que esta inicia ou incita ao abuso, a "fabricação pela vítima" (a ideia de que esta mentiu ou exagerou sobre o abuso), e a teoria da "vítima masoquista" (crença de que esta deseja ou gosta de ser violada) (Koss et al., 1988). A dimensão relativa à sexualidade masculina integra crenças em torno da ideia de que o homem não consegue controlar os seus impulsos sexuais (Cowan, 2000). Por último, o terceiro grupo de atribuições acredita que a hostilidade masculina e a raiva em relação à mulher poderão favorecer a ocorrência de violação, podendo identificar-se dois tipos de crenças: as que concebem os agressores deste tipo de abuso como indivíduos doentes, desviantes e com algum tipo de patologia e, as que, apesar de considerarem que os violadores poderão experienciar algum tipo de desadequação ou mesmo terem sido abusados na infância, não os representam como doentes. A titulo exemplificativo refira-se que no estudo de Johnson e colaboradores (1997), 32.2% dos inquiridos acreditam que o homem, em certas circunstâncias, possui impulsos sexuais incontroláveis, 43.9% acreditam que todo o homem é capaz de cometer o crime de violação, e 90% concordam que o violador é uma pessoa doente e/ou emocionalmente perturbada.

Outros mitos sexuais incluem ainda crenças sobre as consequências psicológicas da violação, em que, tipicamente, se verifica uma tendência para considerar que as vítimas de conhecidos experimentam consequências menos severas. Porém, a investigação (Koss et al., 1988) não encontra diferenças nos níveis de sintomas psicológicos entre vítimas de violação por conhecidos e por estranhos. A única diferença registada situa-se na revelação e procura de ajuda, sendo que as vítimas de violação por estranhos tendem mais a revelar a sua experiência a algum conhecido, procurar os serviços de apoio a vítimas, a denunciar à polícia, acreditar na necessidade de procurar terapia e a percepcionar a sua experiência como sendo abusiva. Por sua vez, a probabilidade de a vítima revelar a sua situação abusiva tende a diminuir à medida que aumenta o grau de intimidade com o agressor.

Finalmente, embora muito menos estudados, existem também mitos sobre a vitimação sexual do género masculino, nomeadamente o estereótipo de que o homem não poderá ser violado ou de que a agressão sexual contra os homens ocorre apenas em contextos institucionais (e.g., prisão) (Donnelly & Kenyon, 1996 cit. Shechory & Idisis, 2006.

Na sequência desta identificação dos *rape myths*, um conjunto de trabalhos tem procurado caracterizar mais detalhadamente as atitudes e crenças legitimadoras da agressão sexual, incluindo a violação, e as circunstâncias específicas em que estas são activadas. Assim, Cook (1995) verificou que, ainda que de uma forma global os participantes tenham afirmado não concordar com comportamentos sexualmente coercivos, em três situações (quando a mulher inicialmente concorda com o acto sexual, mas depois acaba por o rejeitar; quando "provoca" sexualmente o companheiro; e quando já manteve relações sexuais anteriores com aquele), a agressão sexual era desculpabilizada. Mais recentemente, Serquina-Ramiro (2005) verificou que a coerção sexual é legitimada em algumas circunstâncias, nomeadamente quando uma das partes permite a privacidade do casal, emite sinais ambíguos, proporciona o impulso à intimidade física, e quando a coerção é interpretada como ocorrendo no âmbito do descontrolo dos impulsos sexuais. Também Jaffe e colaboradores (1992) constataram que o sexo forçado é legitimado nas relações amorosas de longa duração ou quando a mulher tem comportamentos considerados "provocadores".

Neste mesmo sentido, estudos recentes (Geiger, Fischer, & Eshet, 2005) confirmam que os jovens continuam a desculpabilizar a coerção sexual e que, ainda que os rapazes surjam como os que têm atitudes mais negativas (sobretudo ao nível da culpabilização da vítima), as raparigas não estão imunes à socialização sexista. Neste estudo, 15% das participantes revelaram concordar com algumas crenças legitimadoras da violação e de responsabilização da vítima. Refira-se aliás que, na opinião de alguns autores (e.g., Johnson, Kuck, & Schander, 1997), tanto homens como mulheres podem sustentar este tipo de mitos sexuais, embora as suas crenças possam servir objectivos distintos: os homens usam este tipo de crenças para legitimar a agressão sexual e as mulheres para negar a sua vulnerabilidade pessoal à violação. De destacar também é o facto de ambos os géneros conferirem menor seriedade/credibilidade à violação cometida por conhecidos, assim como terem tendência para responsabilizar mais a vítima nestes casos (Monson, Lanhinrichsen-Rohling, & Binderup, 2000).

Apesar desta sugestão de que os mitos em torno da violação podem ser partilhados por ambos os géneros, vários estudos têm vindo a comprovar que é no âmbito das atitudes face à violência sexual que as diferenças de género são mais consistentes. Efectivamente, o género tem sido concebido como um determinante significativo das atitudes sobre a violação e a agressão sexual, com o género masculino a sustentar mais mitos sexuais do que o género oposto (e.g., Davis, Peck, & Storment, 1993 cit. O'Keefe, 1997; Feltey, Ainslie, & Geib, 1991; Geiger, Fischer, & Eshet, 2004; Johnson et al., 1997). Numa meta-análise de sessenta estudos (Whatley, 1995 cit. Anderson, Cooper, & Okamura, 1997) sobre esta matéria verificou-se precisamente que os homens tendem a responsabilizar mais as vítimas do que as mulheres e que as percepções de provocação e menor respeitabilidade das vítimas predizem a tendência para as culpabilizar pelos episódios de violação. Para além da maior adesão masculina aos mitos sobre a violação e da maior tendência para a responsabilização da vítima, tem sido ainda documentado que os homens acreditam mais do que as mulheres que o sexo é a causa principal para a violação, mostram menos empatia pelas vítimas do que as mulheres e acreditam que, em determinadas circunstâncias, o recurso à violência sexual é legítimo (cf. Lee et al., 2005).

De forma análoga, Geiger e colaboradores (2004) constataram que um terço dos seus participantes masculinos revelaram concordar com certas crenças legitimadoras da violência sexual (e.g., "todas as raparigas estão interessadas no sexo"; "quando as raparigas dizem não, não é isso que querem realmente dizer"; "as raparigas acusam os rapazes sem qualquer motivo"). Estes argumentos parecem sugerir que é esperado que as mulheres não demonstrem interesse sexual, antes devendo expressar resistência às insistências sexuais masculinas, sob pena de serem responsabilizadas pela agressão sexual e de a conduta abusiva masculina ser percebida como legítima (Geiger et al., 2004).

Esta maior legitimação masculina da agressão sexual tem sido essencialmente explicada a partir da socialização diferenciada de homens e mulheres, muito particularmente no que concerne aos papéis de género e à sexualidade. Neste sentido, a investigação mostra que a aceitação dos papéis de género tradicionais tende a influenciar a tolerância à violação, constituindo igualmente um importante preditor dos mitos sexuais anteriormente expostos (Ben-David & Schneider, 2005; Johnson et al., 1997; Lonsway & Fitzgerald, 1994). Também Truman, Tokar e Fischer (1996) constataram que os homens que concordam mais com os papéis tradicionais de género tendem a corroborar as atitudes e crenças legitimadoras da violência sexual, sendo que neste estudo as atitudes contra as mulheres emergem como o preditor mais consistente das atitudes e crenças legitimadoras da violação.

Este tipo de estudos remete para as teorias socioculturais, segundo as quais as crenças e atitudes culturais que fomentam a legitimação e tolerância à violência sexual contra a mulher são largamente responsáveis pela sexualidade coerciva masculina e pela condescendência masculina à violação ocorrida no contexto de uma relação amorosa (cf. Truman et al., 1996). Os pressupostos inerentes à teoria da socialização de género de Burt (1980) fornecem contributos importantes neste domínio, ao defenderem que aquilo que os indivíduos internalizam como sendo apropriado para o seu género resulta do processo de desenvolvimento, em que homem e mulher desenvolvem expectativas e comportamentos em função dos papéis de género considerados adequados na interacção sexual. Dito de outro modo, socialmente espera-se que o homem seja sexualmente dominante e agressivo, enquanto se supõe que a mulher deverá assumir uma posição de maior passividade e submissão (cf. Ben-David & Schneider, 2005). Nesta lógica, a coacção sexual tem vindo a ser apresentada por alguns autores, nomeadamente de orientação feminista, como uma versão extrema da tradicional interacção sexual entre homem e mulher (Ewoldt, Monson, & Langhinrichsen-Rohling, 2000).

Ainda que, de entre as diferentes variáveis demográficas (e.g., género, idade, etnia, educação ou ocupação) analisadas pelos estudos, o género dos participantes tenha emergido como a variável que possui uma relação mais consistente com os mitos associados à violação (Lonsway & Fitzgerald, 1994), o papel da idade/nível educacional tem também sido salientado por alguns autores. Refira-se, a título de exemplo, o estudo de Feiring e colaboradores (2002), no qual os estudantes do ensino secundário exibiam atitudes mais legitimadoras da agressão sexual, quando comparados com os participantes mais velhos, algo corroborado também por outros estudos (Felty et al., 1991; Geiger et al., 2004). Tal poderá advir do facto de os estudantes mais novos disporem de menos experiência amorosa, possuindo crenças menos realistas sobre esta matéria. Em contrapartida, os estudantes mais velhos possuem mais experiência e uma maior consciência da inadequação e reprovação social destas crenças e comportamentos (Feiring et al., 2002).

3. Representações dos jovens sobre a violência na intimidade

Para além da identificação das atitudes e crenças favorecedoras da violência, alguns estudos têm procurado compreender as representações dos jovens acerca do que poderá constituir violência ou abuso em contextos de intimidade.

O estudo desenvolvido por Carlson (1999), através do uso de vinhetas, proporcionou contributos importantes nesta matéria, verificando-se que determinadas variáveis contextuais (e.g., severidade do abuso) e características sociodemográficas (e.g., idade, género) parecem influenciar os julgamentos dos jovens relativamente aos actos abusivos. Mais especificamente, os actos mais severos de violência predizem níveis mais elevados de identificação do comportamento em causa como abuso, o género influencia as crenças acerca do que constitui abuso, e em que, por exemplo, os participantes masculinos desvalorizam a violência feminina e, os estudantes inseridos em níveis mais avançados de formação apresentam uma maior consciencialização sobre o que poderá ser ou não um acto abusivo.

Um outro trabalho (Sorenson & Taylor, 2005), ao estudar os factores com potencial impacto nos julgamentos sobre a violência e a agressão, considerou a existência de três categorias: características das pessoas envolvidas, características específicas do incidente abusivo e ainda características dos indivíduos que elaboram os julgamentos. Uma das principais conclusões do estudo foi a de que a violência masculina tende a sofrer um julgamento mais severo comparativamente com a violência feminina. Mais concretamente, a violência feminina é percebida como menos preocupante, menos ilícita e menos susceptível de requerer qualquer tipo de intervenção. De igual modo, os autores constataram que as normas sociais para a agressão masculina apresentam-se mais claras e mais amplamente compreendidas do que as normas para a agressão feminina. O tipo de violência exercida também parece desempenhar um papel importante nos julgamentos dos indivíduos, sendo a violência física e sexual, geralmente percebidas como mais sérias do que a violência emocional. Já as características dos indivíduos que elaboram os julgamentos, ao contrário do que sucedia no estudo anteriormente citado, parecem não ter qualquer relação com os julgamentos formulados.

4. Estudos nacionais sobre crenças e atitudes juvenis

Ainda que a investigação nacional neste domínio seja escassa, é possível encontrar alguns dados que importa referir neste trabalho. Assim, dois estudos (Costa & Sani, no prelo; Mendes, 2006) que utilizaram o mesmo instrumento de avaliação – Escala de Crenças sobre a Violência Conjugal (Matos, Machado, & Gonçalves, (2000a) –, adaptado para a população juvenil, encontraram valores globalmente baixos de tolerância face à violência na intimidade, corroborando alguma da literatura internacional anteriormente citada.

Verifica-se, contudo, uma maior tolerância ao abuso por parte de determinados grupos sociais. Assim, em ambos os estudos, os estudantes masculinos revelaram percepções mais tolerantes acerca da violência. Este dado foi igualmente reiterado nos processos de avaliação realizados no âmbito de alguns programas de prevenção desenvolvidos junto da população estudantil portuguesa (e.g., Matos et al., 2006). Assim, os elementos masculinos subscrevem mais a crença de que a violência poderá ser justificável face a determinadas condutas das mulheres, consideram mais importante preservar a privacidade familiar, minimizam mais a "pequena" violência e acreditam, ainda, que a violência pode ser atribuível a causas externas e fora do controlo do agressor (este último factor, no primeiro estudo, não se mostrou significativo).

De referir é também um outro estudo (Lucas, 2002), que procurou avaliar as atitudes sobre aceitabilidade da agressividade, a partir da Escala de Atitudes sobre a Agressão nas Relações de Namoro[24]. Tendo por base uma amostra de adolescentes com idades compreendidas entre os 12 e os 17 anos, apurou que, independentemente da idade, estes consideram justificável a agressão. Esta legitimação era particularmente saliente entre os rapazes, que afirmaram concordar com actos agressivos contra o mesmo género e contra o género oposto (desde que seja a agressão masculina contra a namorada).

De sublinhar ainda que estes dados sobre as atitudes em relação à violência na população juvenil parecem corroborar o que tem vindo a ser encontrado na população adulta portuguesa (Machado, 2005), em que, a par de uma atitude geral de reprovação da violência, surgem crenças específicas que diminuem essa reprovação e legitimam as condutas abusivas em certos contextos/circunstâncias. Tal como acabámos de referir sobre o contexto juvenil, também nas relações maritais se regista um padrão de diferenciação em torno do género, com os homens a sustentarem mais crenças concordantes com as práticas abusivas. Neste estudo (Machado, 2005), tanto as vítimas como os ofensores conjugais pontuaram mais elevado do que os restantes elementos da amostra nos valores totais da Escala de Crenças sobre a Violência Conjugal (Matos, Machado, & Gonçalves, 2000a), bem como nos factores específicos que a compõem.

Em síntese, ainda que os estudos empíricos internacionais e nacionais tenham apurado valores globalmente baixos de tolerância face à violência na intimidade, constataram que esta tolerância pode emergir face a contextos relacionais específicos, sendo também maior em certos grupos sociais. Assim, as atitudes e crenças de legitimação da violência, incluindo das formas mais severas de abuso (e.g., violência sexual) são claramente mais evidentes entre os participantes masculinos do que entre os femininos e nos grupos etários mais novos ou com menores níveis de formação.

Já anteriormente fizemos referência à forma como estas atitudes e crenças se relacionam com a socialização de género, nomeadamente com as crenças em torno dos papéis sociais masculinos e femininos e com o

[24] Os autores da escala não são referidos no texto original.

duplo padrão sexual. Torna-se, pois, pertinente, antes de passarmos aos nossos estudos empíricos, atendermos com um pouco mais de detalhe à forma como a cultura e a estrutura social poderão interferir nas relações de género e na violência que nelas pode emergir.

5. Cultura, violência e género: que relação?

Tal como vimos até ao momento, a abordagem das crenças e atitudes promotoras da violência parece ser indissociável do papel do género. Por um lado, os homens parecem diferenciar-se claramente das mulheres, na maioria dos estudos citados, pelo seu maior grau de tolerância à violência. Por outro, as diferenças de género encontradas e o próprio conteúdo das crenças legitimadoras da violência remetem para a forma como o género e os papéis que lhe estão associados são construídos na nossa cultura.

Tal como nos lembra Dias (2006), as culturas proporcionam certos racionais e justificações para a violência percebendo, muitas vezes, certas práticas violentas como determinantes para o desenvolvimento humano e processos de socialização. Este efeito é particularmente evidente no que concerne à agressão perpetrada no contexto familiar, nomeadamente contra as crianças, percebida como socializadora e aceitável, quando mesmo não como necessária. Ainda que de forma menos evidente, também a violência contra as mulheres tem sido por vezes representada como tendo um efeito disciplinador, contendo mulheres cujo comportamento é percebido como contrariando as normas sociais de género. Desta forma, compreender a dimensão cultural da violência íntima implica necessariamente, atender aos discursos e posicionamentos que operam na construção social do género e que tendem a influenciar o contexto experiencial e interpretativo do abuso íntimo.

As perspectivas feministas – pioneiras no reconhecimento das influências culturais na violência íntima – têm proporcionado contributos importantes nesta matéria, enfatizando o papel das mensagens sociais e culturais na normalização e aprovação da violência na intimidade (cf. Ismail et al., 2007). Segundo estas perspectivas, a violência resulta de um conjunto de valores patriarcais que se foram institucionalizando a vários níveis e sob diferentes formas: ao nível macro-social (e.g., sistema legal, instituições e estruturas sociais), ao nível intergeracional (valores patriarcais transmitidos de geração em geração), ao nível cultural (destacando-

-se a este nível o papel dos *media* na reprodução e reforço dos valores patriarcais) e ao nível individual (o indivíduo incorpora os valores patriarcais, reproduzindo-os no seu quotidiano) (Marin & Russo, 1999).

Desta forma, a variação inter-cultural que existe na tolerância ao comportamento violento perpetrado sobre a mulher (Nayak et al., 2003) está relacionada com a influência dos valores patriarcais em cada cultura (Bui & Morash, 1999 cit. Bhanot & Senn, 2007). Alguns importantes estudos antropológicos (Counts, Brown, & Campbell, 1999; Levinson, 1989) vão precisamente neste sentido, ao verificarem que a violência contra a mulher está relacionada com o valor social que lhe é atribuído e com o seu estatuto social. O poder económico masculino, o isolamento social da mulher, e as normas culturais que valorizam a submissão e a castidade femininas desempenham também um importante papel na promoção da violência.

Corroborando as perspectivas feministas, algumas revisões sistemáticas dos estudos empíricos inter-culturais sobre a violência conjugal (Machado & Dias, 2008; Machado, Dias, & Coellho, no prelo) comprovam que a agressão é mais frequente em contextos onde existe menos igualdade de género e menos opções para as mulheres que querem sair de relações abusivas. As normas culturais que consideram a violência algo normal no contexto do casamento, que enfatizam a privacidade das famílias e que promovem os papéis de género tradicionais também têm sido identificadas como relacionadas com a violência contra as mulheres em estudos empíricos conduzidos um pouco por todo o mundo (cf. Machado, Dias, & Coellho, no prelo).

No que concerne especificamente à análise da relação entre cultura, violência e género no contexto amoroso juvenil, ainda que a produção científica seja escassa, é também possível encontrar alguns trabalhos relevantes. Por exemplo, num estudo desenvolvido na Coreia do Sul com uma amostra de estudantes universitários (Lee, Busch, Kim, & Lim, 2007), os altos níveis encontrados de tolerância à violação nas relações de intimidade são interpretados pelos autores como decorrentes do facto de, historicamente, a sexualidade feminina ser percebida apenas numa dimensão reprodutiva e de a violação ser entendida como um mero acto sexual e não como um acto de violência. Este estudo apurou ainda, no sentido anteriormente descrito, diferenças de género na legitimação da violação, com os elementos masculinos a sustentarem mais a crença de que o uso da força nas relações sexuais poderá ser justificável em certas circunstâncias.

Um outro trabalho (Lee, Pomeroy, Yoo, & Rheinboldt, 2005) em que se procurou avaliar a existência de diferenças atitudinais acerca da violação entre estudantes Asiáticos e Caucasianos do ensino secundário, verificou também que os estudantes Asiáticos tendiam mais a acreditar que a mulher tem a responsabilidade de prevenir o abuso; que o sexo é a principal motivação para a violação; que as vítimas precipitam a agressão; e que a violação é geralmente perpetrada por pessoas estranhas à vítima. A análise destes resultados é também elaborada pelos autores atendendo ao contexto cultural Asiático, no qual a virgindade feminina é extremamente valorizada e entendida como um sinal da integridade da mulher, e em que a sexualidade feminina é reprimida e controlada pelo marido (Abraham, 1999, Luo, 2000 cit. ibidem). Neste contexto cultural, a mulher é frequentemente responsabilizada pela violação de que foi alvo, alegando-se que não foi suficientemente capaz de proteger a sua castidade. Por outro lado, a crença de que a violação acontece apenas entre pessoas estranhas dificulta a identificação de actos sexuais ocorridos neste contexto como sendo uma forma de agressão.

Ainda que numa lógica distinta das investigações até agora analisadas, um estudo qualitativo, baseado em *focus group* e entrevistas em profundidade (Wang & Sik Ying Ho, 2007), demonstrou que os discursos vigentes na sociedade chinesa contemporânea em torno do género, amor e sexo, contribuem também para a legitimação da violência feminina. Neste estudo, ambos os géneros conceptualizaram o comportamento violento feminino como não abusivo, conferindo-lhe alguma legitimidade. A agressão feminina surge associada a várias funções expressivas (e.g., luta amorosa, uma forma de comunicação, um método de demonstração de afecto), sendo percebida como uma manifestação de amor.

Também num outro contexto cultural, no Brasil, um estudo qualitativo (Barker & Loewenstein, 1997) que integrou na sua amostra jovens de níveis socioeconómicos desfavorecidos, documenta a elevada tolerância cultural à violência íntima, particularmente contra o género feminino. Mais concretamente, os autores apuraram que o fenómeno não só é percebido como uma realidade recorrente, mas também é legitimado em certas situações, nomeadamente quando a violência é perpetrada sobre mulheres que residem em favelas ou com baixos recursos económicos, ou que residem em áreas consideradas marginais da cidade. Contudo, não será de descurar o facto de um certo número, ainda que reduzido, de participantes masculinos ter contestado as atitudes tradicionais quanto à masculinidade e à violência.

A reiterar ainda a conclusão de que a violência contra a mulher é legitimada por jovens de diferentes contextos culturais está um outro estudo, desenvolvido por Xenos e Smith (2001), com estudantes de dois níveis educacionais (secundário e profissional) na Austrália, o qual comprovou que uma percentagem significativa dos participantes de ambos os géneros evidenciavam atitudes desfavoráveis face às vítimas de violação, percebendo a vítima como responsável pelo abuso e considerando que o comportamento daquela poderá aumentar a probabilidade da vitimação sexual. Também neste estudo, os estereótipos negativos em torno da violação estavam relacionados com crenças tradicionais e conservadoras sobre o papel da mulher na sociedade, nomeadamente crenças em torno da passividade e submissão feminina. Ainda neste estudo, os autores constataram que as atitudes face às vítimas de violação variavam em função do género dos participantes e do seu nível educacional: os estudantes mais jovens e do género masculino sustentavam atitudes mais conservadoras, bem como maior tendência para responsabilizar as vítimas pelo abuso.

Citamos também um estudo qualitativo desenvolvido por Römkens e Mastenbroek (1998) na Alemanha e em que se procurou, junto de um grupo de vinte participantes femininas, perceber com estas jovens percebiam a violência perpetrada pelos parceiros amorosos e, mais concretamente, as dificuldades sentidas aquando da tomada de decisão de manutenção ou não da relação amorosa. Este estudo comprovou que pôr fim à relação amorosa violenta é uma tomada de decisão muito difícil para as jovens abusadas. Adicionalmente, os autores verificaram que as concepções culturais em torno do amor e do romance contribuem para a minimização da violência contra a mulher. Isto foi particularmente perceptível mediante afirmações de que a violência e o controlo podem ser expressões de amor ou de que o "amor verdadeiro" poderá levar à mudança do comportamento abusivo do parceiro amoroso.

Estes dados são corroborados por um estudo em curso no contexto Português (Dias, 2008) que tem procurado caracterizar as narrativas românticas dos adolescentes. Neste trabalho, verifica-se que as concepções tradicionais do amor, alimentadas em particular pelas raparigas, favorecem a minimização da violência pela crença na transformação do parceiro abusivo ou pela ideia de que "o verdadeiro amor" vencerá todos os obstáculos. Por outro lado, a concepção do amor como paixão e arrebatamento, parecem desculpabilizar a violência masculina, quando exercida num cenário de traição pela parceira.

A análise destes diferentes estudos permite-nos perceber que, apesar das especificidades culturais próprias de cada sociedade, existe uma ampla tolerância cultural face à violência, em particular a violência contra a mulher, confirmando também a associação desta tolerância cultural com crenças genderizadas sobre o amor, os papéis de cada parceiro na relação e a violência. De que forma são adquiridas estas concepções culturais?

A literatura documenta que, ao longo da socialização de género, os indivíduos retêm certos discursos culturais acerca do que significa ser homem e mulher e são estimulados e reforçados por assumir esses papéis nas suas próprias vidas. Esta incorporação das concepções culturais sobre a masculinidade e a feminilidade traduz-se, entre outras dimensões, no entendimento e no comportamento face aos relacionamentos amorosos, verificando-se uma grande diferenciação na forma como homens e mulheres concebem e manifestam sentimentos de amor, intimidade e proximidade (Wood, 1999).

Alguma investigação empírica tem vindo a comprovar que a socialização de género pode influenciar e promover relações abusivas. Um contributo importante neste sentido resulta do estudo desenvolvido por Nutt (1999), que procurou explicar como a socialização feminina pode viabilizar o envolvimento em relações abusivas ou favorecer a sua manutenção no tempo. Neste âmbito, o autor destaca três importantes características da socialização feminina: a desvalorização do seu género (e.g., baixa auto-estima, sentimentos de inferioridade face ao género masculino), a restrição do papel de género (e.g., escolhas de áreas profissionais de acordo com os estereótipos de feminilidade), e a sobrevalorização das necessidades dos outros (e.g., descurar as suas necessidades em prol das dos outros). Neste sentido, Wood (1999) verificou que as vítimas de violência, muitas vezes, auto-silenciam-se, ignoram e/ou minimizam os seus pensamentos e sentimentos, com o objectivo de preservar a relação amorosa ou para corresponder às necessidades e/ou exigências dos seus parceiros amorosos, até porque culturalmente é este o comportamento que se espera delas.

Mais recentemente, um estudo desenvolvido por Ismail e colaboradores (2007), analisa também a forma como o género poderá moldar as experiências abusivas femininas. No seu estudo as participantes relataram a necessidade de se conformar aos estereótipos de género como forma de integração e aceitação pelos pares, parceiros amorosos, pais e outros adultos significativos. De igual modo, referenciaram que o ostracismo social que subjaz ao não envolvimento em relações de intimidade leva a que permaneçam nas relações abusivas a qualquer custo. Neves (2008) faz ainda referência a um outro trabalho (Goldner, Penn, Sheinberg, & Walker, 1997) segundo o qual as mulheres permanecem nas relações abusivas como forma de corresponder às normas sociais subjacentes à noção de feminilidade: manter as ligações amorosas, e cuidar e zelar pelo outro, qualquer que seja o custo pessoal.

Outros trabalhos têm, por outro lado, fornecido contributos para compreender a relação entre as concepções de género e a agressão masculina, constatando-se que esta está associada uma representação tradicional da masculinidade (e.g., Thompson, 1991). Neste sentido, um estudo desenvolvido por Totten (2003) constatou que, nos rapazes marginalizados e com menos recursos económicos, o recurso à violência contra as suas parceiras amorosas constituía uma forma de exercer e afirmar a sua masculinidade. Tais evidências vieram corroborar as propostas dos teóricos interaccionistas do género, segundo os quais a masculinidade constitui um traço maleável, construído e reconstruído no âmbito das relações amorosas, podendo a perpetração de violência sobre a mulher representar uma forma de alcançar uma determinada representação da masculinidade (Anderson, 2005; Connell, 1995 cit. Totten, 2003). Esta proposta relaciona-se, claramente, com a teoria da identidade de género (ainda que esta seja mais realista nos seus pressupostos), que postula que quando os papéis tradicionais de género são ameaçados poderá emergir uma crise de identidade. Neste contexto, o homem pode recorrer à violência contra a mulher como uma reacção simbólica à retirada ou ameaça de retirada dos privilégios e poder masculinos (Simpson, 1992 cit. Boonzaier & de la Rey, 2003; Shefer et al., 1998).

Estas conceptualizações do género influenciam quer o comportamento nas relações íntimas, quer a conduta quotidiana de homens e mulheres. Isto mesmo é comprovado por um estudo desenvolvido por Hollander (2001), mediante grupos de discussão, no qual se verificou que os participantes tendiam a conceber a mulher como frágil, não perigosa, e um alvo "fácil" para a agressão, enquanto o homem era percebido como potencialmente mais perigoso e mais capaz de se auto-proteger. Estes discursos sociais em torno da vulnerabilidade feminina e da perigosidade masculina interferiam significativamente no funcionamento quotidiano dos indivíduos, especificamente, na selecção de estratégias de promoção da sua segurança pessoal, na sua interacção com os outros e na sua liberdade para se mover no espaço público.

6. Síntese e discussão dos estudos

Ainda que a produção científica internacional e nacional em torno dos mitos e crenças culturais subjacentes à violência se revele insuficiente, os dados disponíveis são unânimes ao afirmarem que as atitudes culturais que estimulam, legitimam ou desculpam o abuso íntimo são comuns a diferentes contextos culturais e têm particular incidência nos discursos masculinos. Esta tendência masculina para uma maior aceitação da violência tem sido percebida como sendo determinada pela socialização tradicional do género masculino, a qual molda as suas percepções acerca da violência e os desempenhos masculinos face aos desafios com que, muitas vezes, se confrontam no contexto das suas relações de intimidade.

O pensamento feminista proporcionou uma contribuição notável para a compreensão desta relação entre género e violência, ao destacar a influência da organização sóciocultural patriarcal nas práticas violentas em contexto amoroso e, de forma mais concreta, ao desenvolver a ideia de que o sistema patriarcal promove as desigualdades de poder, discrimina, e oprime as mulheres. Ainda de acordo com a leitura feminista, as atitudes legitimadores da violência exemplificam claramente a relação entre o legado do sistema patriarcal e a violência na intimidade (Sugarman & Frankel, 1996).

Não obstante a pertinência destas abordagens na compreensão da dimensão cultural da violência, estas têm sido alvo de algumas críticas, entre as quais a pobre sustentação empírica ou o facto de se tratarem de investigações de carácter predominantemente qualitativo; o facto de não explicarem porque é que apenas alguns indivíduos assimilam os discursos culturais promotores da violência; e, ainda a ausência de evidências suficientemente sólidas que comprovem que as sociedades patriarcais viabilizam mais a violência do que as outras (cf. Matos, 2006). Por outro lado, a ênfase nas dimensões culturais da violência acarreta, segundo alguns autores (Matos, 2006), o risco de promover alguma desresponsabilização dos agressores e, por outro lado, de aceitar a existência de um certo determinismo social da violência íntima.

Apesar destas críticas, outros investigadores (Nayak et al., 2003) têm salientado que compreender a influência do contexto cultural sobre as atitudes quanto à mulher e quanto à violência é indispensável para promover a mudança atitudinal. No mesmo sentido, alguns autores referenciados por Herzog (2005) são de opinião que ignorar a cultura e a sua relação com as atitudes de género é ignorar uma importante parte da explicação e/ou solução para a violência masculina sobre a mulher (Smith, 1990; Straus et al., 1997). Neste sentido, tem sido sustentado que para combater a violência na intimidade é necessário actuar sobre os valores sociais que promovem e legitimam a violência, assim como sobre as diferenças estruturais ao nível do poder e (des)igualdade de género (Straus et al., 1997). Compreender, prever, e prevenir o abuso nos relacionamentos íntimos requer, assim, uma abordagem compreensiva, complexa e com um carácter multifacetado: ao nível individual, interpessoal, estrutural e cultural (Marin & Russo, 1999).

Atendendo especificamente à prevenção da violência nas relações íntimas juvenis, Feltey, Ainslie e Geib (1991) defendem a necessidade de sensibilizar os jovens para a forma como género poderá moldar as percepções e estrutura das suas experiências no mundo social. No mesmo sentido, Neves (2003) considera fundamental um maior investimento na formação dos agentes educativos, no sentido de os capacitar para a promoção de discursos de género mais paritários. Paralelamente, compreender as percepções dos jovens sobre a violência na intimidade poderá constituir um importante passo para esta desejada mudança dos discursos culturais (Byers et al., 2000).

Os estudos empíricos que apresentaremos de seguida procuram, precisamente, responder a esta necessidade de compreender a forma como os jovens definem e concebem a violência e como a articulam com as suas concepções de género. Contudo, uma vez que a dimensão e gravidade da violência nas relações de intimidade dos jovens são relativamente desconhecidas entre nós (cf. Cap I), consideramos fundamental começar, no primeiro estudo empírico desta dissertação (cf. Cap. V), por desocultar esta realidade, estudando a prevalência deste fenómeno no nosso País. Analisaremos, posteriormente, as crenças e atitudes culturais que o sustentam, através de metodologias tanto quantitativas (cap. V) como qualitativas (cap. VI).

PARTE 2
Estudos Empíricos
Violência nas Relações de Intimidade: Comportamentos, Atitudes e Representações dos Jovens

OBJECTIVOS GERAIS

Como já foi explicitado na componente teórica deste trabalho, o estudo da violência no contexto das relações de intimidade juvenil é ainda algo muito recente, sobretudo no que toca à realidade portuguesa. O interesse por este tema de investigação surgiu após a realização de um estudo preliminar em contexto universitário (Machado, Matos, & Moreira, 2003), que veio comprovar a relevância social do problema. Numa fase inicial, foi nosso objectivo ampliar este estudo à comunidade estudantil universitária de outras zonas do país, com o intuito de conhecer a prevalência deste fenómeno ao nível nacional. O "alerta" internacional para o facto de estas dinâmicas maltratantes não se restringirem a este grupo formativo e envolver jovens em faixas etárias mais novas, suscitou, contudo, o interesse em diversificar a amostra e integrar no nosso estudo diferentes grupos formativos ou etários, como iremos explicitar no capítulo que se segue. Esta necessidade de alargar as amostras dos estudos realizados neste domínio para além do contexto universitário é enfatizada por vários especialistas (e.g., Jackson, 1999), que defendem a necessidade de atender a outros grupos sociais geralmente invisíveis na literatura no que concerne ao estudo da violência nas relações de intimidade.

Com o primeiro estudo empírico que aqui apresentamos, de carácter quantitativo, propomo-nos, assim, responder à necessidade de recolher dados sobre a prevalência dos comportamentos abusivos nas relações afectivas, actuais e passadas, dos jovens portugueses, assim como produzir conhecimento sobre a forma como estes encaram a violência (física, psicológica e sexual), exercida nestas relações. Por outro lado, uma vez que pretendíamos compreender de uma forma mais aprofundada do que a que os estudos quantitativos propiciam, as representações dos jovens sobre este fenómeno e a sua relação com as suas conceptualizações em torno do género, decidimos incluir neste trabalho um segundo estudo, de índole qualitativa. Efectivamente, apesar de, mesmo em termos internacionais, serem ainda incipientes este tipo de estudos na área, a complementaridade entre análises quantitativas e qualitativas tem sido largamente defendida, na medida em que permite alcançar uma leitura mais compreensiva do problema, em particular das relações entre violência e género (DeKeseredy & Schwartz, 1998). Adicionalmente, os métodos qualitativos constituem uma alternativa metodológica com a capacidade de elicitar uma contextualização mais ampla dos resultados, permitindo uma análise mais compreensiva e proximal da perspectiva dos participantes (Lewis & Fremouw, 2001).

Partindo de uma perspectiva mais fenomenológica, pretendíamos, assim no segundo estudo empírico, analisar algumas questões até então fugazmente abordadas, algumas mesmo negligenciadas na literatura. Especificamente, pretendíamos perceber de que forma é que os jovens representam a violência, que causas lhe atribuem e se há circunstâncias em que a mesma é tolerada ou até percebida como legítima. Pretendíamos, ainda, explorar a forma como esta eventual tolerância dos jovens à violência se articula com as suas representações sobre os papéis de género.

Capítulo 4
Prevalência dos Comportamentos Abusivos nas Relações de Intimidade Juvenil e Atitudes Face à Violência

1. Objectivos e questões de partida

Com a realização deste primeiro estudo quantitativo, pretendia-se conhecer a forma como os jovens se posicionam face aos diferentes tipos de abuso (físico, psicológico e sexual) que podem ocorrer no contexto das relações amorosas, bem como recolher dados sobre a prevalência destes comportamentos abusivos nas suas próprias relações. Mais concretamente, visavam-se os seguintes objectivos:

i) estabelecer a prevalência das diferentes formas de violência nas relações de intimidade juvenil, quer ao nível da vitimação, quer da perpetração;
ii) caracterizar as atitudes dos jovens relativamente à violência contra os parceiros amorosos, procurando identificar o grau de tolerância/legitimação em relação a estes comportamentos e as crenças específicas que concorrem para a sua legitimação;
iii) analisar a relação entre atitudes e comportamentos violentos nas relações de intimidade juvenil;
iv) identificar os factores socio-demográficos (e.g., género, idade, nível socio-económico, situação amorosa) e formativos (e.g., ano

de formação, tipo de curso) associados às crenças e comportamentos violentos nas relações amorosas;

v) determinar factores preditores das atitudes legitimadoras do abuso íntimo e dos comportamentos abusivos (em particular do abuso físico severo).

2. Metodologia

2.1. Amostra

Numa primeira fase, a investigação nesta área começou por considerar o ensino universitário como sendo um contexto preferencial para o estudo do fenómeno da violência nas relações amorosas (e.g., Cleveland, Herrera, & Stuewig, 2003). Mais recentemente, emergiram estudos que defendem que este tipo de abuso não se circunscreve a este contexto formativo, podendo despoletar-se durante os anos mais iniciais da formação dos jovens, nomeadamente quando estes ainda se encontram no ensino secundário (e.g., Cano, Avery-Leaf, Cascardi, & O'Leary, 1998). Os estudos empíricos que analisam as diferentes faixas desenvolvimentais confirmam que a violência nas relações afectivas dos jovens poderá ter início na pré-adolescência, passando pela adolescência até à idade adulta (Lavoie, Robitaille, & Hebért, 2000).

Face a estas evidências e dada a pretensão de traçar uma imagem o mais completa e abrangente possível desta realidade ao nível nacional, optámos por integrar na amostra quatro tipos de grupos, distintos em termos de faixas etárias e características formativas. Assim, para além de considerarmos os jovens do ensino universitário e do ensino secundário, decidimos incluir também neste estudo os jovens inseridos no ensino profissional, que se trata de um tipo de ensino mais especializado e que tem vindo a atrair um cada vez maior número de alunos. Foi ainda nossa opção integrar no estudo, jovens que tivessem interrompido o seu percurso académico por motivos vários (e.g., abandono escolar, entrada no mercado de trabalho).

Por se ambicionar, nesta investigação, traçar o panorama nacional sobre o fenómeno da violência no contexto amoroso, foram recolhidos dados nas diferentes zonas do país consideradas nos Censos 2001: Norte, Centro, Lisboa, Alentejo, Algarve, Açores e Madeira. Um outro critério considerado aquando a selecção da amostra foi o ano de escolaridade em que os participantes se encontravam, no momento da recolha dos dados, recolhendo dados junto dos participantes que estavam a iniciar e a finalizar cada ciclo de estudos. Por razões operativas, seleccionamos os alunos do 1º/2º e 4º anos no caso do ensino universitário, 10º e 12º anos no ensino secundário e, no ensino profissional, os alunos do 1º e 3º anos. Finalmente, quanto ao nosso quarto grupo amostral, a única condição que se impunha era tratarem-se de jovens fora do sistema de ensino no momento da recolha dos dados.

A amostra final do estudo foi constituída por 4667 sujeitos, sendo que destes, 526 foram recolhidos num estudo prévio conduzido na Universidade do Minho, pela equipa constituída por Machado, Matos e Moreira (2003). Estes jovens tinham idades compreendidas entre os 13 e os 29 anos ($M = 18.9$, $SD = 2.68$), sendo 42.2% rapazes e 57.7% raparigas. Esta distribuição em termos de género aproxima-se razoavelmente da distribuição de géneros na população Portuguesa – 48.3% de homens e 51.7% de mulheres (Censos, 2001).

Importa, contudo, referir que, pese embora os cuidados na recolha da amostra acima referidos e o elevado número de sujeitos que a integram, o presente estudo não se afigura totalmente representativo da comunidade estudantil portuguesa, já que a distribuição dos participantes pelas diferentes regiões não é proporcional às estatísticas demográficas. Por outro lado, não existe disponível no nosso país uma base amostral que nos permita definir o que seria uma amostra representativa em termos de idade, nível sócio-económico ou perfil de formação dos jovens.

Nos quadros 3 e 4, que se seguem, apresentam-se, de forma mais detalhada, os dados formativos e sociodemográficos que caracterizam os participantes deste estudo.

			N	(%)
Ensino Universitário	**Ano**	1º ano	541	11.4
		2º ano	724	15.3
		3º ano	61	1.3
		4º ano	694	14.7
	Curso	Psicologia	365	7.7
		Licenciaturas em Ciências Sociais, Trabalho Social, Serviço Social, Sociologia	163	3.4
		Medicina, Enfermagem	169	3.5
		Direito	322	6.8
		Licenciaturas em Biologia, Matemática, Físico-Química	282	6.0
		Engenharias	595	12.6
			2065	**43.7**
Ensino Profissional	**Ano**	1º ano	960	53.0
		2º ano	88	5.0
		3º ano	758	41.9
		Hotelaria, Restauração, Turismo	337	7.1
		Electrónica, electricidade	151	3.1
		Animador social, Técnico auxiliar de infância	201	4.2
		Desenhador de Construção Civil, Têxtil e Gráfico	207	4.4
		Informática e Multimédia	345	7.3
	Curso	Comércio, Marketing, Secretariado, Serviços Comerciais	198	4.2
		Técnico de Gestão, Planeamento e Gestão de Produção e Contabilidade	72	1.5
		Serviços Jurídicos	101	2.1
		Outros	230	4.8
			1835	**38.7**
Ensino Secundário	**Ano**	10º ano	418	54.3
		12º ano	349	45.5
	Curso	Agrupamento de Humanidades	180	3.8
		Agrupamento de Científico-Natural	400	8.5
		Agrupamento de Administração	103	2.2
			767	**16.2**
Jovens fora do Sistema de ensino			63	1.3

QUADRO 3. Distribuição dos participantes segundo as suas características formativas (N= 4667).

		N	(%)
Género	Masculino	1970	42.2
	Feminino	2692	57.7
Estado Civil	Solteiro(a)	4662	99.9
Nível Socioeconómico	Alto	165	3.5
	Médio-Alto	542	11.7
	Médio	834	17.9
	Médio-Baixo	988	21.2
	Baixo	762	16.3
Zona do país	Norte	2875	61.6
	Centro	835	17.9
	Lisboa	327	7.0
	Alentejo	215	4.6
	Algarve	129	2.8
	Açores	89	1.9
	Madeira	197	4.2
Situação amorosa	Tenho uma relação amorosa e já mantive relação no passado	2554	54.7
	Não mantenho qualquer relação amorosa, mas já tive no passado	1534	32.9
	Nunca tive qualquer relação amorosa	392	8.4
	Tenho uma relação amorosa, mas não mantive relação no passado	88	1.9

QUADRO 4. Distribuição dos participantes segundo as suas características sociodemográficas (N = 4667).

Como se observa no quadro 3, e apesar dos esforços no sentido de distribuir a amostra pelos diferentes contextos formativos, regista-se um maior número de participantes do ensino universitário (n=2065), seguindo-se o ensino profissional (n=1835), o ensino secundário (n=767) e, em número substancialmente inferior, os jovens que interromperam os estudos (n=63). Esta menor representatividade deste 4º grupo na amostra advém das dificuldades óbvias em obter a sua participação, visto que, estando fora do sistema de ensino, há uma menor facilidade de acesso a estes sujeitos. Atendendo a que este grupo apenas corresponde a 1.3% da amostra, e dada a discrepância etária entre este grupo e os restantes – os jovens desempregados/no activo são mais velhos dos que os restantes participantes ($t(4721)=-8.22$, $p<.001$) –, optámos por excluí-los da amostra nas análises estatísticas que apresentaremos na secção dos resultados.

2.2. Instrumentos de avaliação

Os instrumentos utilizados neste estudo foram duas versões adaptadas (apenas ao nível da denominação e linguagem utilizada para explicar a tarefa aos participantes) de instrumentos previamente construídos para a aferição das atitudes e comportamentos face à violência conjugal: o IVC (Inventário de Violência Conjugal – Matos, Machado, & Gonçalves, 2000a) e a ECVC (Escala de Crenças sobre a Violência Conjugal – Matos, Machado, & Gonçalves, 2000b) (cf. anexo 1).

A opção por estes instrumentos fundamentou-se, essencialmente, em três factores. Primeiro, o facto de constituírem, à data de início do estudo, dos poucos instrumentos construídos especificamente para a população portuguesa, já validados e amplamente estudados. Segundo, o facto de já ter sido realizado um estudo prévio com estes instrumentos aplicados à população juvenil, que apresentava dados promissores (Machado et al., 2003). Terceiro, o facto de a aplicação destes instrumentos na população juvenil permitir traçar comparações com os dados entretanto já recolhidos na população adulta envolvida em relações de tipo conjugal (Machado, 2005; Machado et al., 2007) e em relacionamentos adultos homossexuais (Antunes & Machado, 2005).

O IVC permite determinar a prevalência dos actos de violência física e emocional perpetrados e recebidos por parte de parceiros afectivos e a frequência com que ocorrem estes comportamentos. Os sujeitos são questionados sobre a violência sofrida e perpetrada nos seus relacionamentos actuais e também sobre tal ocorrência em anteriores relacionamentos amorosos. Em relação a cada um dos 21 comportamentos listados, é pedido aos sujeitos que refiram: a) se já o adoptou no contexto da sua relação afectiva actual; b) se o(a) seu(sua) actual parceiro(a) já o adoptou em relação a si; c) se já o adoptou numa relação afectiva passada; d) se um(a) anterior parceiro(a) amoroso(a) já o adoptou em relação a si. Em caso de resposta afirmativa, o sujeito é ainda questionado se tal ocorreu de forma isolada ou mais do que uma vez.

Para efeitos de análise estatística, os sujeitos são considerados agressores se admitirem ter recorrido pelo menos uma vez a comportamentos classificados como abuso físico ou emocional no momento actual ou ao longo do percurso de vida (cf. quadros 5 e 6, onde se encontram discriminados todos os comportamentos específicos abusivos que integram o IVC). São classificados como não agressores os indivíduos que respondam a todos os itens do questionário e que neguem ter perpetrado qualquer acto abusivo. Adoptando uma abordagem conservadora, os indivíduos que não admitem a perpetração de qualquer acto abusivo mas que não respondem a todos os itens do IVC (isto é, que deixem omisso o preenchimento de alguns itens) não são classificados como não perpetradores. Uma lógica análoga foi utilizada para a tipificação dos sujeitos como vítimas/não vítimas.

A ECVC é constituído por 25 itens e a sua nota total mede o grau de legitimação/tolerância face à violência nas relações amorosas. Através da análise factorial prévia da ECVC (Machado, Matos, & Gonçalves, 2008) identificaram-se 4 factores (F) que explicam 56.0% da sua variância: F1 – legitimação e banalização da pequena violência, explica 40.2% da variância comum; F2 – legitimação da violência pela conduta da mulher, explica 7.1% da variância; F3 – legitimação da violência pela sua atribuição a causas externas, explica 4.4.% da variância; e o F4 – legitimação da violência pela preservação da privacidade familiar, explica 4.2% da variância.

Cada item apresenta uma correlação com a nota total da escala que varia de 0.34 a 0.71 e a consistência interna global, avaliada pelo alpha de Cronbach é de 0.93 (Machado, Matos, & Gonçalves, 2008). Perante o instrumento, o sujeito avaliado tem a possibilidade de responder através de uma escala de *Likert* de 5 pontos (e.g., desde "*discordo totalmente*" até "*concordo totalmente*") e a pontuação total obtém-se através da soma directa das respostas dos participantes a cada um dos itens.

2.3. Procedimentos de recolha dos dados

Numa primeira fase foram estabelecidos vários contactos com as instituições de ensino (e.g., universidades, escolas do ensino secundário e estabelecimentos de ensino profissional) que acolhem os diferentes escalões etários considerados nesta amostra, nas diferentes zonas do País, no sentido de formalizar o pedido de colaboração, enfatizando, desde logo, a confidencialidade do estudo. Para se aceder aos jovens que já não se encontravam no sistema de ensino, contactámos as várias delegações do Instituto Português da Juventude distribuídas pelo País, por considerarmos ser a instituição que mais nos facilitaria o acesso a este tipo de jovens.

A recolha dos dados foi efectuada durante os anos lectivos 2004/2005 e 2005/2006. Na administração dos questionários participaram oito investigadores, distribuídos pelas várias zonas geográficas abrangidas pelo estudo e que tinham recebido formação prévia sobre os instrumentos em causa. Uma vez obtido o consentimento dos participantes e das respectivas instituições escolares, procedeu-se à administração dos questionários. Os questionários foram aplicados em contexto de sala de aula, tendo sido preenchidos individualmente por cada participante, com um tempo médio de resposta de 20 minutos. No caso dos jovens fora do sistema de ensino, a administração dos instrumentos efectuou-se nas instalações das diferentes delegações do IPJ que colaboraram neste estudo. Apenas cerca de 10% dos estudantes recusaram participar. De referir ainda que, no presente estudo, não houve qualquer compensação económica aos sujeitos e que estes foram sempre informados sobre o carácter voluntário e anónimo da sua participação.

2.4. Análise estatística

Para a realização de todas as análises estatísticas recorremos ao programa estatístico SPSS 15.0. Embora os testes específicos realizados sejam referidos mais adiante, aquando da apresentação de cada resultado, apresentaremos agora uma breve caracterização do percurso seguido na análise dos dados.

Em primeiro lugar, após termos efectuado uma análise exploratória com vista a verificar se estavam cumpridos os pressupostos subjacentes à utilização de testes paramétricos, começamos por analisar os dados referentes à perpetração e vitimação nas relações actuais e passadas dos participantes. Para estas análises, apenas foram utilizados os participantes que relataram este tipo de envolvimentos afectivos (N=2642 para as relações amorosas actuais; N=4088, para relações amorosas anteriores). Investigámos de seguida os correlatos socio-demográficos destes comportamentos abusivos, nas relações actuais e passadas, assim como a relação entre atitudes e comportamentos.

Em segundo lugar, caracterizámos as atitudes de todos os participantes da amostra face à violência (N=4667) e analisámos os correlatos sociodemográficos (género, idade, contexto formativo, ano de escolaridade, nível socioeconómico e situação amorosa dos participantes) destas atitudes.

Por último, procedemos a uma análise de regressão logística para identificar os factores preditores dos comportamentos abusivos (violência global e violência física severa) e, ainda, a uma análise de regressão múltipla no sentido de prever a variância das atitudes legitimadoras da violência.

3. Resultados

3.1. Prevalência dos comportamentos abusivos perpetrados e sofridos

No conjunto dos participantes actualmente envolvidos em relacionamentos amorosos (N=2642), 25.4% (N=670) relatam ter sido vítimas de pelo menos um acto abusivo durante o último ano e 30.6% (N=808) admitem ter adoptado este tipo de condutas em relação ao seu parceiro. Cerca de metade da amostra (48.3%, N=1275) não respondeu completamente ao IVC, o que impossibilitou a sua classificação como agressores ou não agressores, de acordo com o que foi anteriormente explicitado (cf. 2.4). De igual modo, cerca de 55.6% (N=1469) dos participantes não providenciou informação suficiente no instrumento de forma a serem classificadas ou não como vítimas.

Se atendermos aos diferentes tipos de violência analisados pelo IVC-2, verifica-se que, em termos de perpetração, os comportamentos emocionalmente abusivos, coercivos ou intimidatórios se elevam ligeiramente, com 22.4% (N=593) dos casos, comparativamente com os comportamentos fisicamente abusivos, registados em 18.1% (N=477) dos casos. Esta diferenciação é igualmente manifesta ao nível da vitimação, em que 19.5% (N=514) dos participantes assumem ter sofrido abuso emocional e 13.4% (N=354) referem ter sofrido violência física nas suas relações amorosas actuais. Em menor número regista-se a vitimação física severa (cf. quadro 5 para definição), relatada por 6.7% (N=178) dos inquiridos, e a agressão física severa, em 7.3% (N=192) daqueles (cf. quadro 5).

Se ampliarmos a nossa análise às relações afectivas ocorridas no passado (N=4088), obtemos indicadores de prevalência muito similares, sobretudo quando se considera a vitimação, registada em 27.3% dos participantes (N=1117) e a perpetração, relatada por 28% (N=1097). Metade da amostra (50.8%, N=2078) não respondeu adequadamente à parte do IVC referente às relações passadas, impedindo assim a sua classificação como agressores ou não. Do mesmo modo, em 53.7% (N=2197) dos casos não foi possível a classificação dos participantes como vítimas e não vítimas nas suas relações passadas, dado não haver informação suficiente para tal.

A análise dos diferentes tipos de actos abusivos revela uma preponderância da vitimação emocional (22.7% dos casos, N=926) relativamente à vitimação física (15.4%, N=630). Já no que concerne à perpetração, verifica-se, tal como já acontecia anteriormente, uma elevação da perpetração dos comportamentos emocionalmente abusivos, com 19.3% de casos (N=790), comparativamente com o abuso físico (17%; N=693). Também nas relações amorosas passadas, os actos de violência física severa revelam uma menor prevalência, tendo sido sofridos por 7.5% dos participantes (N=308) e perpetrados por 6.2% daqueles (N=252) (cf. quadro 5).

		Relações Actuais			Relações Passadas		
		N	**Frequência**	**%**	**N**	**Frequência**	**%**
Vitimação	**Global**	1173	670	25.4	1891	1117	27.3
	Física severa*	680	178	6.7	1082	308	7.5
	Física	1785	354	13.4	1404	630	15.4
	Emocional	1017	514	19.5	1700	926	22.7
Perpetração	**Global**	1368	808	30.6	2010	1097	26.8
	Física severa*	752	192	7.3	1165	252	6.2
	Física	1036	477	18.1	1606	693	17
	Emocional	1153	593	22.4	1703	790	19.3

QUADRO 5. Vitimação e perpetração nas relações amorosas actuais e passadas.

* Do conjunto de actos violentos fisicamente, optamos por agrupar neste indicador os actos mais graves, como sejam: apertar o pescoço, ameaçar com armas ou usar força física, dar murros, dar sovas, dar pontapés ou cabeçadas, bater com a cabeça contra a parede ou chão, causar ferimentos que não necessitam de assistência média, causar ferimentos que requerem assistência médica e, ainda, actos sexuais forçados.

Numa análise mais detalhada dos diferentes comportamentos abusivos (cf. quadro 6), verificamos que os actos mais usualmente perpetrados/recebidos nas relações amorosas, actuais e passadas, dos participantes, se caracterizam pela sua menor gravidade. Efectivamente, os actos mais comuns (cuja frequência era superior aos 4%) são: insultar, difamar ou fazer afirmações graves para humilhar ou "ferir", dar uma bofetada, gritar ou ameaçar com a intenção de meter medo, puxar os cabelos, impedir contactos com outras pessoas e ainda, partir ou danificar coisas intencionalmente.

Ainda que com menor representatividade, é também possível encontrar nas relações amorosas actuais e passadas dos participantes a presença de actos abusivos graves como: apertar o pescoço, dar murros, ameaçar com armas, dar uma sova, dar pontapés ou cabeçadas, bater com a cabeça da outra pessoa contra a parede ou chão, e forçar a outra pessoa a manter actos sexuais contra a sua vontade.

	Relações Actuais (N= 2.642)		**Relações Passadas (N= 4088)**	
	Perpetração N(%)	**Vitimação N(%)**	**Perpetração N(%)**	**Vitimação N(%)**
Comportamentos físicos abusivos				
Dar uma bofetada	268 (10.2)	164 (4.0)	431 (10.6)	315(7.6)
Puxar os cabelos	123 (4.7)	105 (4.0)	125(3.1)	144(3.6)
Dar empurrões violentos	112 (4.3)	98 (3.7)	185(4.5)	199(4.8)
Atirar com objectos à outra pessoa	104 (3.9)	79 (3.0)	195(4.8)	144(3.7)
Comportamentos físicos severos abusivos				
Apertar o pescoço	75 (2.8)	68 (2.6)	91(0.6)	88(2.1)
Dar um murro	63 (2.4)	50 (1.9)	107(2.6)	93(2.3)
Dar pontapés ou cabeçadas	53 (2.0)	49 (1.9)	106(2.6)	97(2.4)
Causar ferimentos que não necessitam de assistência médica	52 (1.9)	46 (1.7)	68(1.6)	86(2.1)
Forçar a outra pessoa a manter actos sexuais forçados	44 (1.6)	50 (1.9)	51(1.3)	94(2.3)
Ameaçar com armas ou usar força física	37 (1.4)	44 (1.7)	34(0.8)	86(2.1)
Bater com a cabeça contra a parede ou chão	37 (1.4)	31 (1.2)	36(0.8)	42(1)
Dar uma sova	32 (1.2)	29 (1.1)	73(1)	65(1.6)
Causar ferimentos que necessitam de assistência médica	27 (1.1)	22 (0.9	34(0.7)	37(0.7)
Comportamentos emocionais abusivos				
Insultar, difamar ou fazer afirmações graves para "ferir"	401 (15.2)	347 (13.1)	536(13.1)	644(15.7)
Gritar ou ameaçar para causar medo	210 (7.9)	191 (7.3)	304(7.5)	358(8.7)
Impedir contactos com outras pessoas	121 (4.6)	150 (5.7)	171(4.1)	327(8)
Partir ou danificar coisas intencionalmente	101 (3.8)	112 (4.2)	143(3.4)	167(4.1)
Acordar a meio da noite para causar medo	36 (1.3)	42 (1.6)	56(1.4)	54(1.3)
Perseguir na rua, emprego ou local de estudo para causar medo	33 (1.2)	45 (1.7)	54(1.3)	166(4)
Ficar com o salário da outra pessoa	14 (0.5)	22 (0.8)	26(0.5)	26(0.7)

QUADRO 6. Vitimação e perpetração de comportamentos específicos nas relações actuais e passadas.

3.1.1. Comportamentos abusivos e género

No que respeita ao perfil de vitimação encontrado nas relações amorosas actuais dos participantes (cf. quadro 7), não se registam diferenças de género estatisticamente significativas ($\chi^2(1)$=.007, n.s.). O mesmo sucede na vitimação física severa e na vitimação emocional ($\chi^2(1)$=2.52, n.s.; $\chi^2(1)$=1.38, n.s., respectivamente). Apenas na vitimação física encontramos disparidades de género com significância estatística ($\chi^2(1)$=5.72, p<.01), sendo esta relatada por mais elementos de género feminino do que do género oposto (cf. quadro 7).

À semelhança do que se verifica nas relações afectivas actuais, nos relacionamentos passados não encontramos dissemelhanças de género estatisticamente relevantes quanto à vitimação global ($\chi^2(1)$=0.33, n.s.). Contudo, quando se procede a uma análise específica dos diferentes comportamentos abusivos recebidos no passado, detectamos disparidades de género significativas, quer ao nível da vitimação física ($\chi^2(1)$=5.49, p<.05), quer emocional ($\chi^2(1)$=5.47, p<.05). Assim, entre as vítimas de violência física encontram-se mais participantes de género masculino do que de género feminino e, entre as vítimas de violência emocional, verificam-se mais participantes femininas do que masculinos. Não se verificam diferenças de género estatisticamente significativas quanto à vitimação física severa ($\chi^2(1)$=0.11, n.s.) (cf. quadro 7).

	Relações Actuais				Relações Passadas			
Vitimação	**Género**	**Não Vítimas**	**Vítimas**	**χ2 (1)**	**Género**	**Não Vítimas**	**Vítimas**	**χ2 (1)**
Global	**F** (n=698)	300	398	.007	**F** (n=1057)	427	630	0.33
	M (n=475)	203	272		**M** (n=832)	347	485	
Física Severa	**F** (n=394)	300	94	2.52	**F** (n=593)	427	166	0.11
	M (n=287)	203	84		**M** (n=488)	347	141	
Física	**F** (n=482)	300	182	5.72*	**F** (n=734)	427	307	5.49*
	M (n=375)	203	172		**M** (n=668)	347	321	
Emocional	**F** (n=625)	300	325	1.38	**F** (n=989)	427	562	5.54*
	M (n=392)	203	189		**M** (n=709)	347	362	

QUADRO 7. Vitimação e género nas relações actuais e passadas (*p< .05; F= Feminino, M= Masculino).

Quanto à perpetração em geral nas relações actuais registam-se diferenças de género estatisticamente significativas ($\chi^2(1)$=8.15, p<.05), sendo assumida por mais participantes femininas do que masculinos. De igual modo, registam-se diferenças significativas nas ofensas físicas ($\chi^2(1)$=7.98, p<.01), admitidas por mais elementos femininos do que masculinos, e nas ofensas emocionais ($\chi^2(1)$= 5.86 p<.05), onde se registam, igualmente, mais participantes de género feminino. Não há diferenças estatisticamente significativas quanto às ofensas físicas severas ($\chi^2(1)$= 2.63, n.s.).

Já no que concerne aos relacionamentos passados, registam-se diferenças estatisticamente significativas na perpetração global ($\chi^2(1)$= 5.53, p<.05), com mais ofensores de género feminino, assim como nas ofensas físicas ($\chi^2(1)$= 18.70 p<.001), assumidas igualmente mais pelo género feminino. Também nas ofensas físicas severas se encontram diferenças de género estatisticamente significativas ($\chi^2(1)$= 12.21, p<.001), sendo este tipo de violência, contudo, assumido por mais participantes de género masculino (cf. quadro 8).

	Relações Actuais				Relações Passadas			
Perpetração	**Género**	**Não Ofensores**	**Ofensores**	**χ2 (1)**	**Género**	**Não Ofensores**	**Ofensores**	**χ2 (1)**
Global	F (n=789)	297	492	8.15**	F (n=1088)	468	620	5.53*
	M (n=578)	262	316		M (n=920)	444	476	
Física severa	F (n=386)	297	89	2.63	F (n=566)	468	98	12.21***
	M (n=365)	262	103		M (n=598)	444	154	
Física	F (n=592)	297	295	7.98**	F (n=898)	468	430	18.70***
	M (n=444)	262	182		M (n=706)	444	262	
Emocional	F (n=654)	297	357	5.86*	F (n=868)	468	400	0.65
	M (n=498)	262	236		M (n=833)	444	389	

QUADRO 8. Perpetração e género nas relações actuais e passadas (***p< .001; **p< .01, *p< .05, F= Feminino, M= Masculino).

3.1.2. Comportamentos abusivos e idade

Ao compararmos, com recurso ao teste de diferenças de médias para amostras independentes (t-test), ofensores com não-ofensores, nas relações actuais, constatamos que os ofensores tendem a ser mais velhos do que os sujeitos que não relatam estes comportamentos (t(1363)=-3.73, p<.001). Estas diferenças etárias estão igualmente presentes ao nível da agressão emocional (t(1148)=3.97, p<.001), não se verificando diferenças etárias significativas no que concerne à violência física e física severa (t(1032)=-1.46, n.s.; t(747)=-.20, n.s., respectivamente).

Similarmente, os ofensores nos relacionamentos passados diferenciam-se dos não-ofensores em termos etários, tendendo a ser mais velhos ($t(1990)=-4.83$, $p<.001$), tal como sucede com os maltratantes físicos ($t(1601)=2.49$, $p<.05$) e emocionais ($t(1576)=-5.44$, $p<.001$). Em contrapartida, os maltratantes físicos severos inserem-se em grupos etários mais jovens ($t(1160)=2.49$, $p<.05$), (cf. quadro 9).

			Relações Actuais				Relações Passadas			
	IVC		N	M	D.P.	Teste *t*	N	M	D.P.	Teste *t*
Idade Perpetração	G	Não-Ofensores	557	18.7	2.63	$t(1363)=-3.73^{***}$	910	18.3	.47	$t(1990)=-4.83^{***}$
		Ofensores	808	19.3	2.70		1097	18.9	2.74	
	FS	Não-Ofensores	557	18.7	2.63	$t(747)=-.20$	910	18.3	2.47	$t(1160)=2.49^{*}$
		Ofensores	192	18.8	2.79		252	17.9	2.28	
	F	Não-Ofensores	557	18.7	2.63	$t(1032)=-1.46$	910	18.3	2.47	$t(1601)=-2.09^{*}$
		Ofensores	477	19.0	2.51		693	18.6	2.56	
	E	Não-Ofensores	557	18.7	2.63	$t(1148)=-3.97^{***}$	910	18.3	2.47	$t(1576)=-5.44^{***}$
		Ofensores	593	19.4	2.81		790	19.1	2.84	

QUADRO 9. Perpetração e idade nas relações actuais e passadas ($^{***}p<..001$; $^{**}p<.01$; $^{*}p<.05$, M= Média; D.P.= Desvio-padrão G=Violência Global; FS=Violência Física Severa; F=Violência Física; E= Violência Emocional).

Relativamente à vitimação nas relações amorosas actuais, as vítimas em geral tendem a ser mais velhas do que as não-vítimas ($t(1169)=-3.99$, $p<.001$). Esta diferenciação é visível também quando consideramos a vitimação emocional ($t(1013=-4.73$, $p<.001$). Não se verificam diferenças etárias estatisticamente significativas no que diz respeito à vitimação física e vitimação física severa ($t(853)=-1.32$, n.s.; $t(677)=-1.27$, n.s., respectivamente).

Relativamente aos relacionamentos amorosos passados, detectam-se discrepâncias etárias estatisticamente significativas na vitimação global ($t(1757)=-6.13$, $p<.001$), física ($t(1399)=-3.78$, $p<.001$), e emocional ($t(1688)=-6.83$, $p<.001$). Assim, as vítimas em termos globais, vítimas físicas, e vítimas emocionais, apresentam-se mais velhas do que os participantes que não foram alvo destas formas de violência (cf. quadro 10).

	IVC		Relações Actuais N	M	D.P.	Teste *t*	Relações Passadas N	M	D.P.	Teste *t*
Idade / Vitimação	G	Não-vítimas	501	18.7	2.60	*t*(1169)=-3.99***	771	18.3	2.45	*t*(1757)=-6.13***
		Vítimas	670	19.3	2.73		1117	19.0	2.72	
	FS	Não-vítimas	501	18.7	2.60	*t*(677)=-1.27	771	18.3	2.45	*t*(1077)=-.78
		Vítimas	178	19.0	2.77		308	18.4	2.45	
	F	Não-vítimas	501	18.7	2.60	*t*(853)=-1.32	771	18.3	2.45	*t*(1399)=-3.78***
		Vítimas	354	18.9	2.63		630	18.8	2.58	
	E	Não-vítimas	501	18.7	2.60	*t*(1013)=- 4.73***	771	18.3	2.45	*t*(1688)=-6.83***
		Vítimas	514	19.5	2.75		926	19.1	2.77	

QUADRO 10. Vitimação e idade nas relações actuais e passadas (***$p<.001$; **$p<.01$; *$p<.05$, M=Média; D.P.= Desvio-padrão; G=Violência Global; FS=Violência Física Severa; F=Violência Física; E= Violência Emocional).

3.1.3. Comportamentos abusivos e nível socioeconómico

Comparando, através do teste de Mann-Whitney, a condição económica das vítimas e não vítimas e dos ofensores e não ofensores nas relações afectivas actuais, verificamos que estes não se diferenciam entre si. O mesmo sucede quando se analisam os diferentes perfis de vitimação (física severa, física e emocional) e perpetração (física severa, física e emocional) nas relações actuais (cf. quadro 11). O mesmo ocorre quando se analisam os relacionamentos anteriores dos participantes (cf. quadro 11).

		IVC		Relações Actuais N	*Z*	Relações Passadas N	*Z*
Nível Socioeconómico	Perpetração	**Global**	Não-Ofensores	366	-1.09	401	-.84
			Ofensores	519		532	
		Física Severa	Não-Ofensores	366	-.29	401	-.03
			Ofensores	115		123	
		Física	Não-Ofensores	366	-6.33	401	-.25
			Ofensores	295		307	
		Emocional	Não-Ofensores	366	-1.58	401	.1,42
			Ofensores	387		394	
	Vitimação	**Global**	Não-vítimas	342	-1.46	369	-1.29
			Vítimas	452		455	
		Física severa	Não-vítimas	342	-1.46	369	-1.20
			Vítimas	115		118	
		Física	Não-vítimas	342	-.904	369	-.68
			Vítimas	226		230	
		Emocional	Não-vítimas	342	-.1.63	369	-1.30
			Vítimas	354		356	

QUADRO 11. Vitimação, perpetração e nível socioeconómico nas relações actuais e passadas.

3.1.4. Comportamentos abusivos e nível educacional

Para aferir a distribuição das vítimas e não vítimas e dos ofensores e não-ofensores pelos três contextos formativos recorremos ao teste de qui-quadrado (cf. quadros 12 e 13). Deste modo, verificamos a existência de uma relação estatisticamente significativa entre o nível educacional dos participantes e os indicadores de perpetração ($\chi^2(2)=37.30$, $p<.001$) e vitimação ($\chi^2(2)=31.76$, $p<.001$) da violência íntima. A maioria dos ofensores encontra-se inserida no ensino universitário, verificando-se a este nível uma menor representação dos estudantes do ensino secundário.

Os resultados relativos à perpetração ($\chi^2(2)=36.86$, $p<.001$) e vitimação ($\chi^2(2)=36.51$, $p<.001$) emocional apontam para associações similares entre os diferentes contextos profissionais. De igual modo, ao nível da violência física, encontramos uma relação estatisticamente significativa entre o nível educacional e os indicadores de perpetração ($\chi^2(2)=16.33$, $p<.001$) e vitimação ($\chi^2(2)=13.72$, $p<.001$). No entanto, neste caso, a maioria dos agressores e vítimas físicas inserem-se no ensino profissional. Por fim, a vitimação física severa encontra-se significativamente relacionada com o nível educacional ($\chi^2(2)=6.43$, $p<.05$), e mais uma vez, os participantes do ensino profissional surgem mais representados a este nível (cf. quadros 12 e 13).

Se estendermos a nossa análise aos relacionamentos passados, encontramos também uma relação estatisticamente significativa entre o nível educacional e o estatuto de agressores ($\chi^2(2)=53.56$, $p<.001$) e vítimas ($\chi^2(2)=52.82$, $p<.001$) de abuso íntimo. A grande maioria das vítimas e ofensores encontram-se no ensino profissional, verificando-se uma menor representação das vítimas e ofensores do ensino universitário (cf. quadros 12 e 13).

Também ao nível dos indicadores de perpetração e vitimação da violência emocional [($\chi^2(2)=60.57$, $p<.001$; ($\chi^2(2)=64.97$, $p<.001$), respectivamente] e física [($\chi^2(2)=16.84$, $p<.001$; ($\chi^2(2)=16.17$, $p<.001$), respectivamente] se verifica esta distribuição de agressores e vítimas, com uma maior representação destes no ensino profissional (cf. quadros 12 e 13).

		Relações Actuais				Relações Passadas			
	IVC	Nível educacional	Não Ofensores	Ofensores	χ2 (2)	Nível educacional	Não Ofensores	Ofensores	χ2 (2)
Perpetração	G	Prof. (n=605)	271	334		Prof. (n=999)	508	491	
		Sec. (n=246)	128	118	37.30***	Sec. (n=342)	178	164	53.56***
		Univ. (n=516)	160	356		Univ.(n=669)	227	442	
	FS	Prof. (n=363)	271	92		Prof. (n=652)	508	144	
		Sec. (n=165)	128	37	1.71	Sec. (n=234)	178	56	2.29
		Univ. (n=223)	160	63		Univ. (n=279)	227	52	
	F	Prof. (n=480)	271	209		Prof. (n=850)	508	342	
		Sec. (n=206)	128	78	16.33***	Sec. (n=292)	178	114	16.84***
		Univ. (n=350)	160	190		Univ. (n=464)	227	237	
	E	Prof.(n=501)	271	230		Prof. (n=845)	508	337	
		Sec.(n=220)	128	92	36.86***	Sec. (n=294)	178	116	60.57***
		Univ.(n=431)	160	271		Univ. (n=564)	227	337	

QUADRO 12. Perpetração e nível educacional nas relações actuais e passadas (***p< .001; G=Violência Global; FS=Violência Física Severa; F=Violência Física; E= Violência Emocional).

		Relações Actuais				Relações Passadas			
	IVC	Nível educacional	Não Vítimas	Vítimas	χ2 (2)	Nível educacional	Não Vítimas	Vítimas	χ2 (2)
Vitimação	G	Prof. (n=517)	232	285		Prof. (n=940)	412	528	
		Sec. (n=216)	122	94	31.76***	Sec. (n=302)	162	139	52.82***
		Univ. (n=440)	149	291		Univ. (n=649)	199	450	
	FS	Prof. (n=322)	232	43		Prof. (n=592)	412	180	
		Sec. (n=149)	122	15	6.43*	Sec. (n=213)	162	50	3.71
		Univ. (n=210)	149	17		Univ. (n=277)	199	78	
	F	Prof. (n=404)	232	172		Prof. (n=746)	412	334	
		Sec.(n=173)	122	51	13.72***	Sec. (n=251)	163	88	16.17***
		Univ. (n=280)	149	131		Univ. (n=407)	199	208	
	E	Prof. (n=437)	232	205		Prof. (n=833)	412	421	
		Sec. (n=192)	122	70	36.51***	Sec. (n=270)	163	107	64.97***
		Univ. (n=388)	149	239		Univ. (n=597)	199	398	

QUADRO 13. Vitimação e nível educacional nas relações actuais e passadas (****p*< .001, **p*< .05; G=Violência Global; FS=Violência Física Severa; F=Violência Física; E= Violência Emocional).

3.2. Atitudes juvenis sobre o abuso na intimidade

Uma análise global das atitudes em relação ao uso da violência na intimidade revela que os participantes, regra geral, desaprovam este tipo de comportamentos. As respostas à ECVC variaram entre 25 e 123 (para um valor mínimo possível de 25 e máximo de 125), com uma média de 50.8

(D.P.=14.51), o que corresponde a uma tendência de resposta no sentido do "discordo" em relação à generalidade dos itens que compõem a escala.

O mesmo sucede com cada um dos factores que compõem o instrumento: "legitimação e banalização da pequena violência" (F1) (M=29.8, D.P.=9.87); "legitimação da violência pela conduta da mulher" (F2) (M=19.9 D.P.=6.68); "legitimação da violência pela sua atribuição a causas externas" (F3) (M=18.0, D. P.=5.29); e "legitimação da violência pela preservação da privacidade familiar" (F4) (M=9.4, D.P.=3.19), todos com um sentido de resposta desfavorável.

3.2.1. Atitudes e género

Através de uma análise de diferenças de médias (t-test para amostras independentes), é possível detectarmos diferenças de género altamente significativas, com os participantes de género masculino a apresentarem um maior grau de tolerância ao abuso na intimidade (cf. quadro 14). Tais diferenças são perceptíveis, quer no que concerne ao nível global de legitimação da violência ($t(4650)=29.71$, $p<.001$), quer no que se refere a cada um dos factores que integram a ECVC-2. Especificamente, os participantes de género masculino propendem mais a banalizar e a normalizar a "pequena violência" (F1) ($t(4650)=30.12$, $p<.001$), consideram mais que a violência poderá ser justificável em função da conduta da mulher (F2) ($t(4650)=26.58$, $p<.001$), atribuem mais o abuso a causas externas e fora do seu controlo (F3) ($t(4216)=20.86$, $p<.001$), e, ainda, tendem a enfatizar mais a noção de preservação da privacidade familiar (F4) ($t(4200)=23.57$, $p<.001$) (cf. quadro 14).

	Género	Média	D.P.	Teste t
ECVC total	Masculino (n=1967)	57.6	14.32	$t(4650)=29.71^{***}$
	Feminino (n=2685)	45.8	12.49	
ECVCF1	Masculino (n=1967)	34.5	10.27	$t(4650)=30.12^{***}$
	Feminino (n=2685)	26.4	8.02	
ECVCF2	Masculino (n=1967)	22.7	6.91	$t(4650)=26.58^{***}$
	Feminino (n=2685)	17.8	5.67	
ECVCF3	Masculino (n=1967)	19.8	5.09	$t(4216)=20.86^{***}$
	Feminino (n=2685)	16.7	5.05	
ECVCF4	Masculino (n=1967)	10.7	3.04	$t(4200)=23.57^{***}$
	Feminino (n=2685)	8.5	2.99	

QUADRO 14. Atitudes legitimadoras da violência e género ($^{***}p<.0001$).

3.2.2. Atitudes e idade

Numa análise correlacional (correlação de Pearson), podemos verificar que à medida que aumenta a idade diminui a aceitação do abuso nas relações amorosas (cf. quadro 15). Esta menor tolerância à violência faz-se notar, em particular, na menor desvalorização e minimização da "pequena violência" (F1), num enfraquecimento do apoio que recebem as afirmações relacionadas com a noção de provocação ou merecimento da mulher (F2), e com a menor externalização da culpa pelos actos violentos (F3) (cf. quadro 15). Contudo, não será de negligenciar a baixa magnitude destas correlações, o que nos sugere que as variáveis em causa possuem uma associação fraca, ainda que significativa.

		N	r
Idade	ECVCTotal	4649	-.31***
	ECVCF1	4649	-.25***
	ECVCF2	4649	-.30***
	ECVCF3	4649	-.33***
	ECVCF4	4649	-.32

QUADRO 15. Atitudes legitimadoras da violência e idade (****p*<.0001).

3.2.3. Atitudes e nível educacional (contextos formativos e anos de formação)

Uma comparação (ANOVA) dos níveis de tolerância ao abuso na intimidade relatados pelos participantes dos diferentes contextos formativos da amostra revela uma diferença estatisticamente significativa entre estes ($F(2,4654)=393.71$, $p<.001$), tal como podemos ver no quadro 16.

	Grupos formativos	**Média**	**D.P.**	**F (2, 4654)**
ECVC total	Ensino Profissional (n=1834)	55.8	14.29	393.71***
	Ensino Secundário (n= 767)	55.4	13.97	
	Ensino Universitário (n=2056)	44.6	12.40	

QUADRO 16. Atitudes globais legitimadoras da violência e contextos formativos (****p*<.0001).

Através do teste de post-hoc de Gabriel, é possível perceber que as diferenças encontradas se devem a uma diferenciação clara entre o ensino universitário e os outros dois tipos de ensino (ensino profissional e secundário), com os estudantes universitários a manifestarem uma menor tolerância à violência (cf. quadro 17).

Esta diferenciação atitudinal é igualmente manifesta nos diferentes factores que integram a ECVC. Numa análise de variância multivariada (MANOVA), com recurso ao teste post-hoc de Gabriel, verificamos que os estudantes do ensino secundário e profissional se demarcam substancialmente dos estudantes universitários, no sentido em que tendem a banalizar e normalizar mais a "pequena violência" (F1) $F(2,4657)=251.25$, $p<.001$), defendem mais a noção de provocação ou merecimento da mulher (F2) $F(2,4657)=393.27$, $p<.001$), atribuem mais frequentemente a violência a causas externas e fora do controlo do ofensor (F3) $F(2,4657)=397.10$, $p<.001$), e, ainda, defendem mais a preservação da privacidade familiar (F4) $F(2,4657)=493.96$, $p<.001$) (cf. quadro 17).

	Grupos Formativos	Média	D.P.	F(2,4657)
ECVCF1	Ensino Profissional (n=1834)	32.5	10.08	251.25***
	Ensino Secundário (n=767)	32.6	10.14	
	Ensino Universitário (n=2056)	26.3	8.40	
ECVCF2	Ensino Profissional (n=1834)	22.2	6.56	393.27***
	Ensino Secundário (n=767)	21.9	6.47	
	Ensino Universitário (n=2056)	17.0	5.70	
ECVCF3	Ensino Profissional (n=1834)	19.9	5.23	397.10***
	Ensino Secundário (n=767)	19.5	4.95	
	Ensino Universitário (n=2056)	15.7	4.56	
ECVCF4	Ensino Profissional (n=1834)	10.7	3.08	493.96***
	Ensino Secundário (n=767)	10.4	2.98	
	Ensino Universitário (n=2056)	7.9	2.69	

QUADRO 17. Atitudes específicas legitimadoras da violência e contextos formativos (***$p<.0001$).

Quando estendemos esta comparação aos anos de escolaridade que os participantes frequentam, também se verificam diferenças estatisticamente significativas entre estes ($F(6,4642)=165.56$, $p<.001$) (cf. quadro 18).

	Ano de escolaridade	Média	D.P.	F (6, 4642)
ECVC total	10º ano (n= 1377)	58.47	13.96	
	11º ano (n= 88)	51.16	13.26	
	12º ano (n= 1173)	52.68	13.75	
	1º ano licenciatura (n= 537)	46.43	11.76	165.56***
	2º ano licenciatura (n= 724)	44.67	12.56	
	3º ano licenciatura (n= 57)	39.35	9.56	
	4º ano licenciatura (n= 693)	42.99	12.38	

QUADRO 18. Atitudes globais legitimadoras da violência e ano de escolaridade (***$p<.0001$).

Através do teste post-hoc de Gabriel é possível perceber uma tendência, ainda que não inteiramente progressiva, no sentido da diminuição das crenças legitimadoras da violência à medida que aumenta o grau de formação, com os alunos inseridos no 10º, seguidos dos alunos do 11º e 12º anos, a evidenciarem uma maior aceitação deste tipo de crenças. Contrariamente, os participantes do 3º e 4º anos do ensino universitário relatam um menor grau de tolerância ao abuso íntimo (cf. quadro 19).

Também nos diferentes factores que integram a ECVC-2 verificamos uma tendência, ainda que não progressiva, na direcção de uma menor concordância com estas crenças à medida que o nível educacional aumenta. Mais concretamente, através de uma análise de variância (MANOVA) e do post hoc de Gabriel, percebemos que à medida que os alunos progridem no seu percurso académico relatam uma menor tolerância à violência. Os participantes em anos mais iniciais da sua formação (10º) tendem mais do que os estudantes do ensino universitário (3º e 4º anos) a evidenciar uma banalização e normalização da "violência menor" (F1) $F(6,4648)=108.27, p<.001$), a atribuir a conduta abusiva ao comportamento da mulher (F2) $F(6,4648)=158.11, p<.001$), a factores externos e fora do seu controlo (F3) $F(6,4648)=166.38, p<.001$) e defendem mais a necessidade de preservação da privacidade familiar (F4) $F(6,4648) = 192.77, p<.001$) (cf. quadro 19).

	Escolaridade (ano)	Média	D.P.	F (6, 4648)
ECVCF1	10º ano (n= 1377)	34.2	10.21	
	11º ano (n= 88)	29.3	9.23	
	12º ano (n= 1173)	30.8	9.67	
	1º ano licenciatura (n= 537)	27.1	7.99	108.27***
	2º ano licenciatura (n= 724)	26.3	8.55	
	3º ano licenciatura (n= 57)	23.0	5.99	
	4º ano licenciatura (n= 693)	25.7	8.26	
ECVCF2	10º ano (n= 1377)	23.3	6.47	
	11º ano (n= 88)	20.7	6.53	
	12º ano (n= 1173)	20.8	6.36	
	1º ano licenciatura (n= 537)	17.7	5.39	158.11***
	2º ano licenciatura (n= 724)	16.9	5.74	
	3º ano licenciatura (n= 57)	14.9	4.72	
	4º ano licenciatura (n= 693)	16.4	5.70	
ECVCF3	10º ano (n= 1377)	20.8	5.06	
	11º ano (n= 88)	18.4	4.84	
	12º ano (n= 1173)	18.6	4.97	
	1º ano licenciatura (n= 537)	16.7	4.56	166.38***
	2º ano licenciatura (n= 724)	15.8	4.55	
	3º ano licenciatura (n= 57)	13.8	4.10	
	4º ano licenciatura (n= 693)	14.9	4.51	
ECVCF4	10º ano (n= 1377)	11.2	2.97	
	11º ano (n= 88)	9.9	3.54	
	12º ano (n= 1173)	9.9	2.97	
	1º ano licenciatura (n= 537)	8.4	2.71	192.77***
	2º ano licenciatura (n= 724)	7.9	2.68	
	3º ano licenciatura (n= 57)	7.1	2.25	
	4º ano licenciatura (n= 693)	7.6	2.65	

QUADRO 19. Atitudes específicas legitimadoras da violência e ano de escolaridade (***p<.001).

3.2.4. Atitudes e nível socioeconómico

No que concerne à relação entre o nível socioeconómico dos participantes e a tolerância à violência perpetrada nas relações amorosas, a ANOVA realizada aponta para uma diferença significativa entre os diferentes níveis socioeconómicos ($F(4,3280)=27.12$, $p<.001$). Mediante o teste post-hoc de Gabriel verifica-se que os participantes provenientes de níveis socioeconómicos mais desfavorecidos (inferior e médio-inferior) tendem a expressar uma maior concordância com o uso da violência, comparativamente com os restantes participantes (cf. quadro 20).

	Nível socioeconómico	Média	D.P.	F (4, 3280)
ECVC total	Superior (n=165)	46.4	13.90	
	Médio-superior (n= 541)	47.3	14.26	
	Médio (n= 832)	47.2	13.75	27.12***
	Médio-inferior (n=987)	51.5	13.67	
	Inferior (n=760)	53.0	14.87	

QUADRO 20. Atitudes globais legitimadoras da violência e nível socioeconómico (***$p<.0001$).

No sentido de melhor se compreender o tipo de relação entre o estatuto socioeconómico e as diferentes crenças específicas traduzidas nos factores da ECVC-2, procedemos a uma análise de variância multivariada (MANOVA), que aponta para uma diferenciação estatisticamente significativa entre grupos sociais. Com base no teste post hoc de Gabriel, constata-se que os participantes inseridos nos níveis socioeconómicos inferior e médio inferior se distinguem dos restantes, no sentido de uma maior banalização e normalização da "pequena violência" (F1) ($F(4,3280)=18.76$, $p<.001$), da legitimação da violência pelo comportamento da mulher (F2) ($F(4,3280)=26.48$, $p<.001$), da sua atribuição a causas externas e fora do controlo do ofensor (e.g., álcool) (F3) ($F(4,3280)=26.96$, $p<.001$), e ainda, pela maior ênfase na preservação da privacidade familiar (F4) ($F(4,3280)=28.71$, $p<.001$) (cf. quadro 21).

	NSE	Média	D.P.	F(4, 3280)
ECVCF1	Superior (n=165)	27.5	9.27	
	Médio-superior (n= 541)	27.9	9.63	
	Médio (n= 832)	27.7	9.19	18.76***
	Médio-inferior (n=987)	30.0	9.36	
	Inferior (n=760)	31.1	10.19	
ECVCF2	Superior (n=165)	17.9	6.57	
	Médio-superior (n= 541)	18.1	6.74	
	Médio (n= 832)	18.4	6.57	26.48***
	Médio-inferior (n=987)	20.3	6.20	
	Inferior (n=760)	20.8	6.65	
ECVCF3	Superior (n=165)	16.3	4.85	
	Médio-superior (n= 541)	16.8	5.17	
	Médio (n= 832)	16.7	5.18	26.96***
	Médio-inferior (n=987)	18.5	5.15	
	Inferior (n=760)	18.7	5.36	
ECVCF4	Superior (n=165)	8.5	3.18	
	Médio-superior (n= 541)	8.5	2.95	
	Médio (n= 832)	8.7	3.07	28.71***
	Médio-inferior (n=987)	9.7	3.10	
	Inferior (n=760)	9.9	3.26	

QUADRO 21. Atitudes específicas de legitimação da violência e nível socioeconómico (***$p<.0001$).

3.2.5. Atitudes e situação amorosa

Finalmente, analisámos, através de um teste de diferença de médias para amostras independentes (t-test), a influência da situação amorosa dos participantes da amostra (já ter mantido uma relação amorosa *vs.* nunca ter tido uma relação amorosa) nas suas atitudes face ao abuso na intimidade. Assim, em termos globais, os participantes que nunca mantiveram qualquer tipo de experiência amorosa distinguem-se substancialmente dos jovens envolvidos em relações amorosas, no sentido de uma maior concordância dos primeiros com as crenças legitimadoras da violência nas relações afectivas ($t(4207)=5.05, p<.001$). Esta diferenciação regista-se igualmente quando se considera cada um dos factores da ECVC (cf. quadro 22).

	Relação Amorosa	Média	D.P.	Teste *t*
ECVC total	Não (n=1939)	52.0	14.39	$t(4207)=5.05^{***}$
	Sim (n=2682)	49.9	14.59	
ECVCF1	Não (n=1939)	30.6	9.83	t(4191)=4.53***
	Sim (n=2682)	29.2	9.89	
ECVCF2	Não (n=1939)	20.3	6.61	$t(4219)=4.01^{***}$
	Sim (n=2682)	19.5	6.74	
ECVCF3	Não (n=1939)	18.4	5.22	$t(4252)=4.89^{***}$
	Sim (n=2682)	17.6	5.39	
ECVCF4	Não (n=1939)	9.7	3.18	$t(4182)=4.71^{***}$
	Sim (n=2682)	9.2	3.19	

QUADRO 22. Atitudes legitimadoras da violência e situação amorosa (***$p<.001$).

3.3. Comportamentos abusivos e tolerância ao abuso íntimo

Ao compararmos, com base no teste de diferenças de médias para amostras independentes (t-test), maltratantes com não maltratantes, nas relações actuais, verificamos que os maltratantes em termos globais apresentam uma maior grau de adesão às crenças legitimadoras do abuso íntimo, quando comparados com os não-maltratantes ($t(1359)=-1.70$, $p<.05$). O elevado grau de tolerância à violência verifica-se igualmente quando se consideram as diferentes formas de violência – violência física: $t(1029)=-2.94, p<.01$; violência física severa: $t(746)=-6.94, p<.001$ e violência emocional: $t(1145)=-2.01, p<.05$). Por sua vez, também as vítimas, em termos globais, evidenciam um elevado grau de legitimação da violência comparativamente com as não vítimas globais ($t(1165)=-2.24$,

$p<.05$). O mesmo sucede quando consideramos a vitimação física ($t(850)=-4.84, p<.001$), física severa ($t(675)=-5.68, p<.001$) e emocional ($t(1145)=-2.01, p<.05$) (cf. quadro 23).

Este padrão diferencial está igualmente presente nos relacionamentos amorosos passados. Os ofensores (físicos, físicos severos e emocionais) revelam uma maior concordância com a violência comparativamente com os não ofensores globais ($t(1971)=-1.91$, $p<.05$), físicos ($t(1423)=-3.24, p<.01$), físicos severos ($t(365)=-8.51, p<.001$) e emocionais ($t(1612)=-2.33$, $p<.05$). Esta concordância com as crenças legitimadoras do abuso íntimo está igualmente presente quando se considera o padrão de vitimação física ($t(1285)=-4.04$, $p<.001$) e física severa ($t(501)=-4.92$, $p<.001$). Não se encontraram, no entanto, diferenças entre vítimas e não vítimas em termos globais ($t(1715)=-.93$, n.s.), nem entre vítimas e não vítimas emocionais ($t(1692)=.74$, n.s.) (cf. quadro 23).

			Relações Actuais				Relações Passadas			
		IVC	**N**	**M**	**D.P.**	**Teste *t***	**N**	**M**	**D.P.**	**Teste *t***
ECVC total	Global	Não-Ofensores	557	51.1	14.14	*t*(1359)=-1.70*	910	52.5	14.53	*t*(1971)=-1.91*
		Ofensores	805	52.5	15.25		1093	53.8	15.44	
		Não-vítimas	499	48.9	14.25	*t*(1165)=-2.24*	770	52.1	14.47	*t*(1715)=-.93
		Vítimas	668	52.5	15.11		1115	52.7	15.36	
	Física Severa	Não-Ofensores	557	51.1	14.1	*t*(746)=-6.94***	910	52.5	14.53	*t*(365)=-8.51***
		Ofensores	192	59.8	16.76		252	62.2	16.53	
		Não-vítimas	499	50.3	15.49	*t*(675)=-5.68***	770	52.1	14.47	*t*(501)=-4.92***
		Vítimas	177	57.6	14.42		308	57.4	16.68	
	Física	Não-Ofensores	557	51.1	14.14	*t*(1029)=-2.94**	910	52.5	14.53	*t*(1423)=-3.24**
		Ofensores	474	53.9	15.87		691	54.8	15.67	
		Não-vítimas	499	50.3	14.42	*t*(850)=-4.84***	770	52.1	14.47	*t*(1285)=-4.04***
		Vítimas	353	55.3	15.36		630	55.4	15.93	
	Emocional	Não-Ofensores	557	51.1	14.14	*t*(1145)=-2.01*	910	52.5	14.53	*t*(1612)=-2.33*
		Ofensores	591	52.9	15.63		787	54.2	15.77	
		Não-vítimas	499	51.1	14.14	*t*(1145)=-2.01*	770	52.1	14.47	*t*(1692)=.74
		Vítimas	513	52.9	15.63		924	51.5	14.81	

QUADRO 23. Comportamentos abusivos e atitudes globais legitimadoras do abuso íntimo nas relações actuais e passadas

(***p< .001, ** p< .01, *p< .05; M= Média; D.P.= Desvio-padrão).

Uma análise mais pormenorizada das diferentes dimensões que constituem a ECVC revela-nos ainda que os maltratantes nas relações actuais tendem, mais do que os participantes não abusivos, a legitimar e a banalizar a pequena violência (F1) (globais: t(1360)=-2.42, p<.05; físicos severos: t(277)=-6.52, p<.001; físicos: t(947)=-3.56, p<.001; e emocionais: t(1143)=-2.83, p<.01). Tal ocorre também quando se considera a violência nas relações passadas (globais: t(2001)=-2.35, p<.05; físicos severos: t(365)=-8.51, p<.001; físicos: t(1423)=-3.24, p<.001 e emocionais: t(1612)=-2.33, p<.05) (cf. quadro 24).

Por sua vez, os maltratantes físicos severos (t(277)=-6.52, p<.001) e físicos (t(952)=-2.54, p<.05) nas relações actuais tendem mais a atribuir a violência à conduta da mulher (F2). Os maltratantes físicos severos tendem ainda a atribuir a violência a causa externas (F3) (t(747)=-4.18, p<.001) e defendem mais a preservação da privacidade familiar (F4) (t(747)=-3.58, p<.001) (cf. quadro 24).

Os maltratantes (físicos severos: t(354)=-7.96, p<.001; físicos: t(1410)=-2.80, p<.01 e emocionais: t(1590)=-2.28, p<.05) nos relacionamentos amorosos anteriores tendem mais do que os não agressores a atribuir à violência aos comportamentos femininos (F2) (cf. quadro 24).

			Relações Actuais				**Relações Passadas**			
	IVC		**N**	**M**	**D.P.**	**Teste *t***	**N**	**M**	**D.P.**	**Teste *t***
ECVFACT1	G	Não ofensores	557	29.7	9.75	t(1360)=-2.42*	910	30.7	10.19	t(2001)=-2.35*
		Ofensores	808	31.0	10.50		1093	31.8	10.66	
	FS	Não ofensores	557	29.7	9.75	t(277)=-6.52***	910	30.7	19.19	t(365)=-8.51***
		Ofensores	192	36.1	12.37		252	37.4	12.13	
	F	Não ofensores	557	29.7	9.75	t(947)=-3.56***	910	30.7	10.19	t(1423)=-3.24***
		Ofensores	474	32.0	11.15		691	32.4	10.89	
	E	Não ofensores	557	29.7	9.75	t(1143)=-2.83**	910	30.7	10.19	t(1612)=-2.33*
		Ofensores	591	31.4	10.86		787	32.3	10.93	
ECVFACT2	G	Não ofensores	557	20.1	6.54	t(1259)=-1.63	910	30.7	6.66	t(1978)=-1.75
		Ofensores	805	20.7	7.15		1093	31.8	7.19	
	FS	Não ofensores	557	20.1	6.54	t(277)=-6.52***	910	20.6	6.66	t(354)=-7.96***
		Ofensores	192	23.7	8.16		252	24.9	7.96	
	F	Não ofensores	557	20.1	6.54	t(952)=-2.54*	910	20.6	6.66	t(1410)=-2.80**
		Ofensores	474	21.2	7.40		691	21.6	7.29	
	E	Não ofensores	557	20.1	6.54	t(1141)=-1.91	910	20.6	6.66	t(1590)=-2.28*
		Ofensores	591	20.9	7.41		787	21.4	7.45	

ECVFACT3	G	Não ofensores	557	18.3	5.25	$t(1259)=-1.63$	910	18.7	5.29	$t(2001)=.12$
		Ofensores	805	18.3	5.44		1093	18.6	5.43	
	FS	Não ofensores	557	18.3	5.25	$t(747)=-4.18^{***}$	910	18.7	5.29	$t(1160)=.291$
		Ofensores	192	20.2	5.49		252	21.4	5.59	
	F	Não ofensores	557	18.3	5.25	$t(1029)=-.99$	910	18.7	5.29	$t(1599)=-1.22$
		Ofensores	474	18.7	5.45		691	19.0	5.56	
	E	Não ofensores	557	18.3	5.25	$t(1146)=.05$	910	18.7	5.29	
		Ofensores	591	18.3	5.52		787	18.6	5.44	$t(1695)=.374$
ECVFACT4	G	Não ofensores	557	9.6	3.19	$t(1360)=.25$	910	9.9	3.18	$t(2001)=.14$
		Ofensores	805	9.6	3.30		1093	9.8	3.31	
	FS	Não ofensores	557	9.6	3.19	$t(747)=-3.58^{***}$	910	9.9	3.18	
		Ofensores	192	10.6	3.28		252	11.1	3.53	$t(1160)=-5.02$
	F	Não ofensores	557	9.6	3.19	$t(1029)=-.60$	910	9.9	3.18	$t(1599)=-21$
		Ofensores	474	9.8	3.34		691	9.9	3.38	
	E	Não ofensores	557	9.6	3.19	$t(1146)=.06$	910	9.9	3.18	$t(1695)=.24$
		Ofensores	591	9.6	3.37		787	9.9	3.38	

QUADRO 24. Perpetração, nas relações actuais e passadas, e atitudes específicas legitimadoras do abuso íntimo (*** $p<.001$, ** $p<.01$, * $p<.05$; M= Média; D.P.= Desvio-padrão; G=Violência Global; FS=Violência Física Severa; F=Violência Física; E= Violência Emocional).

Relativamente ao posicionamento das vítimas, nas relações actuais, estas tendem mais a legitimar e a banalizar a pequena violência, tanto quando consideramos a vitimação global ($t(1165)=-2.24$, $p<.05$) como quando consideramos os seus subtipos (vitimação física severa: $t(280)=-5.43$, $p<.001$ e vitimação física: $t(719)=-4.74$, $p<.001$). Tendem também a atribuir mais a violência à conduta da mulher (globais: $t(1166)=-2.16$, $p<.05$; físicas severas: $t(276)=-5.55$, $p<.001$ e físicas: $t(719)=-4.74$, $p<.001$). As vítimas físicas severas e físicas consideram ainda que a violência poderá dever-se a causas externas (físicas severas: $t(674)=-4.06$, $p<.001$ e físicas: $t(850)=-3.46$, $p<.001$), assim como defendem uma maior preservação da privacidade familiar (físicas severas: $t(674)=-3.41$, $p<.001$ e físicas: $t(850)=-3.65$, $p<.001$), comparativamente com os participantes que não sofreram estas formas de vitimação (cf. quadro 25).

Também as vítimas físicas e físicas severas nos relacionamentos anteriores se diferenciam das não-vítimas pela sua maior legitimação e banalização da pequena violência (físicas severas: $t(1076)=-5.19$, $p<.001$ e físicas: $t(1280)=-4.35$, $p<.001$), atribuição da violência à conduta da mulher (físicas severas: $t(488)=-5.37$, $p<.001$ e físicas: $t(1263)=-4.17$, $p<.001$) e a causa externas (físicas severas: $t(520)=-3.52$, $p<.001$ e físicas: $t(1398)=-2.51$, $p<.05$) Por sua vez, a preservação da privacidade familiar é defendida mais pelas vítimas físicas severas ($t(531)=-2.44$, $p<.05$) e emocionais ($t(1692)=-2.42$, $p<.05$), comparativamente com as participantes sem estas experiências (cf. quadro 25).

IVC			Relações actuais				Relações passadas			
			N	M	D.P.	Estatística	N	M	D.P.	Estatística
ECVFACT1	G	Não Vítimas	499	29.3	10.05	t(1165)=-2.24*	770	30.4	10.13	t(1883)=-1.49
		Vítimas	668	30.8	10.33		1115	31.1	10.64	
	FS	Não Vítimas	499	29.3	10.05	t(280)=-5.43***	770	30.4	10.13	t(1076)=-5.19***
		Vítimas	177	34.6	11.34		308	34.2	11.90	
	F	Não Vítimas	499	29.3	10.05	t(719)=-4.74***	770	30.4	10.13	t(1280)=-4.35***
		Vítimas	353	32.8	10.88		630	32.9	11.24	
	E	Não Vítimas	499	29.3	10.05	t(1010)=-1.65	770	30.4	10.13	t(1639)=.16
		Vítimas	513	30.4	10.32		924	30.3	10.17	
ECVFACT2	G	Não Vítimas	499	19.8	6.54	t(1116)=-2.16*	770	20.3	6.54	t(1747)=-1.31
		Vítimas	668	20.6	7.11		1115	20.7	7.18	
	FS	Não Vítimas	499	19.8	6.54	t(276)=-5.55***	770	20.3	6.54	t(488)=-5.37***
		Vítimas	177	23.3	7.50		308	23.0	7.81	
	F	Não Vítimas	499	19.8	6.54	t(719)=-4.74***	770	20.3	6.54	t(1263)=-4.17***
		Vítimas	353	22.1	7.35		630	21.9	7.43	
	E	Não Vítimas	499	19.8	6.54	t(1010)=-1.47	770	20.3	6.54	t(1692)=.30
		Vítimas	513	20.4	7.20		924	20.2	6.97	
ECVFACT3	G	Não Vítimas	499	17.9	5.26	t(1165)=-1.32	770	18.5	5.21	t(1883)=.45
		Vítimas	668	18.3	5.36		1115	18.4	5.40	
	FS	Não Vítimas	499	17.9	5.26	t(674)=-4.06***	770	18.5	5.21	t(520)=-3.52***
		Vítimas	177	19.8	5.06		308	19.9	5.74	
	F	Não Vítimas	499	17.9	5.26	t(850)=-3.46***	770	18.5	5.21	t(1398)=-2.51*
		Vítimas	353	19.2	5.30		630	19.2	5.55	
	E	Não Vítimas	499	17.9	5.26	t(1010)=-.65	770	18.5	5.21	t(1692)=1.78
		Vítimas	513	18.1	5.42		924	18.1	5.32	
ECVFACT4	G	Não Vítimas	499	9.4	3.17	t(1165)=-1.34	770	9.8	3.17	t(1883)=1.29
		Vítimas	668	9.7	3.26		1115	9.6	3.32	
	FS	Não Vítimas	499	9.4	3.17	t(674)=-3.41***	770	9.8	3.17	t(531)= -2.44*
		Vítimas	177	10.4	3.23		308	10.4	3.41	
	F	Não Vítimas	499	9.4	3.17	t(850)=-3.65***	770	9.8	3.17	t(1303)=-1.59
		Vítimas	353	10.2	3.31		630	10.1	3.40	
	E	Não Vítimas	499	9.4	3.17	t(1010)=-.56	770	9.8	3.17	t(1692)=2.42*
		Vítimas	513	9.5	3.28		924	9.5	3.28	

QUADRO 25. Vitimação, nas relações actuais e passadas, e atitudes específicas legitimadoras do abuso íntimo (*p<.05; **p<.01; M= Média, D.P.= Desvio-padrão; G=Violência Global; FS=Violência Física Severa; F=Violência Física; E= Violência Emocional).

3.4. Factores preditores da violência e sua legitimação

3.4.1. Predição dos comportamentos abusivos

Mediante uma análise de regressão logística, procedemos à previsão da variância do comportamento maltratante (em termos globais), nas relações actuais e passadas, a partir de algumas variáveis que, nas análises anteriores, se mostraram anteriormente relacionadas positivamente com este, nomeadamente género, idade, nível educacional e atitudes (ECVC-total). De referir que o nível socioeconómico dos participantes não foi considerado nesta análise uma vez que nas análise anteriores (cf. quadros 11) esta variável não se revelou significativamente relacionada com os comportamentos violentos. Os preditores foram inseridos em dois blocos, tendo sido as características socio-demográficas introduzidas primeiramente (cf. quadro 26).

	A. Perpetração	Relações Actuais					Relações Passadas				
		B	S.E.	p	Odds Ratio	Modelo	B	S.E.	p	Odds Ratio	Modelo
Step											
1	Idade	-.02	.03	.612	.99	$\chi^2(4)=45.10^{***}$	-.01	.02	.788	.99	$\chi^2(4)=58.99^{***}$
	Género	-.25	.11	.032	.78		.14	.09	.139	1.15	
	Ned Dummy 1	-.64	.16	.001	.53		.06	.13	.624	1.07	
	Ned Dummy 2	.32	.16	.043	1.37		-.72	.13	.000	.49	
2	Idade	.01	.03	.821	1.00	$\chi^2(5)=79.21^{***}$	.01	.02	.712	1.01	$\chi^2(5)=100.06^{***}$
	Género	-.57	.13	.001	.57		.41	.10	.000	1.51	
	Ned Dummy 1	-.85	.17	.001	.43		.07	.13	.607	1.07	
	Ned Dummy 2	.32	.16	.042	1.38		-.93	.14	.000	.39	
	ECVC total	.03	.01	.001	1.03		.024	.00	.000	.41	

QUADRO 26. Preditores da perpetração nas relações actuais (N=1359) e passadas (N=2005) ($^{***}p<.001$).

Variáveis Dependentes: A. Perpetração (0 – Não-ofensor, 1 – Ofensor)

Variáveis Independentes: Género (0-feminino, 1-masculino); Ned – Nível educacional Dummy 1 (0 – Ensino universitário, 1 – Ensino secundário ou profissional); Ned – Nível educacional Dummy 2 (0 – Ensino secundário, 1 – Ensino profissional ou universitário).

O modelo com as características socio-demográficas apresentou-se estatisticamente significativo, quer para as relações amorosas actuais ($\chi^2(4)=45.10, p<.001$), quer para os relacionamentos amorosos passados ($\chi^2(4)=58.99, p<.001$).

Nas relações actuais, o género e o nível educacional emergem como fortes preditores dos comportamentos violentos, com as mulheres e os participantes do ensino profissional e universitário a evidenciarem uma maior probabilidade de recorrer a comportamentos maltratantes. Já nas relações passadas apenas o nível educacional emerge como preditor com significância estatística. Neste caso, apenas os participantes com formação universitária apresentam maior probabilidade de utilizar comportamentos maltratantes nas suas relações amorosas.

Quando a esta análise adicionamos as atitudes (step 2, quadro 26) medidas pela ECVC verificamos que estas se encontram altamente correlacionadas com os comportamentos maltratantes nas vivências afectivas actuais ($\chi^2(1)=34.10, p<.001$) e passadas ($\chi^2(1)=100.06, p<.001$), ou seja, que o nível de concordância com as crenças legitimadoras da violência prediz a ocorrência de dinâmicas abusivas nos relacionamentos amorosos dos sujeitos.

Uma outra análise de regressão logística foi efectuada no sentido de predizer a vitimação, com a idade e nível educacional inseridas no primeiro bloco e as atitudes no segundo (cf. quadro 27).

O modelo que inclui as características socio-demográficas apresenta-se estatisticamente significativo, quer para as relações actuais ($\chi^2(3)= 33.81, p<.001$), quer para as relações passadas ($\chi^2(3)= 57.26, p<.001$), com o nível educacional a surgir como o único preditor significativo em ambos os momentos. Os participantes do ensino professional e/ou universitários revelam maior probabilidade de ser vítimas de violência. Mais uma vez, ao adicionarmos as atitudes ao modelo, estas acrescentam um contributo significativo na predição da vitimação nas relações actuais ($\chi^2(4)= 55.44$, $p<.001$) e passadas ($\chi^2(4)= 73.53$, $p<.001$), emergindo as crenças legitimadoras da violência como um preditor importante.

	B. Vitimação	Relações Actuais					Relações Passadas				
Step		B	S.E.	p	Odds Ratio	Modelo	B	S.E.	p	Odds Ratio	Modelo
1	Idade	.01	.03	.663	1.01		.04	.03	.144	1.04	
	Ned Dummy 1	-.44	.17	.009	.64	$\chi^2(3)=33.81^{***}$	.37	.14	.006	1.45	$\chi^2(3)=57.26^{***}$
	Ned Dummy 2	.46	.17	.006	1.58		-.46	.14	.001	.63	
2	Idade	.02	.03	.474	1.02		.05	.03	.081	1.05	
	Ned Dummy 1	-.67	.18	.001	.51	$\chi^2(4)=55.44^{***}$	.37	.14	.007	1.44	$\chi^2(4)=73.53^{***}$
	Ned Dummy 2	.45	.17	.008	1.57		-.60	.14	.000	.55	
	ECVC total	.02	.01	.001	1.02		.01	.00	.000	1.01	

QUADRO 27. Preditores da vitimação nas relações actuais (N=1165) e passadas (N=1882) (***$p<.001$).

Variáveis Dependentes: B. Vitimação (0 – Não-Vitima, 1 – Vitima)
Variáveis Independentes: Género (0-feminino, 1-masculino); Ned – Nível educacional Dummy 1 (0 – Ensino universitário, 1 – Ensino secundário ou profissional); Ned – Nível educacional Dummy 2 (0 – Ensino secundário, 1 – Ensino profissional ou universitário).

3.4.2. Predição das atitudes legitimadoras do abuso

Uma análise de regressão múltipla foi realizada de forma a identificar e predizer as atitudes em relação ao abuso na intimidade, a partir das variáveis que as análises prévias mostraram estar relacionadas com esta dimensão, nomeadamente: género, idade, nível socioeconómico, grupos formativos e idade dos participantes.

Através desta análise podemos verificar que a combinação destas variáveis produz um R^2 de .321 para as atitudes, o que nos sugere que 32% da sua variância resulta do contributo estatisticamente significativo destas diferentes variáveis. Especificamente, o género emerge como um preditor fortemente associado às crenças de legitimação do abuso na intimidade, com o género masculino a evidenciar uma maior tendência neste sentido. Similarmente, o estatuto social dos jovens interfere significativamente com a legitimação do abuso íntimo, com os participantes provenientes de níveis socioeconómicos mais desfavorecidos (inferior e médio-inferior) a evidenciarem uma maior concordância com este tipo de crenças. Sucede-se a escolaridade dos participantes, com os alunos em anos mais iniciais da sua formação a revelarem uma maior tendência para tolerar a violência na intimidade e, por fim, a idade, com uma maior legitimação entre os participantes mais jovens (cf. quadro 28).

	ß	t	R^2 (R^2 aj)	F(4,2914)
Género	.369	23.91***		
Nse	.074	4.56***	.321 (.320)	343.6***
Nível educacional	-.259	-12.29***		
Idade	-.110	-7.09***		

Quadro 28. Regressão múltipla das variáveis preditoras das atitudes legitimadoras do abuso íntimo (****p*<.001; Nse – Nível socioeconómico).

4. Discussão dos resultados

No que diz respeito à prevalência da violência nas relações amorosas, passadas e actuais, dos jovens portugueses, os dados apurados são em tudo similares aos registados pela investigação internacional (e.g., Cleveland, Herrera, & Stuewig, 2003; Magdol et al., 1997; O' Hearn & Margolin, 2000 cit. Kaura & Allen, 2004) e nacional (e.g., APAV, 2006; Mendes, 2006; Paiva & Figueiredo, 2004), comprovando que um número significativo de jovens de vários contextos formativos adopta condutas violentas nas suas relações amorosas. O facto de os níveis de violência relatados por esta amostra nas suas relações actuais (30% de perpetração global, 18% de violência física e 23% de violência emocional) se apresentarem inclusivamente um pouco mais elevados que os encontrados numa amostra representativa de participantes envolvidos em relações maritais (26% perpetração global, 12% física e 24% emocional), num estudo em que os mesmos instrumentos foram utilizados (Machado et al., 2007), parece-nos merecer particular atenção, na medida em que contraria a crença comum de que estaríamos a assistir a uma tendência para a diminuição da violência entre as gerações mais novas.

Assim, embora se tenha comprovado uma tendência global para a desaprovação da violência, esta parece caracterizar as realidades relacionais de um número significativo de participantes. Esta contradição entre os dados atitudinais e comportamentais suscita-nos, pois, a interpelação: de que forma interpretar a tendência generalizada para a reprovação do abuso se as taxas de prevalência reflectem o contrário?

Na sequência de resultados análogos noutros estudos, tem sido defendido que a coexistência de "atitudes e valores conflituantes" (Parke & Lewis, 1981, p. 173) acerca da violência na intimidade tende a ser reforçada em sociedades tradicionais, tais como Portugal, que se estão a transformar rapidamente sob a influência dos meios de comunicação social, da educação, dos movimentos populacionais e da globalização (Machado et al., 2007). Na verdade, verifica-se hoje uma maior consciencialização e contestação social face a este fenómeno, não querendo, contudo, tal significar que desapareceu o legado de uma estrutura familiar e social hierárquica, caracterizada pela dominância masculina. A exploração desta hipótese será tida em conta no nosso segundo estudo empírico, que apresentaremos no capítulo seguinte.

Em analogia com outros estudos internacionais (e.g., Gelles, 1997) e os já referidos estudos nacionais, estes actos envolvem, maioritariamente, aquilo a que a literatura designa de "violência menor" (e.g., insultar, difamar, gritar), embora também tenhamos encontrado, nestes contextos amorosos, a ocorrência de actos de violência mais severa (embora registados apenas em 7.3% dos casos, nas relações actuais, e em 6.3% nas relações passadas). Por outro lado, regista-se uma preponderância dos comportamentos emocionalmente abusivos, coercivos ou intimidatórios em relação aos comportamentos físicos violentos. Também no estudo nacional realizado por Paiva e Figueiredo (2004), com uma amostra de estudantes universitários, a agressão psicológica assumia maior predominância em comparação com as outras formas de abuso íntimo.

Estes dados não devem, contudo, levar-nos a minimizar a violência ocorrida na intimidade juvenil. Efectivamente, alguns estudos sugerem que existe uma tendência para a escalada deste tipo de comportamentos (Hamberg & Holtzworth-Munroe, 1994; Wekerle & Wolfe, 1999) e comprovam que a maioria destes relacionamentos violentos, à semelhança do que se verifica nos contextos maritais, perdura para além dos primeiros episódios abusivos (e.g., Bergman, 1992; Perry & Fremouth, 2005). Neste âmbito, alguns estudos internacionais (White, Merril, & Koss, 2001) sugerem ainda que a violência psicológica constitui um importante preditor da violência física, para além de poder resultar em consequências tão ou mais nefastas do que as desta (e.g., Shwartz, Magee, Griffin, 2004 cit Cáceres & Cáceres, 2006). Neste sentido, alguns autores referem que apenas metade das vítimas de violência põe termo à relação amorosa após um incidente abusivo e que uma percentagem significativa daquelas que permanecem na relação consideram não ter sido afectadas pela violência (cf. Bethke & Dejoy, 1993). Por fim, e dado que os relacionamentos amorosos juvenis têm sido conceptualizados como um contexto privilegiado para a aprendizagem dos papéis a desempenhar nas relações maritais futuras (Flynn, 1987 cit. White & Koss, 1991), torna-se evidente o risco de estes relacionamentos abusivos poderem vir a replicar-se no contexto conjugal.

O facto de termos encontrado, no nosso estudo, diferenças de género significativas em termos comportamentais, com as participantes de género feminino a relatarem maiores níveis de perpetração, é um resultado algo surpreendente, já que a maioria dos estudos sugere a ausência de diferenças de género quantitativas na agressão amorosa (e.g., Straus, 2004; Straus & Ramirez, 2007). Contudo, outros autores encontraram, alguns deles muito recentemente, resultados semelhantes aos nossos (e.g., Avery-Leaf et al., 1997; Feiring et al., 2002; Follette & Lejeune, 1994; Follingstad et al., 1991; Gover, Kaukinen, & Fox, 2008; Luthra & Gidycz, 2006; Sears et al., 2007; Swahn et al., 2008).

Ainda assim, consideramos que estes dados requerem uma interpretação cuidadosa. Em primeiro lugar, será de destacar o facto de não se terem verificado diferenças de género nos indicadores globais de vitimação e de, quando consideramos as ofensas físicas severas nos relacionamentos anteriores, os participantes de género masculino admitirem mais frequentemente o recurso a este tipo de violência. Por outro lado, vários autores têm vindo assinalar que os maiores níveis de violência relatados pelo género feminino poderão reflectir diferenças de género mais na representação da violência do que nos comportamentos propriamente ditos, sendo que os elementos masculinos tendem mais a interpretar os seus actos como não sendo abusivos ou graves (e.g., Schiff & Zeira, 2004; Wekerle & Wolfe, 1999). Outros investigadores (e.g., Feiring et al., 2002), ainda, defendem que o género feminino tende mais facilmente a admitir a sua quota-parte de responsabilidade nos problemas relacionais, enquanto o género oposto tende mais a negar as suas dificuldades ao nível do relacionamento. Esta "resistência masculina" a assumir a responsabilidade pelo abuso tem sido entendida como uma forma de evitar as sanções sociais em que este tipo de actos contra as suas parceiras pode incorrer (sendo a violência feminina mais desculpabilizada) e, ainda, a uma tendência masculina mais geral para minorar os sintomas e as dificuldades (e.g., Dutton & Hemphdl, 1992; Pederson & Thomas, 1992 cit. Feiring et al., 2002).

Outros autores (e.g., Foshee, 1996; Luthra & Gidycz, 2006; O'Keefe, 1997; Molidor & Tolman, 1998; Saunders, 2002) atribuem estes resultados ao facto de o género feminino tender a agir de forma reactiva, sendo a sua violência física usada num contexto de auto-defesa. Refira-se, aliás, que alguns estudos (Bookwala et al., 1992; Luthra & Gidycz, 2006) constataram que a agressão perpetrada pelo parceiro amoroso constitui um forte preditor da violência feminina. A maior vulnerabilidade física feminina, a sua menor probabilidade de ferir o companheiro amoroso e, ainda, a crença de que este não irá retaliar, têm também sido apontados como factores explicativos do recurso feminino a actos "menores" de violência (Magdol et al., 1997). A tolerância e aceitação deste tipo de agressão feminina, manifestada por ambos os géneros, poderá também influenciar estes resultados (Price et al., 1999).

Finalmente, importa discutir os nossos resultados em matéria de género comparando-os com o estudo já anteriormente referido, realizado com instrumentos análogos aos nossos, mas em contexto conjugal (Machado, 2005; Machado et al., 2007), no qual a violência surge sobretudo como sendo perpetrada no masculino e sofrida no feminino. Para elucidar esta discrepância de resultados, Machado (2005) avança várias hipóteses explicativas, entre as quais a maior paridade inerente às relações amorosas juvenis, resultante da independência económica entre os parceiros e da maior facilidade de pôr término à relação. Considera ainda que a formalização destes laços afectivos poderá convergir no sentido de aproximar relações anteriormente mais paritárias dos modelos tradicionais das relações de género.

Tecidas estas considerações, torna-se óbvio que a questão das diferenças de género ao nível das relações de intimidade carece ainda de uma maior exploração empírica, exploração esta que deverá alargar-se aos efeitos destes actos, suas motivações e sequências interactivas, contornando as críticas que têm vindo a ser apontadas aos estudos de prevalência neste domínio.

Por sua vez, a constatação de que agressores e vítimas se situam maioritariamente nas faixas etárias mais velhas e de que os estudantes inseridos em contextos de maior formação académica (ensino universitário) assumem mais frequentemente o recurso a condutas violentas na sua intimidade relacional, é um outro resultado algo inesperado. Efectivamente, alguns estudos recentes encontraram precisamente o contrário (Lewis & Fremouw, 2001), para além de estes resultados contraditarem o verificado ao nível das atitudes. Por outro lado, a grande maioria da investigação nesta área sustenta que a idade é irrelevante para a explicação do comportamento violento (e.g., Cyr et al., 2006; Gover, 2004; Howard et al., 2003).

Mais um vez, estes resultados deverão ser cuidadosamente interpretados e alvo de uma investigação mais aprofundada. Em nosso entender, estes poderão reflectir a maior tendência dos participantes mais velhos, mais maduros e mais educados, para assumirem a responsabilidade pelos seus actos abusivos. Refira-se, aliás, que as principais disparidades etárias registadas verificam-se ao nível da violência emocional (que compreende actos mais ambíguos e cujo carácter abusivo é mais facilmente negável), não se detectando diferenças de idade ao nível das ofensas físicas ou físicas severas, nas relações actuais. Será de destacar ainda o facto de, nos relacionamentos anteriores, as diferenças etárias encontradas nas ofensas físicas severas situarem os ofensores em grupos etários mais jovens. O facto de, quando consideramos o nível educacional isoladamente, os estudantes inseridos no ensino profissional surgirem como os principais perpetradores e vítimas (de violência física e física severa, nas relações actuais, e de violência emocional e física nas relações passadas) confere maior validade, segundo nos parece, a esta interpretação.

Quando se considera o nível socioeconómico, não se registam diferenças estatisticamente significativas entre vítimas e não vítimas, nem entre agressores e não agressores, nem nas relações actuais, nem nas relações passadas.

À semelhança do que se verifica na idade, também esta variável tem gerado algum debate na literatura. Assim, os estudos internacionais realizados neste domínio parecem reunir pouco consenso sobre a forma como o estatuto social dos jovens poderá interferir na perpetração e/ou experienciação de abuso íntimo, ainda que vários autores (e.g., Castro & Ruíz, 2004; Rivera-Rivera et al., 2004; Stets & Henderson, 1991) sugiram que o nível socioeconómico mais baixo está positivamente relacionado com o sofrer ou perpetrar abuso para ambos os géneros.

Os *stressores* pessoais, familiares e culturais têm sido apontados como factores importantes na explicação dos comportamentos violentos entre os jovens mais desfavorecidos (e.g., O'Keefe, 1997, 1998; Pflieger & Vazsonyi, 2006; Wolfe, 1999). Tem sido, assim, defendido que o *stress* sentido no seio familiar, frequentemente resultante de problemas económicos ou perda de emprego, poderá favorecer o recurso a tácticas violentas nas relações interpessoais. A par disto, estes factores poderão favorecer práticas parentais mais permissivas, o que poderá reflectir-se nas cognições e comportamentos dos adolescentes. Assim, uma menor supervisão parental destes jovens parece afectar os seus comportamentos violentos em geral e também nas relações amorosas (O'Keefe, 1998). Por outro lado, a pobreza e/ou desvantagem social podem ter um impacto indirecto na violência interpessoal, na medida em que a pobreza implica restrições ao nível do desenvolvimento da criança (e.g., não satisfação dos cuidados primários, precaridade ao nível da segurança e conforto) e pode comprometer o desenvolvimento harmonioso das relações pais-filhos. Ainda que subsistam muitas incertezas e sejam parcas as evidências empíricas acerca da forma como os cuidadores da criança poderão influenciar a sua conduta violenta nos relacionamentos, as teorias desenvolvimentais propõem que as interacções negativas entre pais e filhos interferem no desenvolvimento de relacionamentos harmoniosos (Wolfe, Wekerle, & Scott, 1997). Finalmente, outros autores (e.g., Glass et al., 2003; Howard & Wang, 2003) verificaram que viver em bairros com elevados níveis de pobreza, violência e desorganização social poderá potenciar o envolvimento dos jovens em relações amorosas violentas. Esta relação entre *stress* e violência tem sido estudado e demonstrada por vários estudos, em vários contextos, incluso no âmbito das relações de intimidade juvenil (cf. Wolfe, 1999).

A nossa ausência de resultados neste âmbito é, dadas estas referências, algo surpreendente. Contudo, devemos enfatizar que um número significativo de outros estudos (e.g., Buzy et al., 2003; Cyr et al., 2006; Magdol et al., 1998; O'Keefe & Treister, 1998) também não encontrou qualquer associação entre o nível socioeconómico e a agressão amorosa. Alguns estudos mais recentes (e.g., Rivera-Rivera et al., 2007) registaram mesmo uma associação positiva entre níveis socioeconómicos médios e elevados e perpetração masculina da violência íntima.

Desta forma, a relação entre violência nas relações amorosas e estatuto socioeconómico parece ser menos clara do que a que tem sido apurada no contexto conjugal, onde a agressão claramente é mais comum em famílias mais carenciadas e sujeitas a mais stressores (Machado, 2005; Machado et al., 2007).

Os dados relativos às atitudes evidenciam que, genericamente, os participantes deste estudo tendem a reprovar as práticas violentas no contexto das relações íntimas. Esta constatação corrobora os resultados de outros estudos internacionais (O'Keefe, 1997) e nacionais (Matos et al., 2006) que estudam o fenómeno da violência íntima, para além de esta baixa legitimação da violência também se verificar em outros contextos de intimidade, como é o caso das relações conjugais (Machado, 2005; Machado et al., 2007) e das relações homossexuais (Antunes & Machado, 2005).

Esta desaprovação juvenil do abuso íntimo tem sido considerada um resultado do destaque que os *media* têm vindo a dar ao fenómeno, associado aos programas de prevenção (ainda que parcos) que começam a ser implementados nas escolas e que têm revelado resultados promissores ao nível da diminuição das atitudes legitimadoras do abuso (Matos et al., 2006). Adicionalmente, a desejabilidade social surge também apontada como um elemento que poderá influenciar os posicionamentos dos jovens a este nível (Machado et al., 2003).

Porém, importa salientar que esta tendência para desaprovar o abuso íntimo não significa que tal seja extensivo a todos os jovens nem a todas as circunstâncias ou formas de violência. Assim, também é possível encontrar grupos de jovens, ainda que em minoria, que revelam concordar com o uso de algum tipo de violência nas relações amorosas (Price et al., 1999) ou que a consideram aceitável em certas circunstâncias (e.g., Cate et al., 1982; Smith & Williams, 1992). Haverá mesmo uma percentagem significativa (entre 25% a 35%) de adolescentes que tendem a conferir uma conotação positiva ao abuso, por exemplo entendendo-o como sinónimo de amor, ou expressão de ciúme (e.g., Roscoe & Callahan, 1983; Roscoe & Kelsey, 1986 cit. Glass *et al.*, 2003). Mais recentemente, Arriaga (2002) verificou que os jovens com grande envolvimento emocional e relacional com os seus parceiros tendem a interpretar o abuso como se fosse uma "brincadeira", de modo a atenuar a dissonância cognitiva associada ao elevado compromisso emocional com um parceiro amoroso violento.

Este tipo de resultados sugere, no entanto, uma maior contextualização e detalhe na análise dos dados atitudinais do que a alcançada pelos nossos instrumentos. Poderá, assim, acontecer que a tendência global para a desaprovação da violência, por nós encontrada, coexista com a subsistência de algumas crenças legitimadoras mais enraizadas ou com a maior legitimação de certos tipos de violência em contextos interactivos específicos. Esta será, precisamente, uma das questões exploradas no estudo qualitativo que apresentaremos no próximo capítulo.

No que concerne à relação entre atitudes e género, tal como a generalidade dos estudos internacionais (e.g., Bookwala et al., 1992; Price et al., 1999) e nacionais (e.g., Fernandes, 2006; Matos et al., 2006), os nossos dados sugerem a maior legitimação da violência por parte do género masculino. Este padrão foi igualmente encontrado em estudos que utilizaram os mesmos instrumentos de medida com sujeitos mais velhos e envolvidos em relações de tipo conjugal (Machado, 2005; Machado et al., 2007). Alguns autores (e.g., Bookwala et al., 1992; Byers et al., 2000) defendem que esta tendência poderá resultar de uma interpretação menos séria dos actos abusivos por parte dos homens. Será, contudo, de questionar, ainda que seja esta a explicação, o motivo desta diferença interpretativa. Neste sentido, é nosso parecer que a maior legitimação masculina da violência poderá reflectir as práticas de socialização de género, em que tradicionalmente se verifica uma maior socialização masculina para a violência em geral, com os rapazes a serem educados para serem mais fortes, emocionalmente pouco expressivos, competitivos e dominadores face às suas parceiras, enquanto as raparigas são preparadas para ser submissas, orientadas por terceiros e incentivadas a não expressar a raiva directamente (cf. Wolfe, Wekerle, & Scott, 1997).

Apesar destes resultados, parece-nos importante enfatizar, numa nota mais positiva, o facto de uma percentagem significativa dos elementos masculinos deste estudo condenar o abuso, ainda que enquanto grupo o façam com menor intensidade do que as participantes femininas.

A legitimação da violência também é menor entre os participantes mais velhos, os que frequentam o ensino superior e os que estão envolvidos em relacionamentos amorosos. Estes resultados comprovam, assim, o que foi encontrado em outros estudos nacionais (Matos, et al., 2006) e internacionais (Feiring et al., 2002). Efectivamente, no estudo de Feiring e colaboradores (2002), os estudantes inseridos em níveis de formação mais avançados evidenciavam uma maior consciencialização sobre o que poderia ou não constituir um acto abusivo, bem como sobre a necessidade de não sustentarem este tipo de condutas.

Estes autores interpretam a maior legitimação do abuso íntimo entre os adolescentes mais novos (ao nível do ensino secundário) como resultante da menor experiência relacional e subsequente tendência para concordar com os mitos dominantes sobre o significado dos comportamentos abusivos. Pelo contrário, a maior maturação dos jovens mais velhos (e.g., pensamento mais abstracto, maior capacidade de perceber a perspectiva do outro) e o desafio suscitado pelas próprias relações amorosas (que induz, por vezes, uma maior consciência, maturidade relacional e capacidade de reflexão e crítica sobre estas temáticas) emergem na literatura (e.g., Matos et al., 2006) como explicações prováveis para a menor tolerância à violência evidenciada nos escalões etários mais velhos e nos grupos formativos mais avançados. De igual modo, outros autores (cf. Bastos, 1999 cit. Machado et al., 2003) defendem que a entrada no contexto universitário implica, frequentemente, a saída do lar e múltiplas descobertas pessoais que, por sua vez, tendem produzir mudanças substanciais ao nível das atitudes e valores.

Gostaríamos, contudo, de fazer neste momento uma ressalva em relação ao papel positivo que a idade parece exercer sobre a legitimação da violência, na medida em que outros estudos nacionais que utilizaram os mesmos instrumentos com faixas etárias mais velhas encontraram resultados opostos aos nossos (Machado, 2005: Machado et al., 2007). Assim, o efeito da idade na legitimação da violência parece divergir em função do nível desenvolvimental dos inquiridos: se, entre os mais jovens, a grande maioria dos estudos parece apontar para a diminuição da aceitação da violência à medida que a idade aumenta, entre os adultos, verifica-se o efeito oposto (Machado, 2005; Machado et al., 2007).

Finalmente, também o estatuto socioeconómico dos participantes parece influenciar o seu grau de concordância com o abuso íntimo. A maior adesão às crenças legitimadoras da violência íntima por parte dos participantes com maior precariedade económica é um dado recorrentemente evidenciado em outros estudos (e.g., Stets & Henderson, 1991) e que o nosso trabalho veio confirmar. Segundo Pflieger e Vazsonyi (2006), o menor acesso à informação, menor formação académica, elevados níveis de *stress*, recurso a formas mais directas de resolução dos problemas, e ainda a maior exposição a actos de violência em geral, poderão influenciar e modelar as atitudes dos sujeitos mais desfavorecidos face ao uso da violência em geral e também na intimidade.

Para além dos comportamentos e atitudes dos jovens (e respectivos correlatos socio-demográficos) que temos vindo a analisar, os nossos dados sugerem a existência de uma relação significativa entre estas duas dimensões. Esta relação entre comportamentos e atitudes tem sido igualmente verificada por outros estudos (Cano et al., 1998; O'Keefe, 1997; Riggs & O'Leary, 1996). Assim, os estudos que reiteram esta associação defendem que as atitudes e/ou crenças que tendem a justificar o comportamento violento são, em boa parte, responsáveis pela subsistência da relação violenta no tempo (Carlson, 1999). Deste modo, a minimização e banalização da pequena violência evidenciada no estudo, quer pelos agressores quer pelas vítimas, nos relacionamentos actuais e anteriores, poderá de certo modo explicar a continuidade da conduta abusiva por parte dos agressores, assim como a manutenção das vítimas na relação. Esta última poderá ser explicada pelo facto de, muitas vezes, confundirem abuso com amor e ciúme ou, simplesmente minimizarem estes episódios como irrelevantes e passageiros, acreditando na sua capacidade de mudar o(a) companheiro(a). Esta postura de normalização face às formas "menores" de violência poderá igualmente interferir na prevenção, quer de ocorrências futuras, quer da escalada da violência, uma vez que a "pequena" violência constitui um percursor da perpetuação do abuso íntimo no tempo (Matos, 2006).

Adicionalmente, a tendência verificada neste estudo para a maior defesa de crenças de atribuição externa da culpa, tanto por parte dos agressores como das vítimas, parece reflectir alguma desresponsabilização face ao abuso, conceptualizando a violência como estando fora do controlo individual do maltratante (e.g., culpa da própria vítima ou de factores externos como o álcool e a droga).

A par disto, a propensão das vítimas para enfatizar a preservação da privacidade poderá favorecer certas dinâmicas emocionais (e.g., culpa, confusão de sentimentos) e relacionais (e.g., ciclo da violência) e assim diminuir a probabilidade de denúncia da vitimação e inibir a procura de apoio.

Uma vez verificada a relação entre as diferentes variáveis independentes e os comportamentos e as atitudes, um dos últimos objectivos deste estudo consistia em tentar identificar o seu peso relativo e valor preditor quanto aos comportamentos abusivos (globais e fisicamente severos). As atitudes emergiram, neste estudo, como importantes preditores da agressão amorosa, o que também tem sido verificado na investigação internacional (e.g., Avery-Leaf, Cascardi, & O'Leary, 1998; Byers & Eno, 1991; O'Keefe, 1997; Riggs & O'Leary, 1996; Slep et al., 2001). Tontodonato e Crew (1992) referem mesmo que aqueles que revelam concordar com o uso de algum tipo de violência na resolução dos conflitos terão três vezes mais probabilidades de recorrer a comportamentos abusivos contra o(a) parceiro(a) amoroso(a).

Confirmando o que já tinha sido constatado sobre a idade e o nível educacional, a análise de regressão vem, sobretudo, clarificar o padrão algo ambíguo fornecido pela análise bivariada quanto ao género, no sentido de associar o maior risco de perpetração da violência ao género feminino. Não obstante, o género (feminino) apenas surge associado aos comportamentos violentos nas relações amorosas actuais e, portanto, continua por esclarecer completamente o peso efectivo desta variável na predição dos comportamentos violentos em termos gerais. Um dos objectivos do segundo estudo empírico, que apresentaremos no capítulo seguinte, prende-se precisamente com a tentativa de adquirir uma melhor compreensão do efeito do género sobre as atitudes e comportamentos abusivos entre os jovens.

No que concerne ao último objectivo deste estudo, a predição das atitudes, tal como já seria de prever, o género emerge como um importante factor preditivo, com os elementos de género masculino a diferenciarem-se no sentido de uma maior sustentação das crenças abusivas. Isto é, de resto, corroborado por outras evidências empíricas internacionais (e.g., Bookwala et al., 1992; Funk, Elliott, Urman, Flores, & Mock, 1999). Similarmente, a constatação de que os alunos inseridos em anos iniciais da sua formação (ao nível do ensino secundário e profissional) se destacam pela sua maior probabilidade de legitimar as crenças abusivas foi algo igualmente verificado em estudos anteriores (e.g., Anderson, Simpson-Taylor, & Hermann, 2004; Feiring et al., 2002).

5. Contributos e limitações do estudo

A realização deste estudo, ainda que com evidentes limitações, que iremos discutir de seguida, permitiu corroborar as evidências, internacionais e nacionais, já disponíveis sobre a violência nas relações amorosas entre os jovens, clarificando que a violência na intimidade é uma realidade preocupante entre os jovens portugueses e que a agressão íntima não se circunscreve às relações maritais. Por outro lado, este estudo integrou uma ampla amostra nacional, com jovens de diferentes níveis educacionais e de vários grupos etários, contrariando a tendência nacional para a realização de estudos neste domínio apenas centrados em determinados grupos juvenis e de base local.

Não obstante estes contributos que acreditamos terem sido avançados por este estudo, importa reflectir sobre algumas limitações que podem ter influenciado os resultados e sobre as inferências que deles podemos extrair.

Uma primeira limitação prende-se, desde logo, com questões metodológicas. Pese embora termos conseguido garantir uma razoável representatividade da amostra quanto ao género, o facto de este estudo utilizar uma amostra por conveniência, à semelhança do que sucede com a grande maioria dos estudos realizados nesta área, não permite extrair dele generalizações para toda a população juvenil portuguesa. De igual modo, e ainda que a nossa amostra se revele diversificada no sentido em que integrou jovens de diferentes contextos e anos formativos e de diversas zonas do país, existe um grande desfasamento amostral a este nível (o maior número de participantes situa-se na zona norte do país, há uma particular abundância de estudantes universitários e um número reduzido de jovens fora do sistema de ensino).

Tratando-se, por outro lado, de um estudo meramente quantitativo, com recurso a questionários, não nos permitiu compreender algumas questões relacionadas com o contexto em que as condutas abusivas ocorrem, os motivos que lhes são atribuídos, a sequência interactiva dos actos abusivos, nem a significação atribuída ao abuso pelos seus intervenientes. Compreender e clarificar estas e outras questões de carácter mais fenomenológico, foi o objectivo da segunda etapa da nossa investigação, que apresentaremos no capítulo seguinte.

Uma outra reserva do nosso estudo relaciona-se com a particular ênfase conferida ao abuso emocional e físico, deixando relativamente por abordar a violência sexual (apenas inquirida num item do IVC). Esta limitação é inerente às medidas que utilizámos, tendo sido ponderada aquando da escolha das mesmas. Tendo em conta esta limitação, a opção pelos instrumentos ECVC e IVC prendeu-se essencialmente, como já referimos anteriormente, com o facto de os mesmos já se encontrarem validados e aferidos para a população portuguesa, para além de já ter sido realizado um estudo preliminar com as medidas em causa no âmbito da violência entre os jovens. Por outro lado, o facto de estas medidas terem também sido utilizadas em estudos nacionais de contextos relacionais diversos (e.g., contexto conjugal, relações homossexuais) pareceu-nos uma vantagem óbvia, na medida em que nos permitia estabelecer comparações entre os níveis de violência verificados em diferentes tipos de ligações amorosas.

Finalmente, a desejabilidade social inerente aos instrumentos de auto relato poderá também ter contribuído para a reduzida tolerância à violência aqui evidenciada, ainda que as altas taxas de revelação da perpetração de abuso íntimo pareçam, em certa medida, minimizar esta hipótese. É nossa expectativa que o estudo qualitativo que apresentaremos de seguida ajude também ao esclarecimento desta dimensão, nomeadamente da contradição verificada entre comportamentos e atitudes.

Capítulo 5
Representações Acerca da Violência Ocorrida nas Relações de Intimidade Juvenil

Como já foi explicitado na componente teórica deste trabalho, a produção científica na área da violência na intimidade juvenil começou por privilegiar, com recurso a metodologias quantitativas, a identificação da prevalência dos diferentes actos abusivos, bem como dos seus preditores. Como também já foi referido, estes inquéritos têm inerentes algumas limitações, na medida em que não possibilitam a compreensão dos contextos, motivos, ou sequências interactivas dos eventos, assim como a significação que lhes é atribuída pelos seus intervenientes (vítimas e ofensores). Por tudo isto, vários autores têm reclamado a necessidade de se fazer um maior investimento na elaboração de investigações de cariz mais qualitativo, que nos permitam aceder a um conhecimento mais aprofundado destas dinâmicas maltratantes. Pese embora, recentemente, se verifique uma maior sensibilidade para estas questões por parte da comunidade científica, são ainda parcos os estudos realizados neste domínio. Ainda assim, é possível destacar alguns trabalhos que têm utilizado metodologias combinadas, quantitativas e qualitativas (e.g., Hird, 2000; Price et al., 2000; Serquina-Ramiro, 2005), ou estratégias meramente qualitativas (e.g., Byers et al., 2000; Sears et al., 2006).

No seu conjunto, estes trabalhos procuram avaliar as percepções dos jovens sobre o que poderá ou não constituir abuso nas relações amorosas, tipos de abuso mais identificados, contextos em que as dinâmicas abusivas ocorrem, natureza/causas do abuso, impacto e consequências dos comportamentos maltratantes e significados atribuídos pelos jovens a este tipo de condutas. A grande maioria dos estudos pretende, ainda, analisar eventuais diferenças de género nestes diversos domínios. A grande maioria destas investigações empíricas recorre a grupos de discussão – *focus group* – (envolvendo grupos homogéneos de homens e mulheres e/ou ainda grupos mistos) ou a outros métodos mais individualizados como é o caso das vinhetas ou medidas qualitativas de auto-relato com subsequentes análises de conteúdo.

1. Objectivos e questões de partida

Este segundo estudo, de carácter qualitativo, procura explorar as crenças, atitudes e posicionamentos da população juvenil face aos diferentes tipos de violência (física, psicológica e sexual), ocorridos nas relações amorosas. Especificamente, pretendemos compreender como é que os jovens definem a violência, que causas lhe atribuem e em que contextos ou circunstâncias é que, eventualmente, a legitimam. Pretendemos, ainda, perceber como é que os jovens percepcionam a sequência interactiva e o contexto em que surgem os actos abusivos e analisar quais as suas percepções acerca do seu impacto nas vítimas. Finalmente, atendendo às principais dimensões preditoras da violência emergentes do estudo anterior, tínhamos por objectivo clarificar em que medida o género e o nível educacional dos participantes influenciavam as suas crenças, atitudes e posicionamentos face à violência.

Para uma melhor definição do âmbito e foco do nosso estudo, procedemos, de seguida, à formulação das questões mais específicas que orientaram a recolha dos dados e a análise dos mesmos. Convém salientar que a formulação das questões foi feita de modo a permitir flexibilidade e liberdade na sua abordagem:

i) Como é que os jovens definem abuso físico, psicológico e sexual e que tipos de actos identificam com estas diferentes formas de violência? Com que frequência percepcionam que estas manifestações abusivas ocorrem nas relações amorosas dos jovens e que gravidade lhes atribuem?

ii) Quais as explicações que os jovens encontram para estes comportamentos abusivos? Quais os contextos em que acham que poderão ocorrer?
iii) De que forma percebem o impacto das dinâmicas maltratantes nas vítimas?
iv) Como é que caracterizam a violência, em termos da sua evolução ao longo do tempo?
v) Haverá diferenças nas atribuições, significados ou gravidade percebida da violência em função do género do agressor?
vi) Que significações atribuem ao comportamento violento? Será que consideram que estes comportamentos poderão ser compreensíveis e/ou toleráveis em algum momento? Será que a tolerância à violência difere em função do tipo de violência, motivos evocados para o comportamento violento, impacto da mesma ou género do agressor/vítima?
vii) Como é que o género e nível educacional dos participantes afectam as suas crenças, atitudes e posicionamentos sobre a violência na intimidade?

Adicionalmente, e dadas as contradições emergentes no estudo anterior entre a dimensão atitudinal e comportamental, esperamos que este segundo estudo nos ajude a compreender melhor tais discrepâncias. Alguns autores (cf. Slep, Cascardi, Avery-Leaf, & O'Leary, 2001) têm salientado que as medidas atitudinais se centram nas atitudes globais e não atendem à sua multidimensionalidade na agressão amorosa. Esperamos, desta forma, que este estudo qualitativo, na medida em que nos permitirá um acesso em maior profundidade e complexidade às crenças e atitudes dos participantes, nos permita ultrapassar algumas das limitações anteriormente apontadas. A exploração desta dimensão é tanto mais importante quanto se sabe que a maioria dos programas de prevenção da violência na intimidade juvenil têm tido efeitos positivos no que concerne à modificação atitudinal, mas existem dúvidas sobre em que medida estes efeitos se traduzem nos comportamentos efectivos dos jovens (Matos et al., 2006).

2. Metodologia

Uma vez que este segundo estudo visava explorar em profundidade certas questões decorrentes do primeiro estudo e, assim, obter novos entendimentos sobre a temática da violência na intimidade dos jovens, consideramos pertinente que o mesmo adoptasse uma lógica exploratória. Desta forma, tomamos como referência de base para este segundo estudo a *Grounded Theory* (Glaser & Strauss, 1967), uma metodologia global de investigação cujo princípio orientador é a indução, permitindo-nos, a partir dos dados recolhidos e analisados, descobrir novos conceitos e entendimentos sobre o fenómeno em estudo.

Atendendo também a que, no estudo de opiniões e atitudes sobre um determinado tema, as dinâmicas de grupo têm sido consideradas como as mais apropriadas (Flick, 2002; Kitzinger & Barbour, 1999), optámos por recorrer à técnica de *focus group* para a nossa recolha de dados. O *focus group* consiste numa discussão programada e estruturada com um grupo de indivíduos, em que se procura promover o debate de ideias, permitindo aceder às percepções dos participantes sobre uma matéria de interesse específica. Esta técnica de recolha de informação distingue-se pelo facto de permitir a observação da interacção dos participantes entre si, bem como por permitir ao entrevistador estruturar o grupo e assim direccionar o debate para os domínios que pretende analisar (Morgan, 1996). Os participantes são estimulados a comunicar entre si, a colocar questões, e a relatar experiências e pontos de vista (Kitzinger & Barbour, 1999).

Segundo a literatura, o número de grupos de discussão a realizar poderá variar entre os três e os cinco. Todavia, tem sido defendido que o número apropriado de grupos deverá depender das dimensões a investigar, do número de participantes envolvidos e, ainda, das limitações de tempo e recursos disponíveis (Kitzinger & Barbour, 1999). Também o número de participantes por grupo não é consensual. Se tradicionalmente se defendia que o ideal seria os grupos integrarem entre oito a doze elementos, a investigação mais recente defende a necessidade de trabalhar com grupos mais reduzidos, entre cinco a seis elementos (cf. Kitzinger & Barbour, 1999). Morgan (1996) considera que os grupos mais pequenos são mais funcionais, pois tendem a suscitar maiores níveis de envolvimento dos participantes na discussão. Adicionalmente, permitem que cada participante disponha de mais tempo para discutir e exprimir as suas opiniões, além de tornar mais fácil ao moderador controlar e conduzir a discussão grupal. Por sua vez, nos grupos maiores, os níveis de participação e envolvimento tendem a ser mais reduzidos, sobretudo quando se abordam questões com grande tonalidade emocional.

2.1. Amostra e processo de amostragem

Atendendo a que pretendíamos que o processo de amostragem contemplasse activamente a possibilidade de analisar o discurso dos participantes segundo dois vectores que o estudo quantitativo indicou como sendo fulcrais na diferenciação das atitudes dos participantes – género e nível educacional – optámos por um processo de amostragem *apriorística* (Flick, 2002). De acordo com esta metodologia, a estrutura da amostra procura essencialmente contemplar os parâmetros teóricos que se pretendem estudar.

Assim, também neste segundo estudo optamos por integrar diferentes grupos formativos: jovens inseridos no ensino universitário, jovens ao nível do ensino secundário e jovens fora do sistema de ensino. Atendendo à importância que o género parece desempenhar no estudo deste fenómeno, um outro critério considerado na constituição da amostra foi a formação de grupos homogéneos (grupos só com participantes masculinos e grupos só com participantes femininos) e mistos (grupos que integravam participantes de ambos os géneros) para os diferentes contextos formativos considerados.

Neste segundo estudo realizaram-se, desta forma, nove grupos de discussão (três grupos para cada contexto formativo, um só masculino, um só feminino e um misto), nos quais participaram um total de 49 sujeitos, com uma média de idades de 19.7 (S.D.= 2.32). Destes, 51% (25) pertenciam ao género feminino e 49% (24) ao género masculino. No que concerne à condição amorosa dos participantes, a grande maioria mantinha no momento um envolvimento amoroso (57%), 32.7 % nunca mantiveram qualquer envolvimento amoroso e 10.2% não mantinham uma relação amorosa no momento, mas já a tinham tido no passado (cf. quadro 29).

Nível Educacional			Frequência
Ensino Universitário	Género	Masculino	8
		Feminino	9
	Escolaridade	1.º ano	11
		3.º ano	5
		4.º ano	1
	Situação Amorosa	Tem relação amorosa e já teve no passado	7
		Não tem qualquer relação amorosa, mas já teve no passado	2
		Nunca teve qualquer relação amorosa	8
Ensino Secundário	Género	Masculino	8
		Feminino	8
	Escolaridade	10 º ano	2
		12 .º ano	14
	Situação Amorosa	Tem relação amorosa e já teve no passado	9
		Não tem qualquer relação amorosa, mas já teve no passado	1
		Nunca teve qualquer relação amorosa	6
Jovens Fora do sistema de ensino	Género	Masculino	8
		Feminino	8
	Escolaridade	9 º ano	8
		12 .º ano	8
	Situação Amorosa	Tem relação amorosa e já teve no passado	12
		Não tem qualquer relação amorosa, mas já teve no passado	2
		Nunca teve qualquer relação amorosa	2

QUADRO 29. Caracterização socio-demográfica dos participantes.

2.2. Procedimentos de recolha dos dados

Para o recrutamento dos participantes inseridos no sistema de ensino procedeu-se inicialmente à divulgação do estudo junto de uma instituição de ensino superior e de duas instituições de ensino secundário, sendo que os estudantes que desejassem participar no estudo deveriam inscrever-se (nome e contacto), para posteriormente serem contactados. No caso dos participantes fora do sistema de ensino, recorreu-se ao Instituto Português da Juventude, bem como a informantes-chave que tinham contacto privilegiado com esta população.

A realização dos grupos de discussão, com excepção dos do ensino secundário, que decorreram nas instituições de ensino que os participantes frequentavam, decorreu na Universidade do Minho, sendo que cada um dos grupos de discussão teve, aproximadamente, uma duração entre os 90-120 minutos. A todos os participantes com idades inferiores a 18 anos foi entregue uma declaração de consentimento para ser assinada pelos seus encarregados de educação, autorizando a sua participação.

No início de cada sessão, para além de os participantes terem que apresentar a devida autorização assinada pelos pais, era-lhes solicitado o preenchimento de uma ficha de informação geral (onde deveriam mencionar a idade, o ano de escolaridade que possuíam e/ou estavam a frequentar e ainda qual a sua situação amorosa).

Todos os grupos de discussão foram conduzidos por dois moderadores (um do sexo masculino e outro do sexo feminino) que receberam, previamente, formação adequada sobre a condução deste tipo de discussões grupais. No início de cada sessão, um dos moderadores explicitava os objectivos do estudo, bem como todos os procedimentos necessários à sua condução (necessidade de se proceder à gravação áudio e vídeo e para que fins, bem como assegurar a confidencialidade dos testemunhos dos participantes).

Para introduzir o tema da violência nas relações de intimidade juvenil e, assim, suscitar o debate, foram seleccionados alguns extractos do filme "De mãos dadas com o medo", da autoria do Movimento Democrático de Mulheres, com a duração de 13 minutos. Para auxiliar a discussão do tema, utilizou-se um guião construído para o efeito. No final da sessão, foi distribuído um certificado de participação a todos os elementos.

2.3. Codificação e análise dos dados

Dada a extensão do material recolhido, e uma vez que pretendíamos utilizar uma abordagem indutiva no processo de codificação e análise dos dados, utilizamos o programa informático NUD*IST 4 – *Non-numerical Unstructured Data Index, Searching and Theorizing* (Gahan & Hannibal, 1998). Trata-se de um "instrumento auxiliar do processo de categorização e construção da teoria a partir dos dados" (Machado, 2004, p. 190).

O procedimento de investigação integrou, assim, 3 etapas distintas: (i) recolha de dados; (ii) transcrição de todas as sessões para o *Word* e (iii) codificação e análise dos dados. A unidade de categorização adoptada foi a frase.

Neste processo de codificação, foi particularmente importante a consideração de alguns princípios orientadores, propostos por um conjunto de autores que adoptam esta abordagem metodológica (cf. Machado, 2004) – os princípios indutivo, da parcimónia, da teorização e da codificação inclusiva.

(1) O princípio indutivo foi respeitado na medida em que as categorias do presente estudo foram construídas indutivamente a partir dos dados e sistematicamente refinadas e definidas no decorrer do processo de categorização. Só no final da análise e finalizada a introdução dos textos é que se deu por concluída a estrutura final das categorias.

(2) De acordo com o princípio da parcimónia, os diferentes tipos de categorias são estruturados de um modo progressivo numa rede hierárquica, construída a partir da raiz, em que as categorias mais descritivas vão sendo integradas nas de natureza mais teórica (Machado, 2004). Também no presente estudo, as primeiras categorias emergentes dos dados constituem categorias descritivas, próximas dos significados e da linguagem utilizada pelos participantes. À medida que a nossa análise foi avançando, procurámos estabelecer relações entre as diferentes categorias, o que permitiu a elaboração de códigos mais teóricos que conceptualizam as relações entre as categorias mais descritivas.

(3) O princípio da teorização defende que, no processo de categorização, deverá proceder-se à integração do particular no geral, de forma a permitir que o investigador se possa movimentar entre os dados brutos e as categorias mais genéricas (Miles & Huberman, 1994 cit. Machado, 2004). Estes pressupostos tornaram-se particularmente relevantes para o presente estudo, na medida em que nos permitiram, por um lado, uma descrição densa dos principais significados emitidos pelos participantes e, por outro, o desenvolvimento de conceitos e relações que possibilitaram uma leitura conceptual e teórica dos dados.

(4) Por fim, o princípio da codificação inclusiva postula que cada unidade de análise possa ser atribuída a tantas categorias quantas sejam necessárias para a descrever. Mediante este processo, foi possível constituir uma rede densa de codificações que possibilitou a subsequente análise dos padrões de relação entre as diferentes categorias e, além disso, permitiu a preservação da complexidade dos significados expressos pelos participantes (Machado, 2004).

2.4. Validação dos resultados

De forma a assegurar a confiança e a credibilidade dos resultados encontrados, adoptámos dois procedimentos de validação propostos pela literatura:

i) a "*descrição densa*" (Geertz, 1973, cit. Vidich & Lyman, 1994, p.41) dos significados identificados, através da apresentação detalhada dos mesmos e da ilustração de cada categoria com exemplos do discurso dos participantes; e
ii) o recurso a um co-codificador na análise do material recolhido.

Para a co-codificação dos resultados, seleccionámos aleatoriamente 33% dos textos da amostra (correspondendo a 3 grupos de discussão). Este material foi analisado independentemente pelos dois codificadores, procedendo-se de seguida ao cálculo do índice de validade conforme a fórmula proposta por Vala (1986): F = 2 (C1, 2) / C1+ C2, dividindo o número de acordos entre codificadores pelo total de categorizações efectuadas por cada um: 2 (150)/207+174 = 0.78. O índice de fidelidade obtido (0.78) sugere-nos uma força de acordo substancial e, deste modo, permite-nos reforçar a nossa confiança na credibilidade dos resultados obtidos. Todavia, não podemos descurar a possibilidade de formas alternativas, e não menos viáveis, de leitura dos dados, assumindo apenas a adequação dos nossos resultados mediante os procedimentos acima referidos e não o seu estatuto de verdade (Machado, 2004).

3. Descrição dos resultados

Os resultados irão ser apresentados em três momentos distintos sendo que, em primeiro lugar, proceder-se-á à caracterização descritiva das principais categorias emergentes. Para tal, recorreu-se à sugestão proposta por Hill, Thompson e Williams (1997), que propõem a divisão das categorias em quatro tipos: categorias gerais, aquelas que estão presentes na grande maioria dos casos da amostra (no nosso estudo, tal será definido tendo por referência o número de sujeitos que refere a categoria, assim como o número de grupos de discussão em que a categoria emerge); categorias típicas, aquelas que estão presentes em mais de metade dos casos; categorias variantes, quando se aplicam a menos de metade dos casos; e, finalmente, as categorias idiossincrásicas, que apenas emergem num ou dois casos e que, segundo os autores, deverão ser eliminadas (procedimento por nós adoptado).

Numa segunda etapa de análise dos nossos dados, iremos destacar e simultaneamente discutir alguns temas que surgem em todos os grupos, de forma transversal às diferentes categorias específicas anteriormente descritas. Por fim, procederemos à contrastação dos dados, em termos do género e nível educacional dos participantes, integrando esta análise com a discussão final dos resultados.

3.1. Descrição categorial dos resultados

Através da análise dos dados foi possível identificar um conjunto de temas principais que são foco de atenção constante pelos diferentes grupos formativos considerados, assim como outras categorias que surgem apenas ou adquiram maior ênfase em certos grupos e, dentro de cada grupo, por certos indivíduos. A descrição destes diferentes temas emergentes será efectuada de acordo com a ordem decrescente do número de unidades de categorização que o integram.

3.1.1. Relevância do problema da violência na intimidade juvenil

Existe uma percepção generalizada de que o tema em discussão é de extrema relevância (manifestada por todos os grupos formativos e por 20 sujeitos), sendo a violência entendida como uma realidade cada vez mais comum nos relacionamentos amorosos dos jovens (P., raparigas universitárias: "*Eu acho que sim e cada vez mais cedo, porque eu acho que estas situações acontecem muito entre jovens entre os 12/13 anos*"). Neste contexto, o namoro é percebido como uma fase importante e determinante na forma como os jovens irão perspectivar e desenvolver os relacionamentos amorosos futuros (J., rapazes universitários: "*eu acho que sim, porque o namoro é a fase onde as pessoas se conhecem e é aqui que se vai saber o que vai acontecer para a frente*").

3.1.2. Dinâmicas maltratantes no contexto amoroso

Neste ponto, procuraremos caracterizar as diferentes formas de violência (física, psicológica e sexual) identificadas pelos participantes. Começaremos por apresentar as percepções dos jovens sobre o que poderá constituir abuso físico e psicológico, bem como alguns marcadores temporais e de gravidade subjacentes a estas diferentes manifestações abusivas. Em seguida, passaremos à descrição de outras categorias comuns a estas duas formas de abuso, como sejam: causas para a violência, impacto e consequências dos comportamentos maltratantes e significados atribuídos pelos jovens a este tipo de condutas. Atendendo às especificidades de que se reveste a violência sexual, este tipo de abuso será alvo de uma análise individualizada, mas em que se procurará igualmente descrever as mesmas dimensões.

3.1.2.1. Violência Física

a) Definição e actos abusivos

A generalidade dos participantes (8 grupos; 12 participantes) oferece uma definição de violência física muito abrangente, considerando que esta pode envolver qualquer tipo de contacto físico violento (A., grupo misto, fora sistema de ensino: "*É tudo o que envolve contacto físico, de forma violenta*") ou que consiste numa forma de agressão com recurso à violência física (5 grupos, 8 sujeitos) (R., grupo misto, fora sistema de ensino: "*envolve agressão ao físico da outra pessoa*"). Por outro lado, ainda que com menor representatividade, é também possível encontrar uma definição mais restrita, centrada na intenção e consequências da agressão. Nesta perspectiva, a violência física surge conceptualizada como um acto intencional, não consentido, susceptível de afectar a integridade física da outra pessoa (3 grupos, 6 sujeitos) (B., rapazes, secundário: "*Acho que a violência física é qualquer acto que possa por em causa a integridade física da outra pessoa, que envolve dor e não é dor abstracta, mas sim dor física, concreta*").

Que actos compreende este tipo de abuso? As bofetadas surgem em quase todos os grupos (8 grupos, 10 sujeitos), seguindo-se os apertões, puxões de braços, cabelos e pulsos e os abanões (8 grupos, 11 sujeitos), os empurrões (6 grupos, 7 sujeitos), murros, socos e pontapés (7 grupos,

9 sujeitos), a violência sexual e violação (2 grupos, 4 sujeitos) e, por fim, as cabeçadas e mordidelas (1 grupo, 2 sujeitos).

b) Frequência dos actos abusivos

Ao questionarmos a frequência com que os participantes acham que ocorrem as diferentes manifestações abusivas enumeradas, as bofetadas são descritas, pela grande maioria dos participantes, como os comportamentos mais frequentes nas relações íntimas (6 grupos, 8 sujeitos). Seguem-se os empurrões, puxões e abanões (5 grupos, 10 sujeitos) e os socos e pontapés (1 grupo, 2 sujeitos).

c) Gravidade dos actos abusivos

Quando se procurou analisar a percepção da gravidade dos comportamentos fisicamente violentos, a grande maioria dos participantes (7 grupos, 23 sujeitos) entende que não faz sentido fazer a distinção entre actos mais e menos graves (R., misto fora ensino: "*Eu acho que sendo violência, não podemos dizer que tem menor gravidade. Violência é sempre violência*"), ainda que alguns considerem pertinente e inevitável o estabelecimento desta diferenciação (6 grupos, 10 sujeitos) (J., rapazes universitários: "*sim, uma agressão não é a mesma coisa que dar uma chapada*").

Quando aceitam a diferenciação dos actos quanto à sua gravidade, a grande maioria dos participantes descreve como sendo actos de maior gravidade aqueles que resultam em consequências físicas (5 grupos, 8 sujeitos) (J., raparigas universitárias: "*Tudo é grave, mas é óbvio que se eu der uma estalada e só ficar uma marca pequena, isto não é tão grave como partir o nariz*"). As bofetadas surgem assim como os comportamentos fisicamente violentos de menor gravidade (6 grupos, 7 sujeitos), seguindo-se os beliscões, os empurrões e os puxões (4 grupos, 5 sujeitos). Para além das consequências físicas, outras variáveis são descritas como importantes critérios moderadores da gravidade dos actos violentos: as características dos agressores, bem como a sua intenção e explicação fornecida para o comportamento violento (3 grupos, 5 sujeitos) (J., raparigas universitárias: "*eu acho que se o agressor manifesta arrependimento e consegue compor as coisas de certa forma, mas agora se dá uma estalada assim...*") e as circunstâncias e contextos em que ocorre a violência (3 grupos, 3 sujeitos) (A., misto secundário: "*Acho que é muito pior ele chamar-te nomes na presença de terceiros do que te dar um beliscão, que ninguém percebe*").

d) Contextos da violência

Quando procuramos perceber os contextos em que este tipo de abuso poderá ocorrer, todos os grupos foram unânimes (9 grupos, 27 sujeitos) ao considerar que a violência física ocorre sobretudo na intimidade do casal (A., misto secundário: "*ninguém bate na presença de terceiros*"). Um grupo menor (3 grupos, 4 sujeitos) é de opinião que este tipo de abuso também poderá suceder em contextos sociais, embora considerem que nestas circunstâncias é praticado de uma forma mais discreta (A., raparigas universitárias: "*Geralmente é mais discreta em público, mas também acontece*"). Por fim, outros (2 grupos, 2 sujeitos) consideram que o contexto é indiferente e defendem que a violência poderá ocorrer quer na intimidade quer em situações mais sociais (B., rapazes secundário: "*também acho que se a violência física tiver que acontecer, acontece em qualquer lado*").

3.1.2.2. Violência psicológica

a) Definição e actos abusivos

Os participantes (8 grupos, 17 sujeitos) apresentam uma definição de violência psicológica centrada nas suas consequências emocionais na vítima (D., rapazes secundário: "*é tudo que mexe com os sentimentos, com o estado de espírito da pessoa*").

Dos diferentes tipos de violência psicológica, a grande maioria destaca o controlo e as proibições (8 grupos, 16 sujeitos). Logo a seguir, regista-se a desvalorização e tentativa de inferiorizar o outro (7 grupos, 13 sujeitos), os insultos (7 grupos, 11 sujeitos), a atribuição da culpa ao outro (4 grupos, 5 sujeitos), a chantagem (4 grupos, 5 sujeitos), a manipulação psicológica (3 grupos, 3 sujeitos), os ciúmes (2 grupos, 2 sujeitos) e a traição (1 grupo, 3 sujeitos).

b) Frequência dos actos abusivos

De entre os diferentes tipos de abuso citados, a grande maioria dos participantes considera que os mais frequentes são o controlo e as proibições (6 grupos, 9 sujeitos), seguidos dos insultos (5 grupos, 9 sujeitos), dos ciúmes (4 grupos, 8 sujeitos), da chantagem (3 grupos, 5 sujeitos), da obsessão pela relação (2 grupos, 2 sujeitos) e, também, do ignorar e inferiorizar o outro (2 grupos, 3 sujeitos).

c) Gravidade dos actos abusivos

Também ao nível da violência psicológica, se assiste a uma divisão de opiniões quanto à diferenciação da gravidade dos actos abusivos, sendo que se verifica um maior número de participantes a defender a não diferenciação (4 grupos, 8 sujeitos) (M., misto secundário: "*para mim todos são graves, porque um casal deve basear-se essencialmente na confiança*").

Para os sujeitos que acham possível diferenciar a gravidade dos diferentes actos abusivos, os insultos são apontados com sendo os actos mais graves (3 grupos, 4 sujeitos), ainda que uma pequena percentagem de sujeitos os considere como sendo os menos graves (2 grupos, 2 sujeitos). De entre os actos mais graves, registam-se ainda, o rebaixar a outra pessoa (2 grupos, 3 sujeitos), a chantagem psicológica (2 grupos, 2 sujeitos) e o controlo e as proibições (2 grupos, 2 sujeitos). Dos conceptualizados como menos graves, para além dos insultos, estão ainda os ciúmes (2 grupos, 2 sujeitos) e o controlo (2 grupos, 2 sujeitos).

Também a este nível se regista que algumas dimensões são percebidas como moderando a distinção entre actos abusivos com maior ou menor gravidade. Assim, e em primeiro lugar, regista-se o *timming*, o tipo e a forma como o abuso é praticado (4 grupos, 5 sujeitos) (D., rapazes secundário: "*depende da maneira como é dito: se uma pessoa agride verbalmente a outra e de uma forma mais agressiva, pode ser considerado mais grave*"), o contexto em que o abuso ocorre (3 grupos, 6 sujeitos) (J., misto universitários: "*Acho que o contexto em que vai ocorrer é que vai definir se é grave ou não*"), as características das vítimas (2 grupos, 4 sujeitos) (L., misto secundário: "*Acho que isso vai depender das pessoas que são insultadas, porque há umas que se ofendem mais com um olhar do que com uma palavra*") e, por fim, a intenção do agressor (3 grupos, 3 sujeitos) (D., misto secundário: "*Acho que vai depender da intenção da pessoa que insulta, se o faz mesmo com a intenção de magoar ou se simplesmente o faz*").

d) Contextos da violência

Contrariamente ao que se verificava na violência física, o discurso dos participantes a este nível já não é tão consensual e as opiniões dividem-se. Assim, um grupo de participantes (5 grupos, 8 sujeitos) defende que a violência psicológica, por se tratar de um tipo de violência mais "camuflada" e, portanto, menos perceptível, poderá mais facilmente ser praticada num contexto social (C., rapazes fora ensino: "*passa mais despercebida (...) pode acontecer e as outras pessoas nem conseguirem perceber*"). Por sua vez, outros (4 grupos, 7 sujeitos) consideram que este tipo de abuso, à semelhança da violência física, tende a ser mais praticada na intimidade do casal (B., rapazes secundário: "*Eu acho que por exemplo, as chantagens, as pessoas gostam de ocultar mais, ficar entre elas e até mentir e isto para deixar a outra pessoa maluca*").

3.1.2.3. Causas para os comportamentos violentos

Que explicações os nossos participantes encontram para o comportamento física e psicologicamente violento? Neste âmbito, os participantes apresentam múltiplas referências que se podem agrupar em cinco dimensões essenciais: exposição e/ou experienciação de violência; factores intrapessoais dos agressores; padrões de poder genderizados; atitude (tolerante) da vítima face à violência; e a traição.

A exposição e/ou experienciação de violência em contexto familiar destaca-se no discurso dos nossos entrevistados (8 grupos, 19 sujeitos) (A., rapazes universitários: "*o facto de terem experienciado violência na família pode influenciar. Mediante o processo de aprendizagem por observação, pode-se absorver este tipo de comportamentos violentos*"). Não obstante, será de referir que outros entrevistados (4 grupos, 6 sujeitos) são de opinião de que violência familiar poderá funcionar como um factor protector face à violência íntima. Mais concretamente, o seu carácter traumático poderá fomentar a intolerância das pessoas face a este tipo de comportamentos (A., raparigas universitárias: "*Acho que também pode servir para que as pessoas se revoltem mais e não tolerem este tipo de situações*").

O conhecimento e/ou a interacção com pares violentos foi igualmente identificado como uma causa para a violência (6 grupos, 13 sujeitos) (D., raparigas fora ensino: "*o grupo de amigos, sobretudo se forem violentos e incentivaram o uso da violência, considerando que esta é banal ou até normal*").

Outros destacam, ainda, a dimensão cultural e educacional (7 grupos, 16 sujeitos) (J., misto universitários: "*Acho que também depende um bocadinho da educação que tiveram na infância*"). Mais especificamente, consideram que os jovens inseridos em meios rurais tendem a recorrer mais facilmente a estratégias maltratantes (3 grupos, 9 sujeitos) (R., misto fora ensino: "*Normalmente, estas coisas acontecem mais frequentemente em meios mais pequenos, rurais*").

Um segundo grupo de causas refere-se aos factores intrapessoais dos agressores. O ciúme exacerbado e a falta de confiança ou mesmo obsessão pelo parceiro(a) e pela manutenção da relação amorosa são aquelas que assumem maior relevo (7 grupos, 28 sujeitos) (A., raparigas secundário: "*Acho que pode ser o medo de perder a outra pessoa, então fazem de tudo, sem ter consciência do que isso pode implicar*"). A impulsividade e o descontrolo são também indicados como factores determinantes no recurso à violência (4 grupos, 12 sujeitos) (C., misto secundário: "*Muitas vezes é uma questão de impulsos, falta de auto-controlo*"). Os problemas psicológicos do agressor (3 grupos, 8 sujeitos) foram um outro factor causal sugerido (C., raparigas fora ensino: "*Acho que era um problema de personalidade, acho que não são pessoas muito normais no dia-a-dia*"). Ainda ao nível dos factores intrapessoais, invocam a ausência de competências adequadas de resolução de problemas ou problemas de comunicação (4 grupos, 8 sujeitos) (H., rapazes fora ensino: "*Muitas vezes, também é o não saber resolver as situações de outra forma*").

Um terceiro tipo de causas refere-se aos padrões de poder genderizados, percepcionando-se a violência como resultado do desejo masculino de obter o domínio e controlo da relação (6 grupos, 13 sujeitos) (A., misto fora ensino: "*Muitas vezes o homem tem a ideia de que é melhor do que a mulher, é machista e como tal, usa a violência para fazer valer a sua posição*") ou como forma de reagir perante a percepção de superioridade feminina (1 grupo, 2 sujeitos) (J., raparigas universitárias: "*A superioridade da mulher também pode fazer com que o homem se sinta revoltado, sobretudo na nossa sociedade, em que o homem ainda é muito machista*").

A atitude de tolerância da vítima face à violência é uma outra explicação avançada pelos participantes (4 grupos, 11 sujeitos) (D., raparigas secundário: "*Acho que compete também à vitima controlar a situação, porque quando ele estava a chegar a esse ponto, devia chamar a atenção para a inadequação do seu comportamento*").

Por fim, a traição é também percepcionada como possuindo um papel relevante no comportamento violento (4 grupos, 8 sujeitos) (D., rapazes secundário: "*A traição também pode levar à violência*).

3.1.2.4. Impacto da violência

O impacto que a violência poderá ter nas vítimas foi um outro elemento em análise e que no discurso dos participantes surge representado em três dimensões fundamentais: grau de impacto da violência física e psicológica, pensamentos e/ou sentimentos resultantes das experiências abusivas e ainda factores moderadores do impacto.

Dos grupos (5) que se pronunciaram sobre o impacto, a maioria (4 grupos, 9 sujeitos) considera que a violência emocional tende a produzir um maior impacto do que a violência física (D. raparigas fora ensino: "*Acho que a violência emocional pode deixar marcas mais profundas na vítima, uma pessoa que sofre este tipo de coisa, pode depois desenvolver vários medos como: envolver-se em outros relacionamentos, falar com outros homens...*"). Contudo, e ainda que com menor relevância (2 grupos, 4 sujeitos), outros participantes defendem que a violência física poderá causar um maior impacto, pelas suas consequências corporais e sociais (R., misto fora ensino: "*Eu acho que a física poderá ser pior, porque geralmente deixa mais marcas e as outras pessoas vão perceber, vão perguntar*").

No que toca aos pensamentos e/ou sentimentos dominantes nas vítimas, para além do mal-estar/sofrimento (5 grupos, 5 sujeitos), os participantes apontam ainda a sensação de merecimento (3 grupos, 4 sujeitos) (D., rapazes secundário: "*Sente-se mal, com remorsos e a pensar que a culpa foi dela*") e o medo, sobretudo de sofrer retaliações (4 grupos, 5 sujeitos) (P., misto secundário: "*Com medo de que possam haver mais agressões*").

Relativamente às variáveis que poderão influenciar o impacto da violência, destacam-se o tipo de violência experienciada (5 grupos, 5 sujeitos) (A., raparigas secundário: "*Vai depender do tipo de violência de que é alvo*"), sendo que a violência psicológica é percepcionada como mais nociva (2 grupos, 2 sujeitos). Com a mesma relevância, são mencionadas as consequências físicas (3 grupos, 4 sujeitos) (D., raparigas secundário: "*eu acho que quando há marcas, o impacto é inevitável*") e as circunstâncias (motivos, contextos) em que ocorrem as diferentes manifestações abusivas (3 grupos, 4 sujeitos) (J., misto universitários: "*Depende dos motivos, porque se for um estalo decorrente de um descontrolo, vai ter um impacto menor*"), assim como o significado conferido pela vítima à violência de que foi alvo (3 grupos e 4 sujeitos) (B., rapazes secundário: "*Acho que vai depender muito do significado que a vitima dá à violência*"). Também o facto de a agressão ocorrer na presença de terceiros (2 grupos, 3 sujeitos) (C., rapazes fora ensino: "*Aí isso depende, porque se a violência ocorrer na presença dos teus amigos, é complicado e claro que a pessoa se fica a sentir mais mal ou com vergonha*") é percebido como podendo interferir no seu impacto.

3.1.2.5. Resposta das vítimas e revelação

A revelação do abuso é percepcionada como sendo, frequentemente, difícil, devido a um conjunto de factores, como sejam: ser desacreditada perante terceiros, sofrer retaliações por parte do agressor (6 grupos, 12 sujeitos) (D., rapazes universitários: "*Muitas vezes é o medo do que ele pode fazer (...) e também o medo que a violência escale*"), a vergonha de revelar o abuso (4 grupo, 5 sujeitos) (C., raparigas fora ensino: "*Acho que muitas vezes também é vergonha, sobretudo se vier a ter outro namorado (...), ai, que vergonha contar que o meu namorado me batia, e as pessoas não querem admitir perante a sociedade*") e a dependência emocional (2 grupos, 2 sujeitos) (C., rapazes fora ensino: "*quando as pessoas gostam muito do parceiro, muitas vezes não reagem com receio de o perder*"). Por fim, entendem que a normalização da violência (1 grupo, 3 sujeitos) impede que as vítimas se identifiquem como tal e decidam expor a sua situação abusiva (J., rapazes universitários: "*Eu acho que muitas vezes as mulheres não se queixam porque também acham que aqueles actos são normais e então, dizem isto é normal por causa disto ou aquilo*").

Com fontes de revelação privilegiadas, os participantes referenciam: os amigos e/ou pessoas de confiança da vítima (7 grupos, 18 sujeitos), os pais (3 grupos e 3 sujeitos) e, ainda, os profissionais (e.g., médicos, psicólogos). É de salientar, no entanto, que outros participantes (3 grupos, 3 sujeitos) consideram que os pais são as fontes de revelação menos desejáveis, na medida em que estes nem sempre apoiam a relação (3 grupos, 4 sujeitos) e poderão procurar pôr-lhe fim ou até mesmo punir os jovens por esse envolvimento (2 grupos, 2 sujeitos).

3.1.2.6. Violência sexual

a) Definição e actos sexuais abusivos

A definição de violência sexual, amplamente partilhada pela maioria dos participantes, envolve a prática de actos de natureza sexual não desejados (9 grupos, 25 participantes) (C., misto secundário: "*Não é preciso ser violação, às vezes obrigar a mulher a fazer coisas que não deseja, tocar na pessoa sem esta desejar...*"). Este tipo de abuso poderá integrar quer violência física quer violência psicológica, mais concretamente, manipulação e pressão psicológica para a actividade sexual (3 grupos, 3 sujeitos) (B., rapazes secundário: "*Obrigar a outra pessoa psicologicamente... ou persuadir a pessoa a ter relações e, muitas vezes, porque a outra pessoa gosta dela e não a quer perder, faz de tudo*"; "*Se não queres fazer é porque tens nojo de mim*").

Relativamente aos actos que este tipo de abuso poderá envolver, enunciam a pressão verbal e/ou física (4 grupos, 6 sujeitos) (D., raparigas secundário: "*pressão verbal para o sexo ou mesmo o recurso à violência física durante o acto sexual*"), a violação (3 grupos, 3 sujeitos), e ainda, os toques indesejados ("apalpadelas") (2 grupos, 2 sujeitos).

b) Frequência dos actos sexuais abusivos

Relativamente à frequência com que estas manifestações tendem a ocorrer nas relações amorosas, a maioria considera que os actos mais frequentes envolvem a pressão e manipulação psicológica para o acto sexual (5 grupos, 10 sujeitos) (M., raparigas fora ensino: "*É sem dúvida a pressão, como por exemplo, dizer se não queres fazer comigo é porque fazes com outros*"), seguido do forçar o acto (4 grupos, 5 sujeitos), beijos forçados (3 grupos, 4 sujeitos) e ainda, os apalpões (2 grupos, 4 sujeitos). A violação é apontada como o tipo de violência menos frequente nestas relações amorosas (3 grupos, 10 sujeitos) (S. raparigas fora ensino: "*acho que a violação é raro acontecer no namoro, é mais frequente entre estranhos*").

c) Gravidade dos actos sexuais abusivos

No que concerne à gravidade, a generalidade dos participantes considera que a violação é o tipo de violência sexual mais grave (8 grupos, 10 sujeitos), seguido do forçar ao acto sexual (5 grupos, 7 sujeitos). Como comportamentos sexualmente menos graves, apontam: a pressão verbal para o acto sexual (4 grupos, 4 sujeitos) (M., raparigas fora ensino; "*acho que dizer aquelas coisa, como foram de pressão psicológica é uma coisa menos relevante do que o forçar ao acto sexual*"), a tentativa de violência sexual (2 grupos, 3 sujeitos) (R., misto fora ensino: "*O menos grave é ficar onde ficou, ou seja, apesar de forçar, não houve consumação do acto*") e ainda, os toques indesejados ("apalpões") (2 grupos, 2 sujeitos) (A., raparigas fora ensino: "*acho que as apalpadelas é uma coisa sem importância e que está sempre a acontecer*").

d) Precipitantes da violência sexual

Quando procuramos perceber que contextos e/ou situações é que poderão, na opinião dos participantes, propiciar a ocorrência da violência sexual, os grupos que se posicionaram sobre este assunto referem certos comportamentos das vítimas (4 grupos, 8 sujeitos) com especial relevância e consensualidade. Mais especificamente: a forma de vestir da vítima (R. misto fora ensino: "*se a mulher veste uma mini saia é porque quer alguma coisa!*"), o facto de a mulher já ter iniciado a sua actividade sexual (C., raparigas fora ensino: "S*e a mulher já não é virgem, a pessoa começa a pen-*

sar se ela fez com outro porque é que não faz comigo, é porque não gosta de mim") ou, pelo contrário, quando esta se mostra relutante em iniciar a mesma (F., misto universitário: "*Eu acho que a violência sexual acontece sobretudo em casos onde a mulher ainda é virgem e isto porque há sempre a dúvida da mulher sobre se é ou não a altura certa, o que pode gerar violência*"). Adicionalmente, consideraram que o consumo de álcool e/ou drogas, quer pela vítima quer pelo agressor, poderá favorecer a ocorrência da violência sexual (2 grupos, 2 sujeitos).

e) Causas para a violência sexual

Como explicações para o comportamento sexualmente abusivo, a generalidade dos participantes invoca, primeiramente, a curiosidade e/ou impulsos sexuais (7 grupos, 11 sujeitos) (D., rapazes universitários: "*é claro que nestas idades há sempre aquela curiosidade e isto é que pode despertar atitudes sexuais mais violentas*"). Seguidamente, referem a existência de algum tipo de perturbação psicológica (5 grupos, 9 sujeitos) (A., raparigas secundário: "*Alguns porque têm doenças, distúrbios*"). De igual modo, consideram que a pressão exercida pelos pares, sobretudo os de sexo masculino (5 grupos, 9 sujeitos), também constitui uma causa provável para este tipo de abuso (D., rapazes secundário: "*A pressão dos amigos, em que eles começam a contar que fizeram determinadas coisas e claro que depois os rapazes também não gostam de ficar para trás e querem experimentar também e isto é que pode levar à violência*"). Com menor representatividade, apontam o experienciar algum tipo de violência sexual na infância (2 grupos, 5 sujeitos) (D., rapazes universitários: "*Acho que passa um bocadinho pela vivência das pessoas, do facto de ter experienciado uma situação desse género*") e, ainda, a ausência de informação e/ou inexperiência sexual (1 grupo, 3 sujeitos) (J., misto universitários: "*Muitas vezes a falta de informação e inexperiência no assunto pode levar a que as pessoas façam certas coisas porque pensam que é assim e não é*").

f) Impacto na vítima

Os participantes descrevem como principais sentimentos decorrentes desta forma de vitimação: o mal-estar emocional (4 grupos, 6 sujeitos) e o medo de retaliações (3 grupos e 5 sujeitos), o nojo de si própria (3 grupos, 4 sujeitos), a vergonha (3 grupos, 3 sujeitos) e, ainda, o facto de se sentirem usadas (1 grupo, 2 sujeitos).

g) Revelação do abuso

Quanto à revelação deste tipo de abuso específico, a grande maioria dos participantes é de opinião que as vítimas tendem a não revelar (5 grupos, 8 sujeitos). Apontam como principal explicação para tal a vergonha (2 grupos, 4 sujeitos) (D., rapazes universitários: "*Eu acho que não revelam, por causa de algum tabu sobre o assunto e vergonha do que os amigos possam dizer*"). Contudo, ainda que menos frequentemente, alguns consideram que a vítima tende a revelar (2 grupos, 3 sujeitos), mas sobretudo às amigas (2 grupos, 3 sujeitos).

3.1.2.7. Factores de manutenção da relação violenta

O que poderá explicar a manutenção das relações amorosas violentas no tempo? Que factores impedem/dificultam a saída da vítima da relação abusiva?

Neste âmbito, as opiniões dos participantes dividem-se. Assim, alguns (3 grupos, 6 sujeitos) apresentam o medo de sofrer retaliações por parte do agressor ou mesmo por terceiros como um factor impeditivo da saída da relação abusiva. Outros referem a crença na mudança do comportamento do agressor (2 grupos, 2 sujeitos) (A., raparigas secundário: "*Muitas vezes a vítima fica à espera que as coisas mudem*") ou a esperança de que tenha sido um episódio único (J., rapazes fora ensino: "*Eu acho que a vítima tenta pensar que foi só aquela vez e que não volta a acontecer*"), a dependência psicológica e/ou económica (2 grupos, 2 sujeitos) (V., misto universitário: "*Eu acho que o grau de dependência emocional/económica influencia muito, porque uma mulher que é dependente do namorado sujeita-se mais, aguenta mais*") e ainda a existência do ciclo da violência (2 grupos, 2 sujeitos) (S., raparigas universitárias: "*ele começa por pedir desculpa, diz que não volta a acontecer e a pessoa desculpa. Está uma semana bem e depois volta à mesma coisa, e à mínima coisa que ele não goste, volta tudo de novo (...). E isto deixa as pessoas confusas*"). Por fim, e ainda que com menor peso, o grau de envolvimento relacional é também percebido como um factor determinante na manutenção da relação violenta (1 grupo, 2 sujeitos) (J., raparigas universitárias: "*as pessoas envolvem-se demais e depois estão constantemente a desculpar.*")

3.1.2.8. Namoro e casamento violentos: que relação?

Quando procuramos perceber qual o tipo de relação que os participantes consideram existir entre a violência no período de namoro e no casamento, a maioria (5 grupos, 13 sujeitos) apontou de forma peremptória para a existência de uma relação de continuidade, defendendo que as dinâmicas violentas que se manifestam durante o período de namoro tendem a repetir-se durante o casamento (A., misto secundário: "*Sim, porque o namoro é um passo para o casamento. Se a pessoa é violenta ainda durante o namoro, não vai ser por casar que vai deixar de ser violento, muito pelo contrário*"). Adicionalmente, consideram que estas condutas abusivas tendem a intensificar-se com a formalização da relação, quando o agressor adquire um maior sentimento de segurança e controlo face à vítima (4 grupos, 12 sujeitos) (J., rapazes universitários: "*Porque se há violência no namoro, no casamento vai ser muito pior, porque vai haver mais segurança por parte do agressor*").

3.1.2.9. Acções preventivas propostas

Por fim, e como forma de encerrar a discussão sobre o tema da violência na intimidade, procuramos junto dos nossos participantes identificar as estratégias que consideram ser importantes para prevenir e combater a violência íntima. Neste âmbito, as suas propostas podem ser organizadas em três grandes domínios: no plano comunitário, escolar e individual.

Ao nível da comunidade, destacam a necessidade de haver uma maior sensibilização para o problema (6 grupos, 10 sujeitos) (T., rapazes universitário: "*Haver mais pressão pela sociedade, dar a conhecer mais este tipo de casos, divulgar mais o problema, sensibilizando as pessoas*"), nomeadamente através da exposição de situações reais (3 grupos, 6 sujeitos) (D., raparigas fora ensino: "*Mostrar casos semelhantes, porque às vezes as pessoas pensam que é só com elas que aquilo acontece*"), mas também da divulgação de dados epidemiológicos sobre o fenómeno (1 grupo, 2 sujeitos) (R., misto fora ensino: "*Apresentar estatísticas sobre o assunto*").

Ainda no âmbito da comunidade, sugerem apostar mais na educação dos jovens (3 grupos, 4 sujeitos) (D., rapazes universitário: "*Eu acho que era necessário produzir mudanças ao nível da educação dos jovens, transmitindo-lhes certos princípios*") e criar instituições específicas de apoio a estas vítimas (J., rapazes fora ensino: "*Acho que havia de haver sítios próprios onde as vítimas pudessem se dirigir para expor o seu problema*"). Por fim, propõem a elaboração de programas de prevenção especificamente dirigidos aos ofensores (1 grupo, 2 sujeitos).

No plano académico/escolar, consideram importante criar espaços para reflectir sobre o tema das relações íntimas (3 grupos, 3 sujeitos) (R., misto fora ensino: "*Acho que estes assuntos deviam ser mais abordados nas escolas*") e facultar, no âmbito dos serviços escolares existentes (e.g., unidades de orientação escolar), um apoio especializado para estes casos (2 grupos, 2 sujeitos) (L., misto secundário: "*Haver um espaço na escola onde pudéssemos debater este assunto ou falar com alguém especializado*").

No plano individual, as sugestões envolvem incentivar as vítimas a procurar apoio psicológico (2 grupos, 5 sujeitos) (A., misto secundário: "*Acho que ainda há muito a ideia de que o apoio psicológico é só para malucos. Acho que é necessário, desmistificar esta ideia e fazer com que as vítimas procurem mais ajuda psicológica*") e a denunciar a sua situação (3 grupos, 3 sujeitos) (D., raparigas fora ensino: "*Eu acho que a melhor maneira é falar sobre o assunto e mostrar-lhes que a melhor forma de lidar com o problema não é guardar para elas, mas sim falar e denunciar a situação de violência*").

3.1.3. Síntese integrativa e discussão da análise categorial

O tema da violência nas relações de intimidade juvenil é apresentado pelos nossos participantes como um fenómeno social relevante e merecedor de atenção. Neste contexto, apelam para a necessidade de não negligenciarmos um problema que poderá condicionar e comprometer as relações amorosas futuras dos jovens. A fase de namoro surge, assim, conceptualizada pelos nossos participantes como um contexto privilegiado e determinante na socialização para os papéis a desempenhar nas relações maritais futuras (Bethke & DeJoy, 1993).

Neste sentido, os nossos entrevistados percebem, tal como a literatura indica, que as condutas abusivas presentes nas relações amorosas perduram e intensificam-se durante o casamento. Efectivamente, num estudo clínico realizado por Matos (2000) foi possível comprovar que os casamentos abusivos são, geralmente, precedidos de relações de namoro violentas e caracterizados por estratégias de controlo e restrição de autonomia da mulher. Outras evidências empíricas (Hamberg et al., 1994; Wekerle & Wolfe, 1999) sustentam também que a violência tende a aumentar em termos de frequência e gravidade, constituindo a violência durante o namoro um forte preditor de abuso matrimonial (Hamby, 1998). Sabe-se ainda que as experiências amorosas precoces desempenham um papel central no desenvolvimento da identidade dos adolescentes e da sua capacidade para o envolvimento em relações de intimidade (Montgomery & Sorell, 1998).

O discurso dos participantes sobre a violência na intimidade é povoado de referências às suas causas. A presença de violência na família de origem, experimentada quer através de maus-tratos directos quer através da vitimação vicariante, assume uma posição predominante neste discurso. Na sua perspectiva, e tal como Wolfe e Foshee (2003) sugerem, os adolescentes expostos à violência familiar tendem a desenvolver estilos abertos de expressão da raiva, tornando-se mais propensos à perpetração de comportamentos violentos nas relações amorosas.

Todavia, nalguns discursos, o experienciar violência na família de origem surge também representado como um factor protector face à violência amorosa. Efectivamente, um estudo longitudinal recente (Lichter & McCloskey, 2004) comprovou que os jovens inseridos em ambientes familiares violentos não perpetram nem experienciam mais violência do que os jovens que viveram em ambientes familiares com baixo nível de conflituosidade entre os progenitores. Aliás, contrariamente ao esperado, nesse estudo os jovens expostos aos conflitos interparentais tendiam a evidenciar uma maior reprovação deste tipo de condutas violentas.

De igual modo, o grupo de pares surge perspectivado pelos nossos entrevistados como um contexto determinante na aprendizagem de condutas abusivas e de racionais para a sua legitimação. De referir que várias evidências empíricas (Arriaga & Foshee, 2004; Kinsfogel & Grych, 2004; Tontodonato & Crew, 1992) sustentam que o facto de se interagir com pares que já tenham tido contacto (como vítimas ou como ofensores) com a violência amorosa constitui um factor de risco para o abuso na intimidade, havendo mesmo quem considere que estes poderão exercer uma maior influência neste comportamento do que o *background* de violência familiar (cf. Jackson, 1999).

Também a ausência de práticas parentais adequadas, traduzida no discurso dos participantes como um menor controlo parental ("*os pais dão muita liberdade aos filhos*"), é percebida como um factor determinante no desenvolvimento de comportamentos violentos, à semelhança do que a literatura sugere (cf. Lewis & Fremouw, 2001).

Os factores intrapessoais são uma outra causa que assume especial relevância no discurso dos nossos entrevistados. Neste contexto, e tal como o verificado em outras investigações (Johnson, Frattaroli, Campbell, Wright, Pearson-Fields, & Cheng, 2005; Lavoie et al., 2000), os jovens identificam o ciúme como uma causa determinante no recurso à violência. De igual modo, percepcionam que a conduta agressiva também poderá estar relacionada com a condição psicológica do agressor. A par destes identificam ainda como causa, e tal como a literatura indica (Lewis & Fremouw, 2001), a falta de competências sociais, sobretudo, perceptível pela perda de controlo por parte do agressor face a situações *stressantes*. Na verdade, alguns investigadores (cf. Mahlstedt & Welsh, 2005) têm defendido a importância da promoção de competências de comunicação na redução da violência. Consideram, deste modo, que uma adequada expressão de sentimentos e intenções, por ambos os géneros, poderá minimizar a errónea interpretação de sinais que, por vezes, dá lugar a comportamentos violentos.

Os participantes veiculam ainda a noção de que a violência pode constituir uma forma de controlo e de afirmação da dominância masculina na relação, tal como outros estudos constataram (Cascardi & Vivian, 1995). Contudo, esta motivação é apresentada, mais uma vez, como um "defeito" interno do agressor, retirando a esta explicação o seu cariz mais social/cultural. Adicionalmente, concebem o comportamento violento como sendo também da responsabilidade da vítima, pela sua passividade ou conivência com o agressor. Por fim, consideram que o comportamento violento poderá, muitas vezes, ser também motivado por comportamentos específicos do parceiro amoroso, mais especificamente, a traição.

Em síntese, as percepções dos participantes sobre as causas para os comportamentos violentos não se afastam do que tem sido afirmado pela literatura. Observamos, contudo, um privilegiar de explicações que enfatizam a dimensão explicativa intra ou inter-pessoal, com uma secundarização ou quase esquecimento das dimensões sócio-culturais do problema. Esta tendência dos nossos participantes para privilegiar as explicações internas e a sua dificuldade em ponderar uma lente mais social ou cultural poderá contribuir para individualizar o problema e interpretá-lo como "um problema de outros – dos que têm problemas psicológicos". Por outro lado, as referências à responsabilidade ou culpabilidade da vítima na manutenção da relação abusiva produzem o efeito de legitimar e/ou desculpabilizar a conduta dos agressores. Ainda que este viés intra-psíquico constitua, a nosso ver, uma lacuna na correcta percepção do problema pelos nossos participantes, não podemos deixar de referir que também a maior parte da literatura tende a enfatizar os factores individuais na explicação da violência na intimidade juvenil (Lloyd & Emery, 2000 cit. Ismail et al., 2007).

As percepções dos participantes sobre o que poderá ou não constituir abuso físico e psicológico, de uma forma global, apresentam-se muito genéricas e vagas.

Os comportamentos fisicamente abusivos representados nos discursos dos participantes como mais frequentes envolvem: bofetadas, empurrões, puxões, apertões, socos e pontapés. Também em outros trabalhos (e.g., Henton et al., 1983; Riggs et al., 1990 cit. Katz et al., 2002), estes comportamentos, de violência "menor", surgem como os mais comuns nas relações amorosas juvenis. Adicionalmente, estes actos abusivos são também percebidos pelos participantes como sendo os actos de menor gravidade.

Por sua vez, no que respeita aos actos psicologicamente abusivos percebidos como mais comuns, destacam-se por ordem decrescente: o controlo e as proibições, os insultos, os ciúmes, a chantagem, obsessão, e ainda, o ignorar e inferiorizar o(a) parceiro(a) amoroso(a). Apesar desta capacidade de identificação de diferentes formas de abuso psicológico, por vezes sobressaíam dos discursos dos jovens alguns comentários que indicam que a percepção do carácter abusivo de certos comportamentos está intimamente relacionada com o contexto e/ou situações em que ocorrem. A título exemplificativo, refira-se que no caso dos ciúmes, e ainda que percebidos como uma forma de abuso psicológico, eram também, por vezes, interpretados como não abusivos e até mesmo considerados necessários enquanto "veículos" de demonstração de interesse e carinho pelo(a) parceiro(a) amoroso(a) (e.g., "*eu acho que uma pessoa que gosta tem que ter um bocadinho de ciúmes. O ciúme é um bocado para mostrar o interesse pela outra pessoa*"). Foi igualmente notória uma certa ambivalência quanto ao que pode ou não ser considerado violência psicológica, em que esta era, por vezes, confundida com comportamentos indesejados (traição), mas não definidos pelos investigadores como abusivos. De forma análoga, a percepção da gravidade dos diferentes actos abusivos, inclusivamente os de natureza física, também é influenciada pelas características dos agressores, intenção e explicação fornecidas por estes e ainda as circunstâncias e contextos em que a violência ocorre.

Neste sentido, embora seja de destacar a referência, por vários elementos, ao facto de qualquer acto abusivo ser, em si mesmo, grave, o discurso dos participantes mostrou, em simultâneo, ser permeável a noções que contribuem para a minimização e desculpabilização de certas formas de violência, sobretudo quando esta é julgada "menor", quando o agressor é visto como agindo de forma impulsiva ou descontrolada, quando os seus actos ocorrem em privado ou quando manifesta posteriormente arrependimento. É também de destacar que a noção de vergonha continua muito associada à vitimação, contribuindo para que os actos ocorridos no espaço público sejam entendidos como mais graves do que os que sucedem no espaço privado.

Relativamente ao impacto que as diferentes manifestações abusivas poderão acarretar para as vítimas, os participantes atribuem à violência emocional um maior impacto, pelo dano causado e pelos constrangimentos que pode originar no quotidiano da vítima (e.g., desenvolvimento de múltiplos medos). Também em outros estudos (e.g., Ismail et al., 2007), o abuso psicológico é percepcionado como mais doloroso e prejudicial, comparativamente com a violência física. Já o impacto da violência física é estabelecido pelas consequências físicas que este poderá provocar e pelo facto de estas poderem conferir uma maior visibilidade social ao abuso. Em analogia com o que tem sido descrito em outras investigações (Matos, 2002), também neste estudo os participantes fazem referência a uma diversidade de sentimentos e/ou pensamentos decorrentes das experiências abusivas, que nos parecem bastante ajustados à realidade, tais como mau-estar generalizado, auto-culpabilização e ainda medo de uma eventual re-vitimação.

Consideram, ainda, que a mediar o impacto da violência nas vítimas estão algumas variáveis (tipos de violência, consequências visíveis, circunstâncias que rodearam os actos abusivos, significado que a vítima lhe confere, ocorrer ou não na presença de terceiros, características das vítimas), traduzindo a ideia de que o impacto não se trata de um processo linear, tal como afirma a literatura (Matos & Machado, 1999).

No que concerne à reacção da vítima face a um incidente abusivo amoroso, há percepção dominante de que estas tendem a não denunciar. Efectivamente, a investigação empírica (e.g., Bergman, 1992; Jackson et al., 2000) realizada neste domínio comprova que os adolescentes que experienciam violência nas suas relações raramente pedem ajuda. Na perspectiva dos participantes, para esta resistência contribuem vários factores: o medo de que a violência possa escalar, de serem desacreditados

(Foshee *et al.*, 1996 cit. Black & Weisy, 2003) ou mesmo de sofrer retaliações, vergonha em expor a sua situação, dependência emocional e ainda descrença e/ou normalização da violência.

Quando decidem revelar a sua situação, os amigos e/ou os pares surgem, tal como a literatura sugere (cf. Ashley & Foshee, 2005), como a fonte mais representada no discurso dos participantes, geralmente considerados como os melhores confidentes e aqueles que poderão reagir menos negativamente ao abuso (Stets & Pirog-Good, 1989). Todavia, não será de negligenciar o facto de esta fonte de suporte (os pares) possuir geralmente uma parca experiência de conflitos relacionais ou violência amorosa (Weisy et al., 2007). O receio de serem culpabilizados pela experiência abusiva ou de que a informação não permaneça em segredo são alguns dos argumentos utilizados para justificar a não procura de apoio junto das instituições mais formais. Outras explicações dizem respeito à incapacidade de os adolescentes identificarem os problemas para os quais precisam de ajuda, à ausência de informação e competências para procurar ajuda, às crenças de que os profissionais não lhes poderão proporcionar a ajuda que necessitam e além disso, ao facto de a procura de apoio confirmar a existência de um problema, o qual implica sentimentos de vergonha, embaraço e ansiedade (cf. Tishby, Turel, Gumpel, Pinus, Lavy, Winokour, & Sznajderman, 2001).

Os profissionais especializados e os pais são também apontados com fontes alternativas de revelação. Não obstante, os pais também são referidos por alguns elementos como as fontes de revelação menos desejáveis e/ou procuradas, por estes poderem pressionar a terminar a relação, à semelhança do que alguns autores têm sugerido (Moffitt & Caspi, 2002).

Atendendo à literatura que comprova que a violência sexual também poderá desencadear-se no contexto das relações amorosas juvenis, foi também nosso objectivo analisar as percepções dos nossos participantes sobre esta matéria. Neste âmbito, importa referir que, de uma forma generalizada, aqueles revelaram grande constrangimento e embaraço na discussão deste tema, frequentemente acompanhada por momentos de silêncio e até mesmo de algumas gargalhadas. O comportamento não-verbal dos participantes parecia indiciar, assim, o facto de perceberem este tema como constrangedor ou até irrelevante, o que se veio a confirmar quando afirmaram que a violência sexual não é muito comum nas relações amorosas dos jovens. Todavia, os estudos que procuraram caracterizar a prevalência do fenómeno sinalizam uma realidade bem diferente e defendem que a agressão sexual é um problema generalizado, quer entre adolescentes mais jovens (Poitras & Lavoie, 1995), quer entre estudantes universitários (e.g., Abbey et al., 1996; Gidycz, Coble, Latham, & Layman, 1993). A adolescência, como nos lembra Serquina-Ramiro (2005), constitui uma fase particularmente vulnerável para a experienciação deste tipo de abuso, quer pela activação sexual que caracteriza este período, quer pelas limitações culturais e tabus relacionados com a expressão da sexualidade.

A noção de violência sexual que foi defendida por todos os grupos, à semelhança do apurado em estudos análogos, compreende a prática de actos de natureza sexual não desejados, podendo envolver o uso da violência física e verbal. A pressão e a manipulação psicológica são apresentadas como os actos abusivos mais comuns. Também em outros estudos similares a este (Serquina-Ramiro, 2005), o uso de mecanismos verbais tais como a insistência e a manipulação verbal são percebidos como as formas de violência sexual mais comuns. Apesar de também identificarem a violação como uma forma de violência sexual, esta é apresentada como um tipo de abuso menos frequente neste tipo de relações amorosas, contrariamente ao defendido por algumas investigações empíricas (e.g., Muehlenhard & Linton, 1987). Contudo, outros estudos (e.g., Stets & Pirog-Good, 1989) comprovam que a violência sexual na intimidade dos jovens faz-se representar sobretudo por formas "menores" de abuso, ainda que estas possam vir a culminar posteriormente em casos de violação.

Se a violação surge representada como o tipo de violência mais severo, outros actos sexualmente abusivos são percepcionados como menos graves, entre os quais se inserem a pressão verbal para o acto sexual e a tentativa mas não consumação do acto. A partir destes dados, depreende-se uma certa minimização daquilo que consideram ser formas "menores" de violência sexual. A reiterar esta ideia, está ainda a tendência generalizada dos participantes para a minimização de actos qualificados como indesejados ("apalpões"). Adicionalmente, será de destacar a tendência dos nossos entrevistados para identificarem o forçar o acto sexual como uma forma de abuso distinta da violação que, por sua vez, interpretam como algo mais comum entre desconhecidos. Esta postura é concordante com o que Muehlenhard (1988 cit. Kuffel & Katz, 2002) defende, quando refere que frequentemente os jovens não reconhecem as relações sexuais forçadas como uma forma de violação.

Quanto aos contextos e/ou situações que poderão precipitar a ocorrência da violência sexual, certas condutas das mulheres assumem uma posição predominante no discurso dos participantes, sobretudo pela sua interpretação e valoração social. Esta tendência do senso comum para responsabilizar a vítima pela agressão sexual tem sido, um dos elementos mais referidos pelos estudos. Refira-se, aliás, que não é só no senso comum que esta noção se encontra arreigada. Apesar das críticas recebidas, esta noção está claramente presente quer nas práticas judiciais quer nos próprios discursos científicos – nomeadamente na noção de Amir (1971, cit. Marx et al., 1996) de que existem "violações precipitadas pela vítima", considerando como tais as situações em que a mulher que não se comporta de forma consistente com as prescrições culturais, por exemplo, utilizando um estilo de vestir entendido como "provocador". Também no nosso estudo é visível esta censura dos comportamentos femininos que se afastam do padrão convencional (vestir de forma sexualmente apelativa, já ter iniciado a sua vida sexual, consumir álcool), bem como a culpabilização da vítima nestes casos.

Também relativamente às causas da violência sexual prevalecem explicações individualistas, quer de cariz "biológico" e desenvolvimental (curiosidade e/ou "impulsividade" sexual, ausência de informação e/ou inexperiência sexual), quer do foro psicológico (patologia, vitimação sexual na infância). A pressão dos pares é também mencionada como relevante. Curiosamente, no domínio específico da violência sexual, as causas sociais ou culturais, bem como eventuais explicações relacionadas com as questões de dominação de género, estão completamente ausentes no discurso dos participantes, denotando a sua dificuldade de "pensar" o tema ou de perceber a dimensão sócio-cultural da sexualidade. Em contrapartida, verifica-se, mais uma vez, uma ênfase na dimensão individualizada do problema, assim como parece implícita uma certa desculpabilização da conduta maltratante.

As referências dos participantes ao impacto deste tipo de vitimação foram também muito esparsas, reforçando a impressão de desconforto e estranheza face ao tema. Os participantes estão, contudo, conscientes de que em geral, as vítimas deste tipo de violência tendem a não denunciar, sobretudo por vergonha, tal como apontam os estudos (cf. Rickert, Wiemann, & Vaughan, 2005) realizados com a população estudantil. Esta rara revelação da violação na intimidade dos jovens foi mesmo já apelidada por alguns como uma "epidemia silenciosa" (Koss et al., 1988).

Para finalizar esta síntese da análise categorial, importa fazer referência aos factores percebidos como favorecendo a manutenção da relação violenta no tempo. À semelhança do que se verifica nas relações maritais, também ao nível das relações amorosas se registam múltiplos factores que constrangem a saída da vítima da relação abusiva e, de entre estes, os nossos participantes identificaram: o medo de retaliações, a crença na mudança do comportamento do agressor ou na não repetição do episódio abusivo e a dependência psicológica ou até económica do agressor. Adicionalmente, os participantes descrevem que este tipo de abuso envolve por vezes dinâmicas análogas ao ciclo da violência, que dificultam a identificação das situações abusivas. Por fim, sustentam que o grau de envolvimento emocional impede também que estas vítimas reconheçam os comportamentos do parceiro como abusivos. As percepções dos nossos participantes neste contexto apresentam-se, deste modo, ajustadas à forma como a investigação tem caracterizado este tipo de situações. Não obstante, e mais uma vez, os jovens dão primazia às dimensões psicológica e intrapessoal, quer em relação ao comportamento do agressor, quer em relação ao comportamento da vítima. Desta forma, não atendem a outras dimensões que nos parecem fundamentais para compreender este fenómeno, mais concretamente, o papel do isolamento, da falta de apoios específicos para este tipo de vítimas e da tolerância social que existe para alguns dos comportamentos descritos.

3.2. Análise transversal dos resultados

Nesta segunda fase da análise dos dados, iremos caracterizar três temas transversais a todo o discurso dos participantes (emergentes ao longo de várias das categorias anteriormente descritas) e que estiveram presentes na discussão de todos os grupos. Referimo-nos à valoração das diferentes condutas abusivas identificadas, à forma como os participantes conceptualizam a relação entre género e violência, e à legitimação *vs.* reprovação das diferentes formas de violência discutidas. Pela relevância teórica destas questões, procuraremos, ao longo desta exposição, ir integrando a exposição dos resultados com a sua discussão.

3.2.1. Valoração das diferentes formas de violência na intimidade juvenil

3.2.1.1. Banalização da violência psicológica

A violência psicológica é apresentada no discurso da grande maioria (5 grupos e 11 sujeitos) dos participantes como o tipo de abuso mais preponderante na intimidade juvenil. Na verdade, a literatura comprova que, ainda que esta receba um menor interesse empírico, constitui, efectivamente, o tipo de abuso mais comum (Feiring et al., 2002; Hird, 2000; Jackson, 1999; Jackson et al., 2000). De forma mais específica, e à semelhança do apurado em outros estudos (Hird, 2000), os insultos são percebidos como a forma mais comum de agressão psicológica. As discussões e as manifestações de ciúmes são também percebidas como comuns e, de certa forma, qualificadas pelos participantes como algo normativo (e.g., D., raparigas secundário: "*entre namorados, acho que é mais fácil terminar uma relação em que existe violência física, porque violência psicológica acaba por existir sempre*"). Efectivamente, ainda que num primeiro momento os participantes conceptualizem estes actos como abusivos, com o evoluir da discussão e com a introdução da violência física na análise, os jovens parecem alterar os seus posicionamentos, relativizando e minorando o impacto de certas formas de violência psicológica.

Em oposição, a agressão física é percepcionada como um tipo de violência mais extremada e pouco frequente nas relações amorosas (3 grupos e 3 sujeitos) (J., misto universitário: "*Eu acho que a violência física só acontece em último recurso*").

Todos os grupos (9 grupos, 22 sujeitos) consideram existir uma associação entre violência psicológica e violência física, tal como tem sido encontrado em investigações análogas (Price et al., 2000; Sears et al., 2006). Defendem que, de uma forma geral, o abuso começa por actos de violência psicológica para, posteriormente, escalar para a violência física (M., raparigas fora ensino: "*Geralmente, começa por haver agressão emocional e só depois é que passa à física*"). A violência psicológica é assim percebida, tal como a literatura sugere, como o percursor de outras formas de abuso, especificamente o abuso físico (e.g., Hydén, 1995; Ryan, 1995 cit. Jackson, 1999; Sears et al., 2006).

3.2.1.2. Minimização da violência sexual

Contrariamente ao que se verificou na análise da violência física e psicológica, a introdução do tema violência sexual na discussão impulsionou, desde logo, algum retraimento dos participantes. Estes descrevem este tipo de abuso como sendo algo que as pessoas não abordam, nem comentam (3 grupos, 4 sujeitos). Este pudor social e vergonha na abordagem desta temática parecem-nos poder ser relacionados com o que tem sido defendido por Hall e Barongan (1997), quando afirmam que o comportamento sexualmente violento é produto de uma cultura onde este tipo de acto é tendencialmente consentido e aceite. Com efeito, tal vergonha poderá promover a tolerância e legitimação deste tipo de actos abusivos ou mesmo uma interpretação errónea dos mesmos e, deste modo, promover o sub-relato deste tipo de agressões.

Este tipo de abuso é percebido pelos participantes como pouco usual nas relações amorosas (2 grupos, 2 sujeitos), antes tendo particular incidência entre desconhecidos (S., raparigas fora ensino: "*Acho que entre namorados este assunto não é assim tão frequente, é mais frequente entre pessoas que não se conhecem*"). Todavia, a investigação empírica sobre esta matéria contraria esta percepção e sustenta que a violência sexual entre os adolescentes não se trata de um fenómeno raro (e.g., Jezl et al., 1996; Muram, Hostetler, Jones, & Speck, 1995), incluindo a violação (e.g., Muehlenhard & Linton, 1987), sendo, na maioria dos casos, cometida por um conhecido e, de forma frequente, pelo parceiro amoroso (Gross et al., 2006; Himelein, 1995).

3.2.2. Violência e género

Como vimos anteriormente, a relação entre violência na intimidade e género tem suscitado um grande debate teórico e empírico. Se, por um lado, os métodos mais quantitativos parecem sugerir a existência de uma simetria de género, análises mais aprofundadas, de cariz qualitativo, parecem questionar esta reciprocidade do abuso e sinalizar diferenças de género a vários níveis (e.g., tipo de violência perpetrada, impacto, severidade, causas para o abuso). Assim sendo, pretendemos perceber como é que os nossos participantes perspectivam as questões de género, atendendo às seguintes dimensões: agentes e vítimas da violência, causas para a violência, gravidade, impacto, e significado conferido à violência feminina e masculina e, ainda, como percebem a revelação masculina e feminina.

3.2.2.1. Agentes e vítimas da violência

A ideia da simetria de género no exercício da violência não é partilhada pelos nossos participantes que, de forma quase consensual, apontam o género masculino como o principal agressor (7 grupos, 28 sujeitos) (B., rapazes fora ensino: "*A nível físico, sem dúvida nenhuma que o principal agressor é o homem*") e o género feminino como a vítima preferencial (4 grupos, 10 sujeitos) (R., misto fora ensino: "*eu acho que a nível da violência física, a mulher é principal vítima*"). Todavia, a violência feminina não é de todo negada, e alguns participantes defendem que a mulher também poderá praticar este tipo de abuso (6 grupos, 11 sujeitos) (B., misto fora ensino: "*eu acho que agora começa a haver um desequilíbrio, com as mulheres a começarem a usar também este tipo de violência*"), ainda que considerem que tal é menos frequente (M., misto fora ensino: "*eu acho que as mulheres também podem ser violentas, mas são-no em menor número, sobretudo devido à sua condição física*) e possui menor gravidade (J., raparigas secundário: "*é claro que as mulheres também podem usar violência física, mas um tipo de violência menor*").

Esta representação dos participantes poderá, do nosso ponto de vista, ser objecto de duas interpretações diferentes. Por um lado, traduz um reconhecimento do carácter genderizado da violência e uma consciência de que, tal como a investigação feminista sustenta, os homens perpetram, de um modo geral, uma maior variedade de actos fisicamente violentos, geralmente com maior severidade e frequência do que as suas companheiras (e.g., Cascardi & Vivian, 1995; Dobash & Dobash, 2004; Saunders, 2002). Por outro lado, podemos interrogar se esta representação não traduzirá antes uma concepção convencional dos papéis sexuais, em que o homem é visto como "naturalmente" mais agressivo do que a mulher e o potencial desta para a violência é negado.

À semelhança do que se verificou noutros estudos (Bergman, 1992; Sears et al., 2006), alguns dos nossos participantes consideram (7 grupos, 23 sujeitos) que as raparigas tendem a usar mais violência psicológica (F., misto universitário: "*as mulheres tendem a usar mais violência emocional, sobretudo devido à sua estatura física*"), enquanto outros apontam para a reciprocidade desta forma de abuso (5 grupos, 19 sujeitos) (M., raparigas fora ensino: "*acho que emocionalmente, tanto o homem como a mulher usa este tipo de violência*"). Estes resultados, não corroborados pela investigação empírica – que, apesar de ambígua, sugere uma maior vitimação psicológica feminina (Foshee, 1996) – poderão também indiciar alguma adesão aos estereótipos sociais que representam a mulher como exercendo formas mais subtis de agressão e manipulação nas relações.

Por fim, e tal como a grande maioria das investigações internacionais e nacionais (e.g., Duarte & Lima, 2006; Lewis & Fremouw, 2002; Magdol et al., 1997; Paiva & Figueiredo, 2004; Straus, 2004) documentam, os nossos participantes também partilham a ideia de que a violência se poderá caracterizar por trocas mútuas de agressões (3 grupos, 7 sujeitos), sendo tal percebido como resultante da evolução social no sentido da maior paridade de género (J., misto universitários: "*Acho que hoje as coisas começam a mudar um pouco*").

Quando pedimos aos participantes para discutirem especificamente a violência sexual, esta noção de potencial paridade esbate-se, reforçando-se o discurso em torno do protagonismo masculino da agressão. Este resultado é concordante com várias investigações (e.g., Bergman, 1992; DeKeseredy & Schwartz, 1998; Foshee, 1996; Hird, 2000; Jackson & Davis, 2000; Mahoney, Williams, & West, 2001) que sugerem uma maior agressão sexual masculina (9 grupos, 45 sujeitos) (B., rapazes secundário: "*Aqui é onde existe mais desequilíbrio, o homem é quem perpetra sempre este tipo de violência*") e uma maior vitimação feminina (3 grupos, 13 sujeitos).

Contudo, e dado a existência de diferentes tipos de violência sexual, os participantes consideram que a mulher pode praticar este tipo de abuso, mas com muito menor frequência (6 grupos, 14 sujeitos). Efectivamente, os estudos que procuram caracterizar a prevalência deste fenómeno apresentam taxas de vitimação masculina significativamente inferiores à feminina. A título meramente exemplificativo, no estudo de Foshee (1996) estas diferenças de género são claramente confirmadas, sendo a vitimação feminina registada em 15% dos casos e existindo apenas 7% de casos que envolviam vitimação masculina. Não obstante, não será de descurar as evidências (Serquina-Ramiro, 2005) que confirmam que o género masculino também poderá ser alvo deste tipo de violência. Ainda assim, a investigação empírica confirma que, geralmente, os homens experimentam formas de violência menor (e.g., coerção sexual) e que as mulheres tendem a relatar formas de violência física mais severas do que estes (Makepeace, 1986).

3.2.2.2. Da gravidade ao impacto da violência

Atendendo a que a gravidade e o impacto da violência surgem emparelhadas no discurso dos nossos participantes, optamos por analisá-las em conjunto.

À semelhança do que tem sido defendido pelas perspectivas feministas, os comportamentos agressivos dos homens são percebidos como mais sérios e severos, tanto no que diz respeito à agressão física (4 grupos, 7 sujeitos) (H., rapazes fora ensino: "*É muito diferente. Um estalo de um homem é muito mais grave do que um da mulher. Se quisermos, um estalo de um homem deve equivaler a 3 de uma mulher*"), como sexual (5 grupos, 6 sujeitos). Por contraposição, a agressão feminina é percepcionada como menos grave (2 grupos, 5 sujeitos) (B., rapazes fora ensino: "*O estalo de uma mulher é menos grave do que de um homem, mas isto já devido às características físicas da mulher*"). Assim, as diferenças são representadas não só ao nível do maior recurso masculino à violência mas também no plano das diferenças qualitativas entre as agressões masculinas e femininas, sobretudo pelos efeitos que provocam. Na verdade, a violência masculina tem sido percepcionada como mais severa, perigosa e mais susceptível de causar dano à vítima (e.g., Hird, 2000; Miller & White, 2003). A reiterar esta ideia estão também os estudos que procuram analisar os efeitos da violência masculina e que sustentam que, este tipo de violência resulta, na maioria das vezes, em sequelas mais graves do que a perpetrada pelas mulheres (Molidor & Tolman, 1998; Straus & Ramirez, 2002).

A par do impacto físico da agressão, os participantes consideram existir também diferenças de género na forma como a agressão é interpretada, conduzindo a diferentes níveis de impacto. A elaboração discursiva destas diferenças reforça os estereótipos dominantes em torno da racionalidade e robustez psicológica masculina e da emocionalidade e vulnerabilidade psicológica das mulheres (2 grupos, 4 sujeitos) (J., raparigas universitárias: "*o homem tenta sempre mais racionalizar a coisa, é mais frio e nós não, perante determinadas coisas, temos mais dificuldade em ultrapassar a situação e acabamos sempre por ficar a remoer naquilo durante muito tempo*").

3.2.2.3. Causas para a agressão feminina e masculina

Quanto à identificação dos motivos que poderão impulsionar a agressão feminina, foram perceptíveis algumas dificuldades por parte dos participantes e apenas referem que as mulheres tendem a recorrer à violência somente em situações muito específicas e em casos extremos (2 grupos, 4 sujeitos) (D., raparigas secundário: "*acho que uma mulher só agride quando atinge um ponto de saturação (...) só agride em situações limite*"). Alguma literatura neste domínio (Stets & Priog-Good, 1987 cit. Chase et al., 1998) documenta que a agressão feminina tende a ocorrer, geralmente, em resposta a factores situacionais e proximais, enquanto a agressão masculina tende a ser mais consistentemente proactiva ou instrumental, baseada em razões de controlo. De igual modo, a agressão por auto-defesa tende a ser mais comum para o género feminino (e.g., Bookwala et al., 1992; Tondonato & Crew, 1992).

Em contrapartida e no que se refere às motivações e/ou significações para a agressão masculina, os participantes mostraram-se mais à vontade e descrevem os ciúmes e a insegurança (3 grupos, 8 sujeitos) (J., rapazes fora ensino: "*Eu acho que o homem só agride quando começa a desconfiar e perante os ciúmes*") como causas centrais. Adicionalmente, atribuem a agressão masculina ao que consideram ser uma característica intrínseca e tipicamente masculina – a impulsividade (2 grupos, 2 sujeitos) (D., raparigas secundário: "*Tendencialmente, o homem tende a perder a paciência mais facilmente do que a mulher*"). Por fim, justificam a agressão masculina como uma forma de punir o comportamento indesejável da parceira (2 grupos, 2 sujeitos) (C., misto secundário: "*Muitas vezes, é porque a mulher não respeita o homem*").

3.2.2.4. Revelação masculina e feminina

Também ao nível da revelação dos incidentes abusivos, os nossos participantes consideram existir diferenças de género substanciais. Assim, sustentam que as raparigas são quem mais tendem a revelar os incidentes abusivos de que são alvo (7 grupos, 12 sujeitos), tendendo a recorrer a uma amiga e/ou pessoa de confiança (5 grupos, 9 sujeitos). Por sua vez, um número considerável de participantes defende que os rapazes nunca revelam (5 grupos, 17 sujeitos), enquanto uma minoria (4 grupos, 5 sujeitos), defende que os rapazes revelam, mas com menor frequência, sendo que quando o fazem é sobretudo aos amigos de género masculino (3 grupos, 5 sujeitos). A revelação da vitimação masculina surge percepcionada pelos participantes como estando constrangida por três factores: por vergonha (4 grupos, 5 sujeitos) (D., rapazes secundário: "*acho que isso para ele era uma vergonha, ele próprio acha que não consegue admitir isso*"), por "machismo" (3 grupos, 5 sujeitos) (D., raparigas fora ensino: "*Acho que é uma questão cultural, de machismo, o homem é que tem que mandar e não pode ser alvo de violência, tem que manter aquele estatuto e revelar que foi maltratado pode significar perder o estatuto*") e por medo de ser ridicularizado (4 grupos, 4 sujeitos) (C., misto secundário: "*Porque se expõe a sua situação, sabe que vai ser gozado e não tem coragem para admitir isso*"). Efectivamente, alguns estudos (e.g., Molidor & Tolman, 1998) documentam o sub-relato da vitimação masculina, seja por vergonha, minimização das agressões de que são alvo, reduzido dano sofrido ou incapacidade de se colocarem no papel de vítimas. O sub-relato da vitimação masculina parece-nos ainda, estar relacionado com a construção social da masculinidade e feminilidade, de que nos falam alguns autores (Jackson et al., 2000). Assim, tem sido defendido que o "machismo" que frequentemente acompanha a noção de masculinidade constrange a expressão dos sentimentos e impede que os homens se reconheçam como vítimas da violência feminina. Por sua vez, a maior tendência feminina para a revelação tem sido considerada concordante com as construções tradicionais da feminilidade, em que as mulheres tendem a revelar-se mais expressivas e emotivas. A reiterar esta ideia, estão as conclusões obtidas por Price e colaboradores (2000), em que os participantes deste estudo consideram que os rapazes, de uma forma geral, não são encorajados a expressar os seus sentimentos ou problemas.

Esta dificuldade de revelação masculina torna-se ainda mais evidente quando se considera a agressão sexual, sendo considerado pelos nossos sujeitos que o género masculino nunca revela tais incidentes (2 grupos, 3 sujeitos). A revelação, embora seja percebida como difícil, é entendida como mais frequente entre o género feminino (1 grupo, 2 sujeitos), concebendo-se as amigas (1 grupo, 3 sujeitos) ou a mãe (1 grupo, 2 sujeitos) como principais fontes de apoio nestas situações.

3.2.2.5. Conceptualização do género

Em todas as dimensões em avaliação, os participantes tendem a atribuir as diferenças de género essencialmente à biologia, sendo parcas ou mesmo nulas as referências à dimensão social e cultural do género. De uma forma global, os participantes descrevem o género masculino como possuindo uma maior robustez física (6 grupos, 8 sujeitos) (A., misto fora ensino: "*Não podemos esquecer que existem diferenças físicas que separam o homem da mulher, o homem é biologicamente mais forte*") e, ainda que de forma menos consensual, maior impulsividade (2 grupos, 3 sujeitos) (JP., misto secundário: "*O homem explode mais depressa, agora a mulher aguenta mais, ouve e ouve, enquanto que o homem basta acontecer uma coisa mínima para logo perder o controlo*").

Por oposição, as mulheres são percepcionadas com sendo mais frágeis fisicamente (3 grupos, 4 sujeitos) (A., misto secundário: "*Lá está, as mulheres não têm tanta força como o homem, são mais fracas e isto conta muito*") e mais auto-controladas (3 grupos, 4 sujeitos) (J., misto universitários: "*Eu acho que as mulheres por natureza são muito mais calmas e não tendem tanto a reagir fisicamente*").

3.2.3. Discursos (in)tolerantes face à violência íntima

Um dos objectivos centrais deste estudo era perceber o grau de tolerância e/ou legitimação que os participantes conferem ao abuso íntimo. Para além disso, procuramos igualmente perceber de que forma os diferentes tipos de violência, as circunstâncias em que ocorre e os motivos invocados para os actos abusivos, influenciam os seus posicionamentos acerca da (in)tolerância à violência.

Numa primeira abordagem, e de forma quase consensual, os participantes verbalizaram reprovar a violência na intimidade (7 grupos, 39 sujeitos). Estas manifestações de desaprovação surgem associadas à conceptualização da violência como obsessão, doença ou falta de confiança (4 grupos, 7 sujeitos) (A., misto fora ensino: "*Eu também acho que não é correcto, muito pelo contrário, acho que nestes casos há uma obsessão, falta de confiança*"), sinal da inexistência de amor (3 grupos, 5 sujeitos) (B., misto fora ensino: "*O gostar não implica usar violência*"), desrespeito pelo outro (1 grupo, 3 sujeitos), resultado do ciúme "exagerado" (1 grupo, 3 sujeitos) (J., misto universitário: "*Acho que a violência muitas vezes, é resultado do ciúme doentio e para mim isso não é saudável*") e, ainda, "destruidora" das relações amorosas (1 grupo, 2 sujeitos) (F., misto universitários: "*Acho que a violência, sobretudo o ciúme em demasia, só pode levar a destruir uma relação de amor*").

Esta postura é concordante com o apurado noutros estudos qualitativos internacionais (O'Keefe, 1997; Price et al., 2000) e nacionais (e.g., Matos et al., 2006) que concluíram que, de uma forma geral, os adolescentes tendem a evidenciar um reduzido grau de concordância com o uso da violência nas relações íntimas.

Na sequência desta reprovação da violência, a conduta do agressor é descrita de forma negativa, como uma obsessão (4 grupos, 5 sujeitos) ou algo doentio (3 grupos, 3 sujeitos). Também em outros estudos análogos (e.g., Lavoie et al., 2000) é possível perceber a existência de comentários depreciativos acerca da conduta dos agressores, em que estes são percepcionados como "estúpidos", incapazes de amar, não respeitadores e repugnantes.

A par desta atitude geral de reprovação da violência, ao longo dos diferentes grupos foram, contudo, recorrentemente verbalizados comentários que diminuíam essa desaprovação e legitimavam determinadas condutas abusivas (8 grupos, 50 sujeitos). Desde logo, a diferenciação da gravidade dos actos abusivos (apesar de alguns participantes rejeitarem, como vimos atrás, tal diferenciação), enfatizando a especial reprovação de alguns, parece-nos ter implícita a menor censurabilidade das condutas que não se enquadram nestes parâmetros. Segundo os participantes (6 grupos, 20 sujeitos), a violência é especialmente censurável quando se torna física (4 grupos, 5 sujeitos) (P, raparigas universitário: "*Acho que quando passa à violência física não há perdão possível*"), quando o agressor está sob o efeito de álcool (2 grupos, 4 sujeitos) (P., misto secundário: "*acho que aqui não há desculpa, porque a pessoa já devia saber que a ingestão de álcool provoca esse efeito*") e quando ocorre na ausência de qualquer motivo que justifique a adopção do comportamento abusivo (2 grupos, 2 sujeitos). Esta própria concepção de que existem actos "imotivados" de violência implica, necessariamente, a aceitação de que outros ocorrem de forma "motivada", logo mais inteligível e, possivelmente, justificável.

Por outro lado, os participantes defendem que, quando se toma em consideração o carácter abusivo destes actos, é necessário atender aos contextos/circunstâncias em que eles ocorrem (6 grupos, 18 sujeitos) (M., rapazes universitários: "*eu acho que depende até que ponto são usados* [os comportamentos violentos], *porque em qualquer relação em algum momento, vai ter que haver algum ignorar, as pessoas nem sempre estão bem e pode surgir algum tipo de violência, mas a pessoa tem é que ter amor próprio e haver uma linha em que não se pode passar*"). Neste sentido, a violência emocional é percebida pela quase generalidade dos participantes (7 grupos, 19 sujeitos) como mais susceptível de compreender/tolerar. De forma mais específica, os ciúmes, por vezes definidos como uma forma de abuso psicológico, são por outros sujeitos interpretados como não abusivos e até mesmo como normativos e necessários nas relações amorosas (3 grupos, 17 sujeitos) (F., misto universitários: "*Acho que os ciúmes são normais, acho que isto não é violência, mas sim uma forma de controlo*"). Da mesma forma, foi perceptível a minimização ou mesmo distorção do significado de outros actos emocionalmente abusivos, como sejam o controlo (3 grupos, 5 sujeitos) (S., raparigas fora do sistema de ensino: "*o controlo é porque gosta da outra pessoa, tem medo de a perder e acho que isto não é bem considerado violência*") e os insultos (2 grupos, 4 sujeitos) (J., raparigas universitárias: "*hoje em dia chama-se nomes a torto e a direito e às vezes o chamar nomes não pretende tanto ofender o outro*"). Por fim, as bofetadas são, por vezes, concebidas como irrelevantes (2 grupos, 3 sujeitos) (D., rapazes universitários: "*eu acho que às vezes há agressões que acontecem em tom de brincadeira e ninguém tem que levar a mal. Por exemplo, uma estalada é uma coisa sem importância*").

Estas crenças em torno da normalidade e falta de gravidade de certos actos abusivos, tornam, do nosso ponto de vista, os jovens particularmente vulneráveis à violência. Outros estudos têm vindo a documentar resultados análogos, nomeadamente o de que a violência infligida pelos parceiros pode ser aprovada pelos jovens em determinadas circunstâncias (Carlson, 1990; Price et al., 1999, 2000). Estes resultados tendem, curiosamente, e tal como sucede no nosso estudo, a coexistir com a expressão pelos jovens de uma desaprovação genérica da violência.

O grau de aceitabilidade dos comportamentos violentos parece ser mediado por algumas variáveis, especificamente, os motivos (7 grupos, 19 sujeitos) atribuídos à conduta abusiva. Como principais motivos que diminuem a censurabilidade das agressões, evocam: a restrição da agressão a um episódio pontual, único (4 grupos, 11 sujeitos) (V., misto universitário: "*Se for uma só vez, acho que se deve tentar o diálogo*"); a menor gravidade da agressão (3 grupos, 4 sujeitos) (A., misto secundário:" *vai depender se a violência é grave ou não*"); os eventuais problemas psicológicos do agressor (2 grupos, 4 sujeitos) (A., misto secundário: "*o facto de a pessoa ter algum problema psicológico, também poderá ajudar a compreender mais facilmente a situação abusiva*"); e, por fim, a sua intenção (2 grupos, 3 sujeitos) (B., rapazes secundário: "*Acho que também vai depender um bocado se agrediu sem querer ou se foi propositadamente*").

Quando se considera especificamente a violência sexual, a generalidade dos participantes considera que esta não é tolerável em momento algum (7 grupos, 15 sujeitos). Contudo, é perceptível uma certa censura de alguns comportamentos femininos considerados menos convencionais (e.g., vestir de forma sexualmente apelativa, já ter iniciado a vida sexual, consumir álcool), bem como a responsabilização da vítima pelo abuso. Neste sentido, e de forma análoga ao que verificámos atrás, um número substancial de participantes é de opinião que certos tipos de violência sexual podem ser desculpáveis em certas circunstâncias, sobretudo no contexto de uma relação amorosa (6 grupos, 10 sujeitos) (R., misto fora ensino: "*Se eles namoram, não acho que seja violência sexual*"; R., raparigas universitárias: "*Eu acho que numa relação normal, é natural que estas coisas* [pressão para a relação sexual, beijos forçados] *aconteçam*").

Na verdade, os trabalhos (e.g., Sfefer et al., 2000) que têm procurado analisar as construções culturais em torno da sexualidade, sustentam que as jovens tendem, muitas vezes, a ceder às pressões dos seus companheiros, devido a uma concepção subordinada do papel da mulher na relação e no medo de a perder caso não se conformem com as exigências que lhes são feitas. Ainda neste estudo, os autores verificaram uma certa normalização da violência sexual por parte do género feminino, sendo esta concebida como uma forma de expressão de amor e envolvimento.

Como tipos de violência mais susceptíveis de compreensão, os nossos participantes evocaram aqueles actos que alguns (e.g., Stets & Pirog-Good, 1989) consideram ser violência sexual "menor", nomeadamente, os toques indesejados ("apalpadelas") (3 grupos, 3 sujeitos), a manipulação psicológica (1 grupo, 3 sujeitos) e os beijos forçados (2 grupos, 2 sujeitos).

3.2.4. Atitudes e comportamentos: incongruências antecipadas

De forma a explorar as contradições emergentes, quer na literatura quer no nosso próprio estudo quantitativo, entre a dimensão atitudinal e comportamental, questionamos os participantes sobre a eventualidade de virem a exibirem comportamentos contrários aos princípios que tinham expresso na discussão de grupo. A maioria respondeu afirmativamente (6 grupos, 12 sujeitos) (D., raparigas fora ensino: "*É aquela coisa, é muito fácil falar, as pessoas falam bem e têm noções das coisas, mas quando se vive e se sente a situação, é mais difícil de avaliar e de gerir isso.*"). Elegeram a traição como a situação que mais provavelmente desencadearia uma reacção agressiva da sua parte (3 grupos, 4 sujeitos) (C., raparigas fora ensino: "*Eu acho que só usaria violência em situações extremas como por exemplo, encontrar o meu namorado com outra mulher*"). Já no que concerne ao tipo de violência que eventualmente utilizariam, referem violência emocional (2 grupos, 2 sujeitos) (R., misto fora ensino: "*Acho que usaria sobretudo violência emocional, agora violência física, penso que não*") ou então, violência física "menor", em particular bofetadas (2 grupos, 2 sujeitos) (A., misto secundário: "*Se eu visse a minha namorada com outro, a minha primeira reacção era dar-lhe uma estalada*").

3.3. Contrastação dos resultados em função dos grupos

Um último passo na análise dos dados consistiu em proceder à contrastação dos mesmos em função do género e nível educacional dos participantes. Para facilitar uma análise mais clara dos resultados obtidos faremos esta apresentação através de quadros que sintetizam os conteúdos mais relevantes do discurso de cada grupo. Neste procedimento, o critério adoptado para a inclusão das categorias nos quadros foi considerar todas as categorias identificadas por 50% ou mais dos entrevistados que se posicionaram sobre esse tema. Nos quadros, destacamos ainda (a negrito) as categorias que foram respondidas por 50% ou mais dos participantes totais que integram a amostra do estudo.

3.3.1. Contrastação em função do género

Temas	Formas abusivas	Masculino	Feminino
Definição de violência	Física	Agressões com recurso à força física, com a intenção de magoar e com consequências físicas.	Contacto físico violento.
	Psicológica	**Todo o tipo de actos que resultem em implicações psicológicas para a vítima.**	______
	Sexual	Forçar ao acto sexual, com recurso à pressão psicológica e/ou violência física.	______
Frequência da violência	Física	*Actos mais frequentes*: empurrões, puxões, abanões, socos e pontapés.	*Actos mais frequentes*: Estalos e agarrar os braços.
	Psicológica	*Actos mais frequentes*: insultos e chantagem.	*Actos mais frequentes:* controlo, proibições, ciúmes, obsessão pela relação.
	Sexual	*Actos mais frequentes*: Pressão e manipulação sexual.	*Actos mais frequentes*: toques indesejáveis ("apalpões") e forçar ao acto sexual.
Gravidade da violência	Física	Diferenciação da gravidade dos actos abusivos. *Variáveis moderadoras da gravidade*: Características dos agressores, intenção e explicação para o acto violento.	Não diferenciação da gravidade. *Variáveis moderadoras da gravidade*: Consequências da violência.
	Psicológica	Diferenciação da gravidade dos actos abusivos. *Variáveis moderadoras da gravidade*: *timing*, tipo, forma como é praticada e impacto, intenção do agressor.	______
	Sexual	*Actos mais graves*: Violação e forçar ao acto sexual.	______
Causas para a violência	Física e Psicológica	Pares com relações violentas. Ausência de competências sociais. Traição.	Experienciação e/ou exposição à violência. Ciúme, desconfiança, obsessão. Atitude (de tolerância) da vitima face ao abuso.
	Sexual	Pressão dos pares e experienciar violência na infância.	Patologia do agressor.
Impacto da violência	Física e Psicológica	Maior impacto da violência física. *Variáveis moderadoras do impacto*: circunstâncias da violência e significado conferido à violência; presença de outras pessoas e características das vitimas.	Maior impacto da violência emocional. *Variáveis moderadoras do impacto*: consequências da violência e tipo de violência.
Agentes e vítimas de violência	Física e Psicológica	Género masculino percepcionado como o principal agressor da violência física.	Género feminino também poderá recorrer à violência física, mas com menor frequência.
	Sexual	Género masculino principal agressor. Género feminino vítima preferencial.	______
Causas para a agressão feminina e masculina	Física e Psicológica	O ciúme e insegurança são as causas principais da agressão masculina.	Agressão feminina só acontece em situações extremadas.
	Sexual	Obter o controlo da relação como principal causa para a agressão masculina.	______
Impacto da agressão feminina e masculina	Física e Psicológica	Maior impacto da violência física masculina.	Menor impacto da violência física feminina.
Da violência psicológica à física		▪ **Violência psicológica e física associadas** ▪ **Violência psicológica precede a violência física**	______
Discursos (in) tolerantes para a violência		Menor grau de desaprovação da violência em geral. **Elevado grau de tolerância perante a violência emocional** *Variáveis moderadoras da tolerância*: Capacidade de tolerância da vítima. Intenção do agressor.	Maior grau de desaprovação da violência em geral. **Menor grau de tolerância perante a violência emocional** *Variáveis moderadoras da tolerância*: Gravidade da violência.

Quadro 30. Contrastação dos discursos violentos em função do género.

A análise do quadro permite-nos extrair algumas conclusões que passamos a apresentar e discutir:

1. Começando a nossa análise pela definição de violência, é possível perceber uma maior consensualidade entre os rapazes sobre o que poderá constituir abuso físico e psicológico, apresentando uma definição de violência sobretudo centrada na intenção e no dano. Por outro lado, verifica-se um menor acordo entre as raparigas que, para além de evidenciarem alguma dificuldade em se posicionar sobre o que poderá configurar abuso psicológico e sexual, apresentam uma definição de violência mais breve e centrada na interacção física.

As percepções dos nossos participantes neste âmbito aproximam-se, assim, parcialmente, dos resultados obtidos por Price e colaboradores (2000), segundo os quais os rapazes apenas consideram os comportamentos fisicamente violentos quando lhes está subjacente a intenção de provocar dano, enquanto as raparigas atendem sobretudo ao impacto negativo que estes actos podem acarretar. Segundo estes autores, estas conceptualizações poderão ter implicações relevantes na manutenção da relação abusiva, na medida em que, se os rapazes não percebem os seus actos como sendo abusivos, não terão motivação para modificar a sua conduta. Por sua vez, se as raparigas não atribuírem aos actos abusivos um impacto negativo, também não demonstrarão desaprovação face aos mesmos e, como tal, o comportamento abusivo irá manter-se. Estes resultados foram igualmente reiterados, mais recentemente, num outro estudo desenvolvido por Sears e colaboradores (2006). Outras explicações possíveis para estes resultados remetem para o facto de rapazes e raparigas possuírem diferentes definições de violência, resultando assim em interpretações distintas de comportamentos considerados objectivamente abusivos (Margolin, 1987 cit. Dobash & Dobash, 2004), sendo que o género masculino tende a conferir uma menor severidade ao abuso cometido ou a percepcioná-lo como não violento (Wekerle & Wolfe, 1999).

2. No que concerne à frequência da violência, verifica-se que os homens tendem a identificar como actos mais frequentes aqueles que configuram violência "mais severa" (e.g., socos, pontapés), notando-se, assim, uma certa confusão entre frequência e gravidade da violência. Por sua vez, as mulheres parecem enfatizar sobretudo actos de violência "menor" (e.g., estalos), que os estudos (cf. Katz et al., 2002; Weston, Tem-

ple, & Marshall, 2005; Sears et al., 2006) confirmam como sendo de facto os mais prevalentes nesta população.

Ao nível da violência sexual, o género masculino percebe os actos de ordem psicológica como sendo os mais recorrentes, enquanto as raparigas consideram mais comuns actos de violência sexual mais física. Sendo o género masculino o agente principal da agressão sexual, a resposta do nosso grupo masculino poderá indicar alguma minimização da violência sexual "menor" ou mesmo uma percepção distorcida sobre o que poderá configurar agressão sexual. Aliás, é de notar que o tipo de actos que identificam como mais frequentes (e.g., pressão e manipulação psicológica) são condutas que correspondem, pelo menos em parte, ao estereótipo segundo o qual é esperado que seja o rapaz a tomar as iniciativas sexuais e a "pressionar" a parceira nesse sentido. De facto, tem sido sustentado que é esperado que o rapaz demonstre e prove a sua sexualidade, enquanto à rapariga é exigido que defenda a sua reputação sexual, resistindo às insistências sexuais masculinas e não demonstrando abertamente interesse pela sexualidade (Feltey et al., 1991).

3. As diferenças de género verificam-se igualmente nos critérios usados para a avaliação da gravidade dos actos física e psicologicamente abusivos. De destacar, desde logo, a diferenciação da gravidade dos actos fisicamente e psicologicamente abusivos amplamente defendida pelos rapazes e negada pelas raparigas. Mais uma vez, os participantes de género masculino atribuem uma maior gravidade aos comportamentos abusivos a partir da intenção e explicações do agressor, bem como pelas características do próprio. Por sua vez, as raparigas apenas consideram que a gravidade do comportamento abusivo poderá diferir em função do dano causado pelo abuso. Também quanto à violência sexual se verifica um maior acordo entre os rapazes quanto à percepção dos actos de violação e forçar ao acto sexual como sendo os mais graves. Estes resultados reforçam a nossa hipótese anterior quanto à maior legitimação das formas "menores" de violência pelo género masculino e, em alguns casos, à incapacidade de os participantes perceberem como abusivas certas condutas que se conformam aos estereótipos de dominância (nomeadamente sexual) socialmente prevalentes.

4. Relativamente às percepções dos nossos entrevistados sobre as atribuições para a violência, é de destacar que as raparigas parecem enfatizar sobretudo as dimensões explicativas de carácter individual (algo também

presente no grupo dos rapazes, ainda que com menor consensualidade). Atribuem também uma certa responsabilidade à vítima pela manutenção da relação abusiva. Esta tendência feminina para responsabilizar mais o seu próprio género pelo abuso foi comprovada por outros estudos (Byers et al., 2000) e tem sido interpretada como resultado da maior propensão feminina para assumir a sua responsabilidade nos conflitos amorosos (LeJeune & Follette, 1994). Por sua vez, o não reconhecimento masculino da sua responsabilidade tem sido atribuído ao estigma social associado ao agressor (Bethke & DeJoy, 1993), ao evitamento das sanções sociais inerentes a este tipo de actos, assim como à tendência masculina para minorar sintomas e dificuldades (Pedersen & Thomas, 1992 cit. Feiring et al., 2002).

Salientamos que esta tendência feminina para localizar o problema no interior dos indivíduos, individualizando-o, conjuntamente com a sua maior propensão para assumir a responsabilidade pelo abuso poderá promover uma atitude compreensiva face à conduta abusiva do agressor.

Por sua vez, os participantes masculinos parecem valorizar mais a influência que os pares podem ter no recurso à violência, quer para a violência física e psicológica, quer para a violência sexual. Na verdade e pese embora existam estudos (Arriaga & Foshee, 2004) que documentam a influência dos pares para ambos os géneros, outros (Chase et al., 1998; Ozer et al., 2004) apuraram que esta relação é sobretudo evidente no caso do género masculino. Dados os referenciais que sustentam que a masculinidade se constrói de acordo com as circunstâncias sociais, culturais e interactivas em que as pessoas estão inseridas (Totten, 2003) e que a violência masculina é, muitas vezes, uma forma de alcançar um determinada representação da masculinidade, o grupo de pares poderá constituir um contexto privilegiado para sustentar tal representação.

5. Na análise dos resultados sobre o impacto da violência, os participantes masculinos manifestam alguma indiferença face à violência emocional e atribuem um maior impacto à violência física. Esta insensibilidade masculina face à violência emocional parece reforçar, mais uma vez, a sua maior tendência para a legitimação das formas "menores" de violência. Por sua vez, a maior sensibilidade à violência emocional, evidenciada no grupo das participantes femininas tem sido igualmente confirmada em outros estudos (e.g., Ismail et al., 2007).

Detectamos ainda diferenças de género no que respeita às variáveis percebidas como moderadoras do impacto da violência física e psicológica. Assim, enquanto as participantes femininas percebem o dano e o tipo de violência como principais moderadores do impacto, para os participantes masculinos o mais importante parece ser o facto de o abuso não permanecer em segredo e poder tornar-se público.

6. Na análise das diferenças de género em termos dos agentes e vítimas de violência, destacamos primeiramente os consensos: a identificação do género feminino como a vítima preferencial da violência física, a ideia de que o género feminino tende a recorrer mais à violência psicológica, e a convicção de que existe alguma paridade de género no que respeita à vitimação e perpetração da violência psicológica.

Não obstante, as opiniões dos nossos entrevistados divergem relativamente ao agressor físico, verificando-se uma maior consensualidade masculina na identificação do seu género como agente principal deste tipo de violência. Por outro lado, verifica-se grande concordância feminina em torno da ideia de que o género feminino também poderá recorrer à violência física, ainda que qualifiquem esta possibilidade como menos comum. Na generalidade estes resultados parecem reiterar, mais uma vez, a presença, no discurso dos participantes, de certos estereótipos sociais que veiculam uma maior tendência masculina para recorrer a formas de agressão mais violentas e a tendência feminina para usar formas de violência mais subtis. E, neste sentido, somos levados a considerar que este discurso dos participantes poderá também corresponder ao modelo mais divulgado de violência, onde a relação é assimétrica, e o qual tem sido apelidado por alguns autores de "terrorismo íntimo" (Johnson, 2000, 2001).

Também ao nível da agressão sexual, se verifica, com grande expressividade, a unanimidade masculina na identificação do seu grupo como o principal agressor. De forma menos relevante, mas também consensual entre o género masculino, está a percepção do género feminino com a vítima preferencial deste tipo de abuso. Estas percepções dos participantes são consonantes com a realidade empírica que, efectivamente, comprova uma maior vitimação feminina e uma maior agressão masculina (Bergman, 1992; Lane & Gwartney-Gibbs, 1985; Makepeace, 1986). Por outro lado, advertimos que este discurso também pode reflectir os estereótipos dominantes em torno de uma "natureza" feminina menos sexualizada e agressiva, assim como o mito de que os homens não podem ser alvo de vitimação sexual.

7. O ciúme e a insegurança são indicados consensualmente pelos participantes masculinos como causas principais para a agressão masculina. Já entre os elementos femininos, não há unanimidade relativamente às motivações para a violência masculina e apenas se verifica concordância no que respeita à violência feminina, sendo esta percepcionada como ocorrendo apenas em situações limite. Por sua vez, ao nível da violência sexual, ambos os géneros são consonantes em defenderem que aquela resulta, geralmente, da curiosidade, imaturidade e impulsividade sexual.

8. No que concerne ao impacto diferencial da agressão feminina e masculina, os rapazes entrevistados consideram que a agressão masculina terá um maior impacto, ao mesmo tempo que as raparigas concordam em conferir um menor impacto à violência feminina. Estas percepções têm sido igualmente comprovadas em outros estudos (e.g., Makepeace, 1986), em que é salientado o maior potencial da agressão masculina para causar dano. Outros trabalhos (e.g., Arias et al., 1987; Hird, 2000; Johnson et al., 2005) comprovam que, efectivamente, a violência física masculina resulta, geralmente, num maior dano na vítima. Por outro lado, estes resultados poderão traduzir alguma minimização da violência feminina, associada à ideia de que as raparigas são naturalmente mais frágeis e incapazes de usar violência. Estas convicções poderão ter consequências nefastas, tanto em termos da capacidade de auto-defesa das raparigas como na banalização das formas menores de violência por si eventualmente adoptadas (Molidor & Tolman, 1998).

9. Finalmente, no que concerne aos discursos (in)tolerantes para com a violência, os participantes masculinos parecem ser mais tolerantes em relação à violência em geral, bem como face à violência emocional. Este dado reforça os resultados dos estudos (e.g., Bookwala et al., 1992; Cate et al., 1982, Forbes, Jobe, White, & Adams-Curtis, 2005; Henton et al., 1983; Price et al., 2000) que sustentam a existência de atitudes mais legitimadoras do abuso entre os homens. Esta tendência masculina para uma maior aceitação da violência tem sido considerada determinante no seu uso da violência (Follingstad et al., 1991). De igual modo, esta maior legitimação tem sido associada a uma interpretação menos séria da conduta abusiva, considerando-se que o género masculino tende a apresentar uma percepção distorcida sobre o que é ou não abuso (Bookwala et al., 1992) e que o género feminino tende a conferir uma valoração mais séria à agressão amorosa (Forbes et al., 2005).

3.3.2. Contrastação em função do nível educacional

Temas	Formas abusivas	Ensino Universitário	Ensino secundário	Jovens fora do sistema de ensino
Definição de violência	**Física**	**Contacto físico violento** Agressões com recurso à força física		
	Psicológica	**Todo o tipo de actos que resultem em implicações psicológicas para a vítima**		
	Sexual	**Forçar ao acto sexual**		
Frequência da violência	**Física**	*Actos mais frequentes*: estalos, agarrões, empurrões.		
	Psicológica	———	*Actos mais frequentes:* Controlo, proibições, insultos, ciúmes.	
	Sexual	*Actos mais frequentes*: pressão e manipulação sexual.		
		———	*Actos mais frequentes:* Beijos forçados e "apalpões"	———
Gravidade da violência	**Física**	*Variáveis moderadoras da gravidade:* consequências da violência, características, intenção e explicações do agressor.	———	———
	Psicológica	▪ *Variáveis moderadoras da gravidade*: *timing*, tipo, forma como é praticada e impacto, intenção do agressor, contexto de ocorrência.	———	———
Precipitantes da violência	**Sexual**	Comportamentos da vítima (e.g., modos vestir)	———	Comportamentos da vitima (e.g., modos de vestir)
Causas para a violência	**Física e Psicológica**	**Exposição e/ou experienciação de violência familiar.** **Ciúme, desconfiança, obsessão.**		
		Problemas psicológicos do agressor. Ausência de competências de comunicação. Controlo e dominância de género.	Traição.	Controlo e dominância de género.
		Atitude (tolerante) da vitima face à violência.		———
	Sexual	Curiosidade, impulsos sexuais. Problema psicológico.		———
			Pressão dos amigos.	
Agentes e vítimas da violência	**Física e Psicológica**	**Sexo masculino como principal agressor da violência física.**		
		Sexo feminino também poderá ser recorrer à violência física.		———
		Sexo masculino principal agressor e sexo feminino vítima preferencial.		
	Sexual			
Impacto da violência	**Física e Psicológica**	*Impacto:* Maior impacto da agressão física masculina		
	Sexual	*Impacto:* Maior impacto da violência sexual masculina		
Discursos (in) tolerantes para a violência		**Desaprovação geral da violência** Tolerância à violência emocional		

QUADRO 31. Contrastação dos discursos violentos em função do nível educacional.

Também no que concerne ao nível educacional, através da análise do quadro, é possível extrair algumas conclusões, que passamos a apresentar e analisar:

1. No que concerne à definição de violência, verifica-se grande consensualidade nos três grupos formativos. Não obstante, as suas noções de violência física, psicológica e sexual apresentam-se muito genéricas e vagas, o que sugere de certa forma, alguma dificuldade por parte dos nossos entrevistados em se posicionarem sobre o que poderá configurar abuso. Esta incapacidade por parte dos jovens em identificarem as situações abusivas como tal ou mesmo para lhe atribuir uma valoração negativa tem sido documentada pela literatura (e.g., Henton et al., 1983; cf. Glass *et al.,* 2003). As implicações destes resultados são preocupantes, nomeadamente o facto de o não reconhecimento das situações como abusivas promover a continuidade da conduta dos agressores, assim como a manutenção das vítimas na relação (Carlson, 1999).

2. Também ao nível dos actos de violência que mais frequentemente se manifestam nas relações amorosas, detecta-se alguma concordância entre os diferentes grupos formativos, sobretudo no que respeita à violência física e sexual, sendo que os participantes identificam a chamada violência "menor" como sendo a mais recorrente, no sentido já anteriormente descrito e comentado.

3. No que se refere aos precipitantes para a ocorrência de violência, importa destacar os dados relativos à violência sexual, em que, surpreendentemente, tanto os jovens fora do sistema de ensino como os participantes do ensino universitário, tendem a atribuir responsabilidade à vítima pelo abuso. Estes resultados são, como dizíamos, algo surpreendentes, já que seria esperado que os estudantes universitários apresentassem um posicionamento mais informado em torno destas questões, dada a sua maior maturação desenvolvimental, atitudinal e até mesmo relacional.

Uma outra dimensão dos dados onde também se verifica grande consenso entre os diferentes níveis educacionais situa-se nas atribuições para a violência. A exposição e/ou experienciação de violência no contexto familiar e os ciúmes, a desconfiança ou obsessão pela relação são apontados consensualmente como principais causas da violência. De forma menos consensual, é também referido o papel dos padrões de poder genderizados, mais especificamente, a ideia de que a violência representa uma forma de controlo e de dominância masculina. De uma forma mais concordante com o que seria de esperar, tal consciência surge entre os jovens do ensino universitário, mas está também presente nos jovens que estão fora do sistema de ensino.

Relativamente às atribuições para a violência sexual, será de destacar o maior acordo entre os estudantes do ensino secundário quanto à influência dos pares no recurso ao comportamento violento. Efectivamente, este nível de ensino corresponde a um período desenvolvimental particular – a adolescência – onde os pares desempenham um papel crucial, constituindo-se como modelos de comportamento privilegiados na transmissão de normas e valores sociais (Kinsfogel & Grych, 2004).

Por fim, e ainda nas atribuições para a violência sexual, verifica-se unanimidade entre dois níveis educacionais, os alunos universitários e os do ensino secundário, que percebem tal comportamento como resultado de alguma imaturidade sexual, expressa pela curiosidade e pelos "impulsos" sexuais, e ainda como fruto dos problemas psicológicos do agressor.

4. Uma outra dimensão onde se regista grande consenso entre os participantes dos diferentes níveis educacionais diz respeito aos agentes e vítimas da violência na intimidade. Tal como já anteriormente havíamos constatado, as percepções dos nossos entrevistados contraditam a ideia da reciprocidade do abuso: na violência física e sexual o género masculino é identificado como o agressor principal, enquanto a perpetração da violência psicológica é atribuída, essencialmente, ao género feminino. O género feminino é ainda identificado como a vítima preferencial da violência sexual. Estes resultados parecem, uma vez mais, ser produto dos estereótipos sociais em tono da força e agressividade masculina e da desprotecção/docilidade feminina. Na verdade, apenas entre dois grupos, universitários e alunos do ensino secundário, surge a ideia de que o género feminino também poderá recorrer à agressão física.

5. Por fim, verifica-se uma tendência unânime para os participantes dos diferentes níveis educacionais desaprovarem a violência em geral. Contudo, como já dissemos antes, esta tendência geral parece ser contraditada numa análise mais minuciosa de outras categorias. Surpreendentemente, é no grupo dos estudantes do ensino universitário que se verifica uma maior consensualidade quanto à existência de certas variáveis diferenciadoras da gravidade da violência. Como já anteriormente

salientámos, seria esperado que estes participantes se destacassem no sentido de uma maior censura deste tipo de condutas, tal resultou do nosso estudo quantitativo, sendo este um tópico a merecer mais exploração em estudos futuros.

Com menor relevância, mas igualmente consensual entre os vários níveis educacionais, constatamos também uma certa tolerância da violência emocional. Congruentes com estes dados são as percepções dos nossos participantes acerca do impacto da violência, em que todos os grupos demonstram maior sensibilidade à violência física e sexual, atribuindo-lhes um maior impacto, sobretudo se perpetradas pelo género masculino. Já anteriormente tivemos oportunidade de comentar este tipo de resultados e os riscos de esta atitude, que agora constatamos ser comum aos diferentes graus de ensino.

4. Conclusão

O romance e a violência que caracterizam muitas relações amorosas, tal como nos lembram Henton e colaboradores (1983), tendem a ser entendidas como uma forma de amor e guerra para muitos parceiros amorosos, sendo os sinais de violência, por vezes, desvalorizados ou considerados insuficientes para superar o valor desses relacionamentos. Adicionalmente, a necessidade e a curiosidade dos adolescentes perante as suas primeiras relações amorosas, a ausência de punições para os parceiros abusivos, e as ilusões sobre a violência levam a que estes jovens perpetuem o poder do romance.

Não obstante, a realização deste estudo comprova, de uma forma geral, que os adolescentes e jovens se revelam bastante cientes da complexidade das dinâmicas abusivas e de algumas das suas características. Esta consciência, coexiste, contudo, com a sustentação de algumas crenças e mitos que podem favorecer a violência nas suas relações afectivas. Assim, passamos de seguida a enumerar as principais conclusões que retiramos deste estudo, do conjunto das três etapas de análise dos dados atrás descritas.

1. De uma forma global, as percepções dos nossos participantes evidenciam-se em múltiplos aspectos conformes com a caracterização que a literatura oferece sobre o fenómeno da violência nas relações de intimidade. Deste modo, não só estão conscientes da pertinência e relevância

da discussão sobre esta problemática, como se mostram cientes das implicações que este tipo de abuso poderá acarretar no estabelecimento de relacionamentos amorosos futuros, bem como das dinâmicas abusivas que o caracterizam. De forma mais concreta, mostraram-se capazes de identificar as diferentes formas de abuso (físico, psicológico e sexual) que poderão ter lugar no contexto de uma relação amorosa; algumas causas subjacentes a este tipo de abuso; as implicações nefastas que o comportamento violento poderá produzir na vítima; e, ainda, as dificuldades que contribuem para a (inibição da) revelação e a manutenção da relação abusiva.

Este conhecimento dos entrevistados corresponde, a nosso ver, a uma dimensão positiva dos nossos resultados, na medida em sinaliza alguma consciencialização dos jovens para o problema e, eventualmente, a maior atenção e visibilidade social conferidas ao fenómeno.

2. Uma outra dimensão positiva dos nossos resultados, ainda que subsista apenas num plano mais global, relaciona-se com a tendência dos participantes para reprovarem o uso da violência na intimidade, mediante a contestação da diferenciação da gravidade dos actos abusivos. Porém, uma análise pormenorizada dos seus discursos sugere uma certa permeabilidade a noções que contribuem para a minimização e desculpabilização de certas formas de violência, em certas circunstâncias: a minimização da violência menor; a "ignorância" da violência sexual; a presença de certas crenças em torno da normalidade da violência; a ausência de gravidade atribuída a certos actos abusivos; a desculpabilização da violência quando o agressor é percebido como agindo de forma impulsiva e descontrolada ou quando manifesta arrependimento; a atribuição da responsabilidade pelo abuso à vítima. De igual modo, o facto de a noção de vergonha surgir muito associada à experiência de vitimação, parece conferir uma maior gravidade aos actos ocorridos no espaço público. Esta crença pode contribuir para alimentar a estigmatização de quem é vítima, assim como levar a que a violência permaneça no território do "segredo".

Esta relativa tolerância à violência foi ainda corroborada quando procurámos explorar a contradição entre atitudes e comportamentos, em que os participantes admitiram poder comportar-se de forma contrária aos seus princípios genericamente sustentados, em certas situações (a traição) e quanto a certo tipo de violência (emocional).

No seu conjunto, estes dados parecem, por um lado, reiterar alguma consciencialização dos nossos participantes para a necessidade de censurarem e não tolerarem este tipo de abuso na sua intimidade, o que poderá em parte ser explicado pelo crescente empenhamento na divulgação e sensibilização para o fenómeno (e.g., acções dos *media*; implementação de programas de prevenção nas escolas) (Matos et al., 2006). Por outro lado, sinalizam que ainda subsistem na nossa sociedade muitos estereótipos sociais a conferir legitimidade ao abuso, fomentando a perpetuação da violência. Importa, deste modo, apostar na promoção de esforços preventivos que permitam aos jovens refutar certas argumentações culturais em torno da normalidade da violência.

3. Uma terceira dimensão dos resultados que importa destacar relaciona-se com a tendência geral para os nossos entrevistados enfatizarem sobretudo as leituras intra ou inter-pessoais do problema, negligenciando as dimensões mais sociais e culturais da violência e, em particular, no que concerne à sexualidade. Este posicionamento terá, inevitavelmente, implicações nefastas numa correcta compreensão das mudanças necessárias para a erradicação do problema, assim como contribui para reforçar a alienação da responsabilidade social pelo mesmo. De igual modo, também a tendência constatada para responsabilizar a vítima pelo abuso poderá favorecer o efeito de legitimar e/ou desculpabilizar o comportamento maltratante. Neste âmbito, tem sido defendido que a tendência para a centração nas dimensões explicativas individuais que sustentam a culpabilização da mulher pela escolha de um parceiro violento dificulta a prevenção da violência masculina e, particularmente, alimenta a noção errónea de que a permanência da mulher numa relação abusiva é uma questão de simples livre arbítrio (Chung, 2005).

4. A terceira fase de análise dos nossos dados – contrastação dos grupos – revelou, em linhas gerais, que as percepções dos nossos participantes diferem sobretudo em termos de género. Assim se estabelece, tal como a literatura sugere, que o género desempenha um papel importante na vida dos jovens, especificamente, na forma como molda as suas percepções e estrutura as suas experiências do mundo social (Feltey et al., 1991).

De entre as diferenças de género mais proeminentes, destaca-se a tendência masculina para uma menor desaprovação da violência em geral, uma maior insensibilidade face à violência emocional, e uma maior justificação da violência com base no ciúme. Estes resultados parecem reflectir alguma conformidade com as formas mais tradicionais da socialização do género masculino, que poderão interferir nas suas percepções acerca da violência e na forma como os rapazes lidam com situações percebidas como desafiantes nas suas relações de intimidade (Price et al., 1999). Na verdade, alguns discursos culturais e educativos ainda dominantes estabelecem frequentemente como desejável o controlo masculino sobre a parceira, assim como valorizam ou legitimam comportamentos de agressividade no contexto amoroso.

Por outro lado, o discurso dos rapazes traduz com particular ênfase a importância que a modelagem e pressão do grupo de pares poderá ter na agressão masculina, remetendo para o que antes foi discutido sobre o papel que a agressão pode ter na construção da masculinidade (Thompson, 1991; Totten, 2003) e sobre a importância que tem a desconstrução desta representação de género.

5. As percepções dos participantes parecem ainda traduzir a adesão a certos estereótipos sociais que associam a agressão feminina a formas de violência mais subtis e uma maior severidade à violência masculina. O facto de estas convicções sinalizarem uma denegação ou minimização da gravidade da agressão feminina poderá ter implicações perniciosas na prevenção desta forma de violência, assim como promover a sua legitimação. Refira-se, aliás, que a violência feminina tem sido considerada por alguns (Straus, 2004) como um problema social grave, atribuível à existência de uma norma cultural implícita que legitima as agressões menores femininas em determinadas circunstâncias.

6. Esta representação diferencial da agressão feminina e masculina remete para a conceptualização do género no discurso dos participantes, representação esta que é marcadamente biológica e essencializada. Assim, os participantes enfatizam as diferenças biológicas entre homens e mulheres e, com base em tais diferenças, estabelecem uma valoração diferencial da frequência, gravidade e impacto da agressão masculina e feminina. Por outro lado, o seu discurso traduz uma diferenciação de género marcada no plano psicológico, sendo os homens representados como mais agressivos, mais impulsivos, mais resilientes, mais frios e mais sexualizados do que as mulheres. Por oposição, estas são retratadas como mais emocionais (mas, curiosamente, também como mais controladas), mais vulneráveis, mais sensíveis e menos sexualizadas. Estas diferenças são descritas de forma "naturalizada", como correspondendo a essências da masculinidade e da feminilidade, remetendo para a ausência de uma

dimensão crítica sobre a construção social do género no discurso dos participantes.

7. Relativamente à contrastação dos diferentes grupos educacionais, e ao contrário do que aconteceu na contrastação com base no género, verifica-se bastante consensualidade entre os participantes, nomeadamente quanto à: ênfase na violência "menor"; indicação da exposição e/ou experienciação de violência familiar, dos ciúmes, da desconfiança e/ou da obsessão como os principais factores responsáveis pelo comportamento violento; percepção do género masculino como agente principal da violência física; atribuição da violência psicológica ao género feminino; e representação da mulher como a principal vítima da violência sexual. Por fim, ainda que todos os grupos manifestem grande unanimidade na desaprovação da violência, é também possível perceber alguma tendência comum para a legitimação de certas formas de agressão, em função da sua gravidade e tipo (maior tolerância à violência emocional).

Não obstante, registamos também áreas de discordância entre os vários grupos educacionais. Assim, para além dos jovens fora do sistema de ensino, os estudantes do ensino universitário revelaram um maior acordo na atribuição da responsabilidade à vítima pelo abuso em geral. Por sua vez, os estudantes do ensino secundário destacam a influência dos pares na perpetração da agressão sexual.

O acordo global entre os participantes dos diferentes grupos formativos, para além de surpreendente, suscita-nos alguma inquietação. Dada a diferente formação académica que distingue os três grupos e a concomitante diferença de idades, bem como as suas distintas experiências amorosas, seria de esperar que os estudantes universitários apresentassem percepções mais elaboradas sobre o fenómeno. Uma hipotética explicação para os resultados encontrados poderá estar relacionada como o facto de uma percentagem considerável de estudantes universitários não ter tido experiências amorosas concretas e significativas que lhes permitissem obter uma maior maturidade relacional para se posicionarem sobre estas questões.

5. Contributos e limitações do estudo

A realização deste estudo forneceu importantes contributos para a nossa compreensão teórica e empírica deste tipo de violência. Desde logo, tratando-se de um estudo qualitativo permitiu aprofundar algumas dimensões usualmente descuradas pela investigação neste domínio, tais como os significados, crenças e atribuições dos jovens para a violência. Por outro lado, ao integrar diferentes grupos formativos (ensino secundário, universitário e ainda jovens fora do sistema de ensino) e etários, permitiu obter uma compreensão mais abrangente da forma como a violência é representada pelos jovens de diferentes grupos etários e com diferentes qualificações.

O estudo encerra, contudo, algumas limitações que podem ter influenciado os resultados e sobre os quais interessa reflectir. Uma primeira limitação prende-se, desde logo, com o facto de apenas se analisarem as percepções e/ou representações dos jovens face a este tipo de abuso. A realização de grupos de discussão com jovens que tivessem tido algum tipo de contacto directo (como vítimas ou agressores) com este tipo de dinâmicas maltratantes permitiria certamente obter uma compreensão mais aprofundada desta temática e, ainda que de difícil concretização, deverá ser um curso de investigação a seguir no futuro.

Uma segunda limitação, ainda relacionada com a metodologia do estudo, tem a ver com a eventual proximidade entre os participantes de cada *focus-group*. Na verdade, ainda que tivéssemos procurado integrar sujeitos que não possuíam entre si relações de amizade, os grupos constituídos ao nível do ensino secundário e universitário eram constituídos por participantes provenientes da mesma instituição, o que poderá ter contribuído para uma menor abertura dos participantes ao longo da discussão.

O facto de este estudo se limitar à análise das percepções dos participantes sobre a violência ocorrida nas relações heterossexuais constitui uma terceira limitação desta investigação. Esta foi uma opção deliberada, na medida em que nos pareceu excessivamente complexo e analiticamente difícil integrar ao mesmo tempo a questão da violência noutros contextos relacionais, mas é óbvio que a violência existe também nos relacionamentos homossexuais (Antunes & Machado, 2005; Connolly & Josephson, 2007; Jackson, 1999) e tal não deverá ser descurado.

Finalmente, embora nos pareça que o guião construído para orientar os grupos de discussão foi bem conseguido, do ponto de vista das dimensões que pretendíamos explorar, parece-nos que o mesmo deverá, em futuros estudos, ser refinado no que concerne à análise da relação entre atitudes e comportamentos. Se, neste âmbito, tínhamos como propósito principal perceber as contradições identificadas no estudo quantitativo, consideramos que os nossos objectivos apenas foram parcialmente alcançados. Na verdade, apesar de termos clarificado melhor as contradições existentes entre a expressão global de ilegitimação da violência e a tolerância face a cenários concretos de agressão, e de termos conseguido identificar alguns dos contextos em que os participantes admitem poder vir a comportar-se de forma oposta ao que defendem, a abordagem desta questão no plano pessoal não foi, claramente, tão aprofundada quanto gostaríamos. Este aspecto remete-nos, uma vez mais, para a relevância de conduzir grupos de discussão com agressores e vítimas, assim como sugere que a realização de entrevistas individuais aprofundadas poderia também ser uma metodologia útil para aprofundar este tipo de questões.

Capítulo 6
Conclusão Geral

O estudo da violência na intimidade juvenil começou há cerca de três décadas, sendo, como referimos no início deste trabalho, mais recente e menos consolidado do que o conhecimento produzido sobre a violência marital. No entanto, pode-se já dizer que a produção científica, sobretudo internacional, sobre esta matéria é, nos dias de hoje, bastante sólida e diversificada, sobretudo no que concerne à sua prevalência e factores causais (cf. capítulos I e II).

O nosso interesse pelo estudo deste fenómeno surgiu a partir da realização de uma investigação anterior (Machado et al., 2003) na Universidade do Minho, que veio alertar sobre a relevância do estudo deste fenómeno no nosso País e sobre a sua disseminação na população juvenil. Deste modo, e dada a escassez de estudos em Portugal sobre este assunto, interessava-nos ampliar o nosso conhecimento sobre a prevalência deste problema, abrangendo outros contextos geográficos e outros grupos populacionais (adolescentes, jovens na vida activa). Uma outra curiosidade envolvia compreender a forma como os jovens se posicionavam face a esta realidade, como a compreendiam e que significado lhe atribuíam, assim como perceber se os mecanismos ideológicos envolvidos na legitimação da violência na intimidade juvenil se assemelhavam (nomeadamente no que concerne à representação do género) aos identificados para a violência conjugal. Foi, portanto, a partir destas "inquietações" que projectamos a investigação que acabámos de apresentar.

Expostos e analisados os estudos que compõem este trabalho, entendemos que importa neste momento avaliá-los globalmente e analisar as suas implicações.

Desde logo e não obstante algumas limitações, já anteriormente discutidas (cf. capítulos IV e V), será de destacar o carácter inovador desta investigação, ao compreender dois estudos metodologicamente distintos, mas complementares. Como também já fizemos referência na componente teórica desta dissertação, a produção científica, em particular a nacional, tem vindo a priviligiar as metodologias quantitativas no estudo deste fenómeno.

Através desta conjugação de metodologias, esta investigação permitiu desvendar parcialmente a realidade da violência nas relações íntimas juvenis entre nós, alertando para a necessidade de não perceber este problema como exclusivo das relações maritais, nem como algo que está a desvanecer-se entre as gerações mais novas. Efectivamente, e ainda que em termos atitudinais se verifique uma tendência global para a não concordância com as práticas abusivas, os dados comportamentais apurados alertam para a necessidade de não descurarmos um problema que afecta sensivelmente um em cada quatro relacionamentos amorosos juvenis e que pode comprometer também os seus relacionamentos amorosos futuros. Por sua vez, a vertente qualitativa desta investigação possibilitou percebermos o contexto interpretativo provável da maioria destes actos, nomeadamente a banalização das formas menores de violência e a desculpabilização da agressão cometida em certas circunstâncias.

Analisaremos, de seguida, com um pouco mais de pormenor, a forma como estes dois estudos se integram e complementam, organizando esta discussão em torno de um conjunto de questões emergentes da nossa reflexão sobre os dados:

1. Como se articulam os dados dos dois estudos no que diz respeito à prevalência da violência nas relações amorosas dos jovens? Os jovens têm consciência da gravidade e disseminação deste problema no seu grupo de pares?

Os indicadores apurados pelo estudo de prevalência alertam para o facto de 25.4% dos jovens relatarem ter sido vítimas de pelo menos um acto abusivo durante o último ano e 30.6% admitirem ter adoptado este tipo de condutas em relação ao seu parceiro. A caracterização oferecida pelos participantes do estudo qualitativo demonstra que, efectivamente, estes possuem alguma consciencialização sobre a dimensão deste problema. Não só consideraram este tema pertinente, como relataram várias situações/episódios de agressão entre parceiros amorosos de que tinham conhecimento (entre os seus pares) ou mesmo situações que presenciaram acidentalmente.

Não obstante, esta consciencialização dos entrevistados pareceu-nos ser algo superficial, notando-se alguma subvalorização da frequência e, sobretudo, da gravidade deste problema. Desde logo, pelo facto de considerarem a violência física um tipo de abuso extremado e pouco comum neste tipo de relacionamentos amorosos, o que não é confirmado pelo estudo quantitativo (18.1% dos inquiridos assumem a sua perpetração). Por outro lado, pelo facto de negarem ou minimizarem a ocorrência da agressão sexual.

Desta forma, ainda que sensibilizados para a existência da violência na intimidade juvenil, parece-nos que não existe entre os jovens uma consciência da sua verdadeira dimensão e gravidade. Esta questão é tanto mais relevante se considerarmos que, ainda que os jovens representem correctamente as formas de agressão menores como as mais comuns, o nosso estudo quantitativo identifica formas mais graves de agressão entre uma percentagem não negligenciável de 7.3% dos inquiridos.

2. *Em que medida o estudo qualitativo contribui para a compreensão da incongruência entre atitudes e comportamentos evidenciada no primeiro estudo?*

A análise dos dados do estudo quantitativo sinaliza uma clara incongruência entre os comportamentos e as atitudes expressas pelos jovens. Ainda que, de uma forma global, os nossos participantes tenham desaprovado as crenças sociais utilizadas para desculpabilizar e/ou legitimar a conduta abusiva, os indicadores de prevalência revelam, como acabámos de apontar, números de violência nada triviais nas suas relações amorosas, tanto actuais como passadas. O estudo qualitativo vem, por um lado, confirmar e, por outro, clarificar, esta inconsistência entre atitudes e comportamentos. Assim, ainda que, num plano geral, os nossos entrevistados também veiculem uma atitude de reprovação da violência íntima, estes jovens parecem desculpabilizar ou minimizar a seriedade da agressão quando cometida por motivos e em circunstâncias específicas: em privado, de forma impulsiva, assumindo formas percebidas como menos graves (insultos, bofetadas, controlo), quando é atribuível a problemas psicológicos do agressor ou quando é seguida de desculpas. Em particular, os ciúmes são percebidos como fortes desculpabilizadores da agressão, sendo esta inclusive percebida como legítima em situações de infidelidade do parceiro.

Estes dados sugerem, no nosso entender, que as crenças e atitudes dos jovens face à violência íntima são, em si mesmas, fenómenos multidimensionais, tal como vários autores têm sugerido (cf. Slep, Cascardi, Avery-Leaf, & O'Leary, 2001). Assim, atitudes globais de reprovação da violência não significam que esta seja igualmente censurada em todos os contextos e circunstâncias. Desta forma, podemos considerar que, apesar de globalmente a violência ser considerada indesejável, a sua censurabilidade é percebida como diminuída em certas circunstâncias, podendo o recurso à mesma ser justificado através de um conjunto de estratégias cognitivas (e.g., denegação, minimização ou racionalização) que minimizam a dissonância cognitiva dos sujeitos (Schumacher & Slep, 2004).

No plano mais cultural, estes dados podem também ser interpretados no sentido de uma co-existência de discursos sociais contraditórios sobre a violência (Parke & Lewis, 1981), em que a sua tradicional aceitação co-existe com posicionamentos mais paritários e conscientes dos direitos individuais.

3. *Que relação existe entre género e violência?*

No primeiro estudo, a análise do efeito do género sobre as atitudes e comportamentos abusivos revela resultados algo contraditórios entre estas duas dimensões: se, em termos atitudinais, o género masculino se destaca no sentido de uma maior legitimação da violência, ao nível comportamenal parece ser (embora de forma não totalmente conclusiva) o género feminino que relata maiores níveis de agressão nos relacionamentos amorosos. De igual modo, o género feminino emerge como um preditor significativo da perpetração de comportamentos violentos, ainda que apenas para os relacionamentos amorosos actuais.

A realização do segundo estudo, numa vertente mais qualitativa, permitiu por um lado corroborar e, por outro, complexificar esta leitura do problema. Em termos atitudinais, os resultados do primeiro estudo parecem confirmar-se, sendo acentuadas as diferenças de género na compreensão da violência e notória uma menor censura masculina da violência em geral, uma maior insensibilidade face à violência emocional, uma maior valorização da agressão quando esta causa danos, a sua maior ou menor valorização em função das intenções do agressor, e uma maior atribuição da agressão ao ciúme.

Já no que respeita às diferenças de género em termos dos agentes e vítimas de violência, as percepções dos nossos participantes contrariam os dados do estudo quantitativo, sendo a violência íntima representada por estes como um fenómeno claramente genderizado, exercido predominantemente pelos rapazes contra as raparigas.

Podemos interpretar estes resultados de duas formas distintas. Por um lado, é um facto que os resultados do nosso estudo de prevalência não são inteiramente conclusivos quanto ao género. Na verdade, convém destacar que não se verificam diferenças de género ao nível da vitimação geral nas relações actuais, havendo mesmo maior vitimação física feminina. Por outro lado, não se verificam diferenças de género nas ofensas físicas severas nas relações actuais e, nas relações passadas, são mesmo os rapazes que surgem como principais agentes desta forma de agressão. Tomando estes dados no seu conjunto podemos, a nosso ver, avançar com a hipótese de que, a serem efectivamente mais agressoras, as raparigas protagonizarão essencialmente formas de violência leves a moderadas. O facto de estas formas de agressão "menor" serem relativamente minimizadas pelos participantes poderá implicar que as suas representações da violência íntima sejam dominadas por formas mais graves de agressão, que alguns estudos sugerem que são essencialmente protagonizadas pelos homens (e.g., Stets & Straus, 1989; Strau et al., 2002). Os nossos dados, apesar de pontualmente apontarem neste sentido (maior agressão física severa pelos rapazes nas relações passadas) não nos permitem, contudo, corroborar completamente esta hipótese.

Por outro lado, podemos também interpretar a contradição entre os dados do estudo quantitativo e qualitativo a partir dos estereótipos de género elaborados em torno da agressão masculina e feminina. Como vimos, os jovens participantes nos grupos de discussão defendem concepções de género essencialistas e de pendor biológico, sendo dominante nos seus discursos a referência às diferenças físicas (e.g., de força) entre homens e mulheres. Desta forma, a agressão feminina será desvalorizada e encarada como pouco grave. Esta minimização ecoa, também, com a forma como os nossos participantes representam as características psicológicas de homens e mulheres: os primeiros naturalmente mais agressivos e impulsivos e as segundas mais controladas e vulneráveis. Esta construção discursiva permite, às raparigas, desculpabilizar os próprios actos de agressão, ao mesmo tempo que possibilita aos rapazes manter o seu sentido de masculinidade intacto, mesmo que sejam vitimizados pela companheira. São óbvios, no entanto, os riscos desta desvalorização da agressão feminina: não só legitima a sua perpetuação como aumenta a possibilidade de uma resposta também agressiva do companheiro (Straus, 2004).

A impossibilidade de optarmos em definitivo por uma destas duas explicações (que podem, inclusive, complementar-se) leva-nos a reforçar a nossa conclusão prévia de que a relação entre género e violência é particularmente complexa e requer exploração subsequente.

4. *Que relação existe entre a violência e o nível educacional?*

O nível educacional emergiu do estudo quantitativo como um importante preditor da violência, sendo a probabilidade de vitimação e de perpetração maior entre os estudantes do ensino profissional e universitário. Analisando as formas específicas de violência cometidas, entre os jovens universitários predominava a violência em geral e emocional, enquanto os jovens do ensino profissional eram os principais perpetradores da agressão física e física severa. Estes dados, por si só, são de difícil interpretação, tanto mais que os estudantes universitários surgiam, no plano atitudinal, como aqueles que mais claramente reprovavam a violência. A hipótese explicativa avançada no final do cap. IV sugeria que talvez este grupo, precisamente por ter uma maior consciência da inadequação da violência, estivesse mais capaz de identificar os seus actos de agressão emocional como abusivos, não estando esta consciência tão presente nos particiapntes mais novos. Esta hipótese não nos ajuda, contudo, a compreender o porquê da diferença encontrada entre os jovens do ensino profissional e os seus pares da mesma idade, do ensino secundário.

Devemos reconhecer que o nosso estudo qualitativo não nos permitiu avançar significativamente na compreensão destes dados. Efectivamente, predominou a uniformidade de entendimentos entre os diferentes níveis educacionais, sendo muito mais o género do que esta variável a gerar diferenças de entendimento entre os participantes. Também nesta dimensão nos parece, pois, fundamental, a condução de estudos ulteriores.

Desta análise sai, assim, reforçada a necessidade de desenvolver investigações futuras que procurem colmatar as limitações destes estudos (já anteriormente analisadas em pormenor – cf. caps IV e V) e que possibilitem expandir a nossa compreensão do problema em causa. No plano da prevalência do fenómeno, destacamos a necessidade de garantir a possibilidade de generalização dos dados à população juvenil portuguesa, com uma distribuição mais equitativa dos participantes entre as diferentes regiões e com a inclusão de mais jovens fora do sistema de ensino.

A par disto, no plano qualitativo, parece-nos fundamental a análise das experiências directas dos jovens com a violência íntima, quer enquanto vítimas, quer como agressores. A realização de entrevistas individuais aprofundadas com jovens com estas experiências permitir-nos-ia, é nossa convicção, avançar significativamente na compreensão das contradições verificadas entre atitudes e comportamentos, nomeadamente no entendimento dos mecanismos cognitivos e emocionais utilizados para justificar a violência. É possível que a realização destas entrevistas individuais também nos fornecesse mais elementos para a compreensão da relação entre género e violência, por exemplo, elucidando os contextos e motivações da violência feminina.

Quer para aprofundar a questão do género, quer para melhor compreender a violência juvenil em termos gerais, falta também conhecer os contextos em que a violência é praticada por cada um dos parceiros (e.g., auto-defesa, controlo do parceiro amoroso, expressão de raiva), a influência do consumo de álcool nos comportamentos violentos (ao nível da vitimação e pereptração), as reacções da vítima às agressões e o impacto da violência (no relacionamento amoroso e nos agentes envolvidos). De igual modo, urge compreender se e a quem os jovens relatam estas situações, em que circunstâncias o fazem e o que os demove de as denunciar.

Por último, uma outra dimensão relativamente inexplorada neste estudo, sobretudo a nível quantitativo, e que requer, urgentemente, um maior aprofundamento empírico diz respeito à violência sexual nos relacionamentos amorosos juvenis.

Porque toda a investigação tem implicações, mesmo que não imediatas, para a prática, e porque essa foi também uma preocupação presente na elaboração deste trabalho, importa, para finalizar, reflectirmos sobre a implicações deste estudo, nomeadamente ao nível das políticas preventivas a delinear e implementar.

A cultura de prevenção portuguesa neste domínio só agora começa a dar os primeiros passos e, portanto, é ainda muito pouco sólida e consistente para fazer face a um problema que, como vimos nesta investigação, se afigura deveras preocupante. A multiplicação dos estudos que procuram a caracterização da violência nas relações juvenis a que assistimos nos últimos anos não tem sido, efectivamente, acompanhada do necessário investimento em programas preventivos, assim como de serviços específicos, dirigidos a esta população. Partindo dos resultados destes estudos, e também do conhecimento teórico sobre o fenómeno, passamos de seguida a elencar algumas propostas no âmbito da prevenção deste fenómeno.

Começando a nossa discussão pelo público-alvo a integrar nestes programas, e tomando em consideração a constatação de que a violência na intimidade juvenil poderá ter início em idades precoces, parece-nos importante que este tipo de acções abarque diversas faixas etárias, não se restringindo à população universitária. Sabe-se, aliás, que a adolescência, para além dos desafios identitários que apresenta, fomenta a construção de relações fora do contexto familiar, sendo um período crítico para o estabelecimento de padrões nos relacionamentos amorosos e eventual exposição ao risco. Não obstante, o facto de, nosso estudo, os participantes mais velhos, inseridos no ensino universitário, se apresentarem como os mais representados entre os agressores fundamenta a necessidade de não descurar este grupo em termos de prevenção.

Para serem eficazes, para além da intervenção directa com os jovens, estes esforços preventivos da violência nas relações íntimas deverão procurar abarcar outros intervenientes no problema, não só aos agentes educativos (pais, professores, funcionários), mas também, e sobretudo, os pares. Existem já, no plano internacional, exemplos de intervenção deste tipo (e.g., Mathews, 2000). Como vimos no nosso estudo qualitativo, os pares desempenham um papel fundamental na vida dos adolescentes, sendo pelos próprios (sobretudo pelos rapazes) percebidos como potenciais modelos e fontes de reforço da violência. São também, como o nosso estudo permitiu confirmar, as fontes de eleição dos jovens para partilharem as suas experiências abusivas amorosas. Assim sendo, a promoção de acções de formação junto dos pares, professores e outros profissionais que estão em contacto com estes adolescentes, são fundamentais para que estes melhor os possam ajudar a lidar com a experiência de vitimação (Ashley & Foshee, 2005). No trabalho de prevenção com estes agentes parece-nos importante atender às seguintes componentes: a importância de transmitirem, junto dos jovens, a ideia de que a violência não é, em caso algum, aceitável e não deve ser tolerada; a sensibilização para que incentivem as vítimas a procurar ajuda e a denunciar a experiência abusiva; e a disponibilização de informação sobre os recursos disponíveis de apoio às vítimas (Molidor & Tolman, 1998).

Atendendo às diferenças de género verificadas no que concerne ao pedido de ajuda, alguns autores sugerem que poderia também ser importante promover programas diferenciados para rapazes e raparigas, no sentido de trabalhar as suas percepções acerca da importância de solicitar apoio para a violência na intimidade (Black & Weisy, 2003).

Para além de um maior investimento na formação dos pares e agentes educativos, seria igualmente importante a criação de espaços, no contexto escolar, que possibilitassem a discussão e reflexão sobre o tema das relações amorosas, promovendo de modo transversal (e.g., no âmbito de diferentes disciplinas) modelos de interacção positivos (Kantor et al., 1997). Refira-se aliás que os nossos participantes dos grupos de discussão alertam precisamente para a utilidade e sua receptividade a este tipo de abordagens. Uma outra necessidade, referida pelos nossos participantes e que nos parece extremamente relevante, envolve facultar, no âmbito dos serviços escolares existentes (e.g., unidades de orientação escolar), um apoio especializado para aqueles que se confrontem com estas realidades no seu quotidiano e não tenham outros adultos ou pares a quem recorrer.

Em termos dos conteúdos a ser trabalhados nestes programas de prevenção, parece-nos importante atender a várias dimensões. Refira-se, aliás, que alguns autores (Connolly & Josephson, 2007) defendem que os programas de prevenção serão melhor sucedidos se atenderem aos diferentes níveis/áreas (e.g., individual, familiar, social) que poderão colocar os jovens perante uma situação de risco de agressão amorosa.

Num plano mais individual e interpessoal, seria útil o desenvolvimento e a implementação de programas integrados de promoção de relacionamentos saudáveis, trabalhando competências de comunicação e de gestão de conflitos (e.g., gestão da raiva, assertividade, comunicação positiva) (O'Keefe, 2005). Atendendo a que o consumo de álcool (pela vítima e pelo ofensor) tem sido consensualmente associado a um maior risco de agressão sexual, alguns autores (e.g., Abbey et al., 2001) defendem a necessidade de os esforços preventivos também contemplarem esta matéria, usualmente esquecida nestes programas.

Por outro lado, estes programas poderiam também discutir directamente a questão da violência, ajudando os jovens a identificar comportamentos abusivos e a compreender as dinâmicas de intimidação, poder e controlo, que poderão estar presentes nos relacionamentos amorosos. A este nível, é necessário que tais programas contemplem as diferentes formas de violência, ao invés da frequente centração na violência física e nas suas formas mais severas. Tomando em consideração os estudos que sugerem que o abuso emocional constitui um percursor de outras formas de violência (White et al., 2001) e constatação (no nosso estudo) de que a violência psicológica ou as formas de violência menor são relativamente toleradas pelos jovens, incidir sobre esta forma de abuso torna-se essencial.

Por outro lado, ainda que a violência sexual apenas tenha sido perifericamente abordada no nosso estudo de prevalência, mas atendendo aos dados preocupantes que derivam do estudo qualitativo (e.g., a "negação" da violência sexual, a minimização das formas "menores" deste tipo de abuso, a culpabilização da vítima), parece-nos fundamental integrar nestes programas a discussão deste tópico, assim como das características de uma sexualidade positiva, promovendo a autonomia e capacidade de decisão dos jovens também nesta matéria (Petersen, Bhana, & McKay, 2003; Serquina-Ramiro, 2005).

Estes programas deverão promover tanto mudanças atitudinais como comportamentais. Efectivamente, tal como apurado nos nossos estudos e à semelhança de outros (e.g., Foshee et al., 2001; O'Keefe, 1997; Riggs & O'Leary, 1996, Sears et al., 2006), as atitudes constituem importantes preditores da agressão amorosa. No entanto, a acção ao nível atitudinal não basta, sabendo-se – como o nosso estudo também evidencia – que a reprovação da violência não basta para a sua erradicação. Torna-se, pois, necessário agir activamente ao nível das competências dos jovens, e não só das suas cognições, medindo o impacto dos programas também a estes dois níveis. Esta abordagem pode não ser tão simples como a usual avaliação da eficácia dos programas apenas através da mudança atitidinal (Matos et al., 2006) mas é, na nossa opinião, fundamental.

Por outro lado, entendemos que o fenómeno da violência na intimidade juvenil não deve ser conceptualizado como apenas dependente das competências individuais e relacionais dos sujeitos. Apesar de os nossos resultados do estudo quantitativo apontarem para o esbatimento das diferenças de género na agressão íntima juvenil (ou mesmo sinalizarem alguma inversão relativamente ao padrão tradicional), o nosso estudo qualitativo demonstrou claramente que subsistem diferenças significativas na forma como rapazes e raparigas compreendem a violência e que muitas representações tradicionais do género e das relações amorosas continuam presentes entre os mais novos. Desta forma, a discussão em torno do poder e da igualdade de género nas relações amorosas continua a parecer-nos fundamental.

Ainda no que concerne ao género, é necessário que os jovens percebam que a violência é inaceitável, independentemente de quem é o agressor ou do tipo de violência usada. Atendendo ao facto de o género feminino surgir no nosso estudo como agente perpetrador de violência, os programas de prevenção deverão reconhecer a mulher como potencial agressora no contexto da relação amorosa, não a conceptualizando apenas como vítima. Sendo assim, importa desmistificar a ideia de que a violência feminina é menos grave ou mais benévola do que a praticada pelos rapazes. A agressão interpessoal é um "problema humano" e como tal é necessário que rapazes e raparigas sejam educados no sentido de monitorizarem o seu comportamento e adoptarem outras formas de resolução de conflitos que não envolvam o recurso a tácticas maltratantes (Sets & Henderson, 1991).

Ao nível familiar, e atendendo à grande consensualidade entre os estudos que documentam que presenciar o conflito interparental pode representar um factor de risco para agressões subsequentes, inclusive agressão amorosa, alguns autores sugerem a importância de desenvolver programas específicos para os jovens com este tipo de experiências precoces, ainda que isto não signifique que a prevenção geral deste problema deva ser descurada.

Outra dimensão da prevenção da violência íntima, no plano mais social e institucional, passa pelo desenvolvimento de políticas governamentais, comunitárias e organizacionais que promovam relações de género paritárias, que estimulem a cooperação entre homens e mulheres, que promovam a autonomia e a resiliência de cada um, bem como a resolução não violenta e eficaz dos conflitos (Hage, 2000). A promoção da funcionalidade do sistema de suporte, que não está insento dos discursos de minimização da violência e culpabilização das vítimas que identificamos nos nossos participantes, é também fundamental neste âmbito.

Só pela acção integrada a estes diferentes níveis será possível almejar a erradicação da violência na intimidade e contribuir para que a esfera amorosa seja também um território onde são plenamente reconhecidos os direitos humanos (Levesque,2001).

BIBLIOGRAFIA

ABBEY, A. (1991). Acquaintance rape and alcohol consumption on college campuses: How are they linked? *Journal of American College Health, 39*, 165-169.

ABBEY, A., CLINTON-SHERROD, A. M., MCAUSLAN, P., ZAWACKI, T., CLINTON, A. M., & BUCK, P. O. (2003). The relationships between the quantity of alcohol consumed and the severity of sexual assaults committed by college men. *Journal of Interpersonal Violence, 18*, 813-833.

ABBEY, A., MCAUSLAN, P., & ROSS, L. T. (1998). Sexual assault perpetration by college men: the role of alcohol, misperception of sexual intent, and sexual beliefs and experiences. *Journal of Social and Clinical Psychology, 17*, 167--195.

ABBEY, A., MCAUSLAN, P., ZAWACKI, T., CLINTON, A. M., & BUCK, P. O. (2001). Attitudinal, experiential and situational predictors of sexual assault perpetration. *Journal of Interpersonal Violence, 16*, 784-807.

ABBEY, A., ROSS, L. T., MCDUFFIE, D., & MCAUSLAN, P. (1996). Alcohol and dating risk factors for sexual assault among college women. *Psychology of Women Quarterly, 20*, 147-169.

ADAMS-CURTIS, L. E., & FORBES, G. B. (2004). College women's experiences of sexual coercion. A review of cultural, perpetrator, victim and situational variables. *Trauma, Violence, & Abuse, 5*, 91-122.

ALDRIGHI, T. (2004). Prevalência e cronicidade da violência física no namoro entre jovens universitários do estado de São Paulo – Brasil. *Psicologia: Teoria e Prática, 6*, 105-120.

ANDERSON, K. B., COOPER, H., & OKAMURA, L. (1997). Individual differences and attitudes toward rape: a meta-analytic review. *Personality and Social Psychology Behavior, 23*, 295-315.

ANDERSON, K. L. (2005). Theorizing gender in intimate partner violence research. *Sex Roles, 52*, 853-865.

ANDERSON, V., N., SIMPSON-TAYLOR, D., & HERRMANN, D. J. (2004). Gender, age and rape-supportive rules. *Sex Roles, 50*, 77-90.

ANTUNES, R., & MACHADO, C. (2005). Dupla invisibilidade: a violência nas relações homossexuais. *Psychologica, 39*, 167-187.

APAV – Associação Portuguesa de Apoio à Vítima (2006). *Relatório de actividades do projecto IUNO II – Sensibilização e informação sobre violência doméstica e sexual.*

ARCHER, J. (2000). Sex differences in aggression between heterosexual partners: a meta-analytic review. *Psychological Bulletin, 126,* 651-680.

ARCHER, J. (2000). Sex differences in physical aggression to partners: a reply to Frieze (2000), O'Leary (2000), and WHITE, SMITH, KOSS, and FIGUEREDO (2000). *Psychological Bulletin, 126,* 697-702.

ARCHER, J., & RAY, N. (1989). Dating violence in the United Kingdom: A preliminary study. *Aggressive Behavior, 15,* 337-343.

ARIAS, I., SAMIOS, M., & O'LEARY, D., K. (1987). Prevalence and correlates of physical aggression during courtship. *Journal of Interpersonal Violence, 2,* 82-90.

ARRIAGA, O. B., & OSKAMP, S. (1999). The nature, correlates and consequences of violence in intimate relationships. In X. B. ARRIAGA, & S. OSKAMP (Eds), *Violence in intimate relationships* (pp. 3-15). Thousand Oaks: The Claremout Symposium on Applied Social Psychology.

ARRIAGA, X. B. (2002). Joking violence among highly committed individuals. *Journal of Interpersonal Violence, 17,* 591-610.

ARRIAGA, X. B., & FOSHEE, V. A. (2004). Adolescent dating violence. Do adolescents follow in their friends or their parents', footsteps? *Journal of Interpersonal Violence, 19,* 162-184.

ASHLEY, O. S., FOSHEE, V. A. (2005). Adolescent help-seeking for dating violence: prevalence, sociodemographic correlates, and sources of help. *Journal of Adolescent Health, 36,* 25-31.

AVERY-LEAF, S., CASCARDI, M., O'LEARY, K. D., & CANO, A. (1997). Efficacy of a dating violence prevention program on attitudes justifying aggression, *Journal of Adolescent Health, 21,* 11-17.

BANYARD, V. L., ARNOLD, S., & Smith, J. (2000). Childhood sexual abuse and dating experiences of undergraduate women. *Child Maltreatment, 5,* 39-48.

BARKER, G., & LOEWENSTEIN, I. (1997). Where the boys are. Attitudes related to masculinity, fatherhood, and violence toward women among low-income adolescent and young adult males in Rio de Janeiro, Brazil. *Youth & Society, 29,* 166-196.

BARNES, G. E., GREENWOOD, L., & SOMMER, R. (1991). Courtship violence in a Canadian sample of male college students. *Family Relations, 40,* 37--44.

BASILE, K. C., BLACK, M. C., SIMON, T. R., ARIAS, I., BRENER, N. D., SALTZMAN, L. E. (2006). The association between self-reported lifetime history of forced sexual intercourse and recent health-risk behaviours: findings from the 2003 national youth risk behaviour survey. *Journal of Adolescent Health, 39,* 752e1-752e7.

BEN-DAVID, S., SCHNEIDER, O. (2005). Rape perceptions, gender role attitudes and victim-perpetrator acquaintance. *Sex Roles, 53,* 385-399.

BERGMAN, L. (1992). Dating violence among high school students. *Social Work, 37,* 21-27.

BETHKE., T. M. & DEJOY, D. M. (1993). An experimental study of factors influencing the acceptability of dating violence. *Journal of Interpersonal Violence, 8,* 36-51.

BHANOT, S., & SENN, Y. (2007). Attitudes towards violence against women in men of south Asian ancestry: are acculturation and gender role attitudes important factors? *Journal of Family Violence, 22*, 25-31.

BIRD, G. W., STITH, S. M., & SCHLADALE, J. (1991). Psychological resources, coping strategies, and negotiation styles as discriminators of violence in dating relationships. *Family Relations, 40*, 45-50.

BLACK, M. B., & WEISY, N. A. (2003). Dating violence. Help-seeking behaviors of African American midlle schoolers. *Violence Against Women, 9*, 187-206.

BOOKWALA, J., FRIEZE, I. H., SMITH, C., & RYAN, K. (1992). Predictors of dating violence: A multivariate analysis. *Violence and Victims, 7*, 297-311.

BOONZAIER, F., & DE LA REY, C. (2003). "He's a man, and I'm a Woman". Cultual constructions of masculinity and femininity in South African women's narratives of violence. *Violence Against Women, 9*, 1003-1029.

BREITENBECHER, K. H. & GIDYCZ, C. A. (1998). An empirical evaluation of a program designed to reduce the risk of multiple sexual victimization. *Journal of Interpersonal Violence, 13*, 472--488.

BREITENBECHER, K. H. (2000). Sexual assault on college campuses: Is an ounce of prevention enough? *Applied & Prevention Psychology, 9*, 23-52.

BRENDGEN, M., VITARO, F., TREMBLAY, R. E., & LAVOIE, F. (2001). Reactive and proactive aggression: predictions to physical violence in different contexts and moderating effects of parental monitoring and caregiving behaviour. *Journal of Abnormal Child Psychology, 29*, 293-304.

BRESLIN, F. C., RIGGS, D. S., O'LEARY, K. D., & ÁRIAS, I. (1990). Family Precursors. Expected and actual consequences of dating aggression. *Journal of Interpersonal Violence, 5*, 247-258.

BUSY, W. M., JOURILES, R. M. E. N., SWANK, P.R., ROSENFIELD, D., SHIMEK, J. S., & CORBITT.SHINDLER, D. (2004). Adolescent girls' alcohol use as a risk factor for relationship violence. *Journal of Research on Adolescence, 14*, 449--470.

BYERS, E. S., & ENO, R. J. (1991). Predicting men's sexual coercion and aggression from attitudes, dating history, and sexual response. *Journal of Psychology and Human Sexuality, 4*, 55-70.

BYERS, J. M., LEONARD, J. M., MAYS, V. K., & ROSÉN. L. A. (2000). Gender differences in the perception of courtship abuse. *Journal of Interpersonal Violence, 15*, 451-466.

CÁCERES, A. & CÁCERES, J. (2006). Violencia en relaciones íntimas en dos etapas evolutivas. *International Journal of Clinical and Health Psychology, 6*, 271--284.

CANO, A., AVERY-LEAF, S., CASCARDI, M., & O'LEARY, K. D. (1998). Dating violence in two high school samples: discriminating variables. *The Journal of Primary Prevention, 18*, 431-446.

CARLSON, B. E. (1990). Adolescent observers of marital violence. *Journal of Family Violence, 5*, 285-299.

CARLSON, B. E. (1999). Student judgments about dating violence: a factorial vignette analysis. *Research in Higher Education, 40*, 201-218.

CARR, J. L., & VANDEUSEN, K. M. (2002). The relationships between family of origin violence and dating violence in college men. *Journal of Interpersonal Violence, 17*, 630-646.

CARRADO, M., GEORGE, M. J., LOXAM, E., JONES, L., & TEMPLAR, D. (1996). Aggression in British heterosexual relationships: A descriptive analysis. *Aggressive Behavior, 22*, 401-415.

CASCARDI, M., & VIVIAN, D. (1995). Context for specific episodes of marital violence: Gender and severity of violence differences. *Journal of Family Violence, 10*, 265-293.

CASTRO, R. & RUÍZ, A. (2004). Prevalencia y severidad de la violencia contra mujeres embarazadas, México. *Revista Saúde Pública, 38*, 62-70.

CATE, R. M., HENTON, J. M., CHRISTOPHER, F. S., & LLOYD, S. (1982). Premarital abuse. A social psychological perspective. *Journal of Family Issues, 3*, 79-90.

CEDRÉS. J. M. Y., & MÉNDEZ, G. R. (2000). Correlatos cognitivos asociados a la experiencia de violencia interparental. *Psicothema, 12*, 41-48.

CHASE, K. A., TREBOUX, D., & O'LEARY, K. D. (2002). Characteristics of high-risk adolescent's dating violence. *Journal of Interpersonal Violence, 17*, 33-49.

CHUNG, D. (2005). Violence, control, romance and gender equality: young women and heterosexual relationships. *Women's Studies International Forum, 28*, 445-455.

CLARK, M. L., BECKETT, J., WELLS, M., & DUNGEE-ANDERSON, D. (1994). Courtship violence among African American college students. *Journal of Black Psychology, 20*, 264-281.

CLEVELAND, H. H., HERRERA, V. M., & STUEWIG, J. (2003). Abusive males and abused females in adolescent relationships: risk factor similarity and dissimilarity and the role of relationship seriousness. *Journal of Family Violence, 18*, 325-339.

COKER, A. L., MCKEOWN, R. E., SAUDERSON, M., DAVIS, K. E., VALOIS, R. E., & HUEBNER, E. S. (2000). Severe dating violence an quality of life among South Carolina high school students. *American Journal of Preventive Medicine, 19*, 220-227.

COKER, A. L., SMITH, P. H., MCKEOWN, R. E., & KING, M. J. (2000). Frequency and correlates of intimate partner violence by type: Physical, sexual and, psychological battering. American *Journal of Public Health, 90*, 553-559.

COLLIN-VÉZINA, D., HÉBERT, M., MANSEAU, H., BLAIS, M., & FERNET, M. (2006). Self-concept and dating violence in 220 adolescent girls in the child protective system. *Child Youth Care Forum, 35*, 319-326.

COMBS-LANE, A. M., & SMITH, D. W. (2002). Risk of sexual victimization in college women. The role of behavioural intentions and risk-taking behaviours. *Journal of Interpersonal Violence, 17*, 165-183.

CONNOLLY, J. & JOSEPHSON, W. (2007). Aggression in adolescent dating relationships: predictors and prevention. *The Prevention Researcher, 14*, 3-5

COOK, S. L. (1995). Acceptance and expectation of sexual aggression in college students. *Psychology of Women Quarterly, 19*, 181-194.

COSTA, I. R & SANI, A. I. (no prelo). O Abuso e as Crenças sobre a Violência nas Relações Amorosas de Estudantes Universitários. *Revista Lusófona de Ciências da Mente e do Comportamento*, 8 (2).

Counts, D., Brown, J., & Campbell, J. (1999) (Eds.). *To have and to hit. Cultural perspectives on wife beating*. Urbana: University of Illinois Press.

Cowan, G. (2000). Women's hostility toward women and rape and sexual harassment myths. *Violence Against Women, 6,* 238-246.

Cowan, G., & Quinton, W. J. (1997). Cognitive style and attitudinal correlates of the perceived causes of rape scale. *Psychology of Women Quarterly, 21,* 227-245.

Currie, D. H. (1998). Violent men or violent women? Whose definition counts? In R. K. Bergen (Ed), *Issues in intimate violence* (pp.97-111).Thousand Oaks: Sage Publications.

Cyr, M., McDuff, P., & Wright, J. (2006). Prevalence and predictors of dating violence among adolescent female victims of child sexual abuse. *Journal of Interpersonal Violence, 21,* 1000-1017.

Dahlberg, L. L. (1998). Youth violence in the United States. Major trends, risk factors ad prevention approaches. *American Journal of Preventive Medicine, 14,* 259-272.

DeKeseredy, W. S., & Schwartz, M. D., (1998). Male peer support and woman abuse in postsecondary school courtship suggestions for new directions in sociological research. In R. K. Bergen (Ed.), *Issues in intimate violence* (pp.83-96). Thousand Oaks: Sage Publications.

Dias, A. R. & Machado, C. (2008). De las narrativas románticas a las prácticas relacionales: Lo discurso de los adolescentes Portugueses sobre el amor. Comunicação apresentada no IV Congreso de de Psicologia Jurídica y Forense. Múrcia: Universidad de Múrcia.

Dias, A. R. C. (2006). Discursos culturais e violência conjugal: o olhar dos media sobre a mulher, as relações de género e a violência – de 1965 a 2006. Dissertação de candidatura ao grau de mestrado. Braga: Instituto de Educação e Psicologia. Universidade do Minho.

Dias, A. R. C. (2008). Repertórios interpretativos sobre o amor: das narrativas culturais às conjugalidades violentas. Dissertação de candidatura ao grau de doutor. Braga: Escola de Psicologia. Universidade do Minho.

Digest (2005). Traditional gender roles and intimate partner violence linked China. *International Family Planning Perspectives, 31,* 46-46.

Dobash, R. P., & Dobash R. E. (2004). Women's violence to men in intimate relationships. *British Journal Criminology, 44,* 324-349.

Doerner, W. D. & Lab, S. P. (1995). *Victimology*. Cincinatti: Anderson Publishing Co.

Doroszewicz, K., & Forbes, G. B. (2008). Experiences with dating aggression and sexual coercion among polish college students. *Journal of Interpersonal Violence, 23,* 58-73.

Douglas, E. M., & Straus. M. A. (2006). Assault and injury of dating partners by university students in 19 countries and its relation to corporal punishment experienced as a child. *European Journal of Criminology, 3,* 293--318.

Duarte, A. P., & Lima, M. L. (2006). Prevalência da violência física e psicológica nas relações de namoro de jovens estudantes portugueses. *Psychologica, 43*, 105-124.

Dutton, D. (1999). Limitations of social learning models in explaining intimate aggression. In X. B. Arriaga & S. Oskamp (Eds.). *Violence in intimate relationships* (pp. 73-87). California: Sage.

Ewoldt, C. A., Monson, C. M., & Langhinrichsen-Rohling, J. (2000). Attributions about rape in a continuum of dissolving marital relationship. *Journal of Interpersonal Violence, 15*, 1175-1183.

Feiring, C., Deblinger, E., Hoch-Espada, A., & Haworth, T. (2002). Romantic relationship aggression and attitudes in high school students: the role of gender, grade and attachment and emotional styles. *Journal of Youth and Adolescence, 31*, 373-385.

Feltey, K. M., Ainslie, J. J., & Geib, A. (1991). Sexual coercion attitudes among high school students. The influence of gender and rape education. *Youth & Society, 23*, 229-250.

Flick, U. (2002). *An introduction to qualitative research*. London: Sage Publications.

Flisher, A. J., Myer, L., Mèrais, A., Lombard, C., & Reddy, P. (2007). Prevalence and correlates of partner violence among South African adolescents. *Journal of Child Psychology and Psychiatry, 48*, 619-627.

Follette, V. M., & Alexander, P. C. (1992). Dating violence: current and historical correlates. *Behavioral Assessment, 14*, 39-52.

Follingstad, D. R., Rutledge, L. L., Polek, D. S., & McNeill-Hawkins, K. (1988). Factors associated with patterns of dating violence toward college women. *Journal of Family Violence, 3*, 169-184.

Follingstad, D. R., Wright, S., Lloyd, S., & Sebastian, J. A. (1991). Sex differences in motivations and effects in dating violence. *Family Relations, 40*, 51-57.

Foo, L., & Margolin, G. (1995). A multivariate investigation of dating aggression. *Journal Family Violence, 10*, 351-377.

Forbes, G. B. & Adams-Curtis, R. (2001). Experiences with sexual coercon in college males and females role of family conflict, sexist attitudes, acceptance of rape myths, self-esteem, and bige.five personality factors. *Journal of Interpersonal Violence, 16*, 865-889.

Forbes, G. B., Jobe, R. L., White, K. B., Bloesch, E., & Adams-Curtis, L. E. (2005). Perceptions of dating violence following a sexual or nonsexual betrayal of trust: effects of gender, sexism, acceptance of rape myths and vengeance motivation. *Sex Roles, 52*, 165-173.

Foshee, V. A. (1996). Gender differences in adolescent dating abuse prevalence, types and injuries. *Health Education Research, 11*, 275-286.

Foshee, V. A., Bauman, K. E. & Linder, G. F. (1999). Family violence and the perpetration of adolescent dating violence: examining social learning and social control processes. *Journal of Marriage and the Family, 61*, 331-342.

Foshee, V. A., Bauman, K. E., Arriaga, X. B., Helms, R. W., Koch, G. G., &

LINDER, G. F. (1999). An evaluation of safe dates, an adolescent dating violence prevention program. *American Journal of Public Health, 88*, 45-50.

FOSHEE, V. A., BENEFIELD, T. S., ENNETT, S. T., BAUMAN, K. E., & SCHINDRAN, C. (2004). Longitudinal predictors of serious physical and sexual dating violence victimization during adolescence. *Preventive Medicine, 39*, 1007-1016.

FOSHEE, V. A., ENNETT, S. T., BAUMAN, K. E., BENEFIELD, T., &, SUCHINDRAN, C. (2005). The association between family violence and adolescent dating violence onset. Does it vary bay race, socioeconomic status and family structure? *Journal of Early Adolescence, 25*, 317-344.

FOSHEE, V. A., LINDER, F., MCDOUGALL, J. E., & BANGDIWALA, S. (2001). Gender differences in the longitudinal predictors of adolescent dating violence. *Preventive Medicine, 32*, 128-141.

FRANCO, R. L., DÍAZ, R. J., & BELLERÍN, M. A. A. (1999). Tipos de violencia de género en relaciones de pareja durante la adolescencia: un estudio preliminar del cuestionario de violencia entre novios. *Revista de la Sociedad Argentina de ginecología Infanto Juvenil, 6*.

FREEDNER, N., FREED, L. H., YANG, Y. W., & AUSTIN, S. B. (2002). Dating violence among gay, lesbian and bisexual adolescents: results from a community survey. *Journal of Adolescent Health, 31*, 469-474.

FRESE, B., MOYA, M., & MEGÍAS, J. L. (2004). Social perceptions of rape. How rape myth acceptance modulates the influence of situational factors. *Journal of Interpersonal Violence, 19*, 143-161.

FUERTES, A. (2007). Agressiones verbales-emocionales, físicas y sexuales en las relaciones de pareja de los adolescentes: natureza y factores asociados. Tesis Doctoral. Salamanca: Facultad de Psicologia, Departamento de Psícologia Evolutiva y de la Educación de la Universidade de Salamanca.

FUERTES, A. A. F., & MARTÍN, A. F. (2005). Violencia sexual en las relaciones de parejas de los jóvenes. *Sexología Integral, 2*, 126-132.

FUNK, J. B., ELLIOTT, R., URMAN, M. L., FLORES, G. T. & MOCK, R. M. (1999). The attitudes toward violence scale. A measure for adolescents. *Journal of Interpersonal Violence, 14*, 1123-1136.

GAGNÉ, M. H., LAVOIE, F. & HÉBERT, M. (2005). Victimization during childhood and revictimization in dating relationships in adolescent girls. *Child Abuse & Neglect, 29*, 1155-1172.

GAHAN, C., & HANNIBAL, M. (1998). *Doing qualitative research using QSR NUD*IST*. Sage Publications, Thousand Oaks: California.

GEIGER, B., FISCHER, M., & ESHET, Y. (2004). Date-rape-supporting and victim-blaming attitudes among high school students in a multiethnic society. *Journal of Interpersonal Violence, 19*, 406-426.

GELLES, R.J. & LOSEKE, D. R. (1993). *Current controversies on family violence*. London: Sage.

GELLES, R.J. (1997). *Intimate violence in families*. Thousand Oaks: Sage Publications.

GIDYCZ, C. A., COBLE, A. N., LATHAM, L., & LAYMAN, M. (1993). Sexual assault experience in adulthood and prior victimization experiences. A prospective analysis. *Psychology of Women Quarterly, 17*, 151-168.

GIDYCZ, C. A., HANSON, K., & LAYMAN, M. (1995). A prospective analysis of the relationships among sexual assault experiences. An extension of previous findings. *Psychology of Women Quarterly, 19*, 5-29.

GIDYCZ, C. A., WARKENTIN, J. B., & ORCHOWSKI, L. M. (2007). Predictors of perpetration of verbal, physical and sexual violence: a prospective analysis of college men. *Psychology of Men & Masculinity, 8*, 79-94.

GLASER, B. & STRAUS, A. L. (1967). *The discovery of grounded theory: strategies for qualitative research.* HAWTHORNE, NY: ALDINE de GRUYTER.

GLASS, N., FREDLAND, N., JACQUELYN, C., MICHAEL, Y., PHYLLIS, S., JOAN, K. (2003). Adolescent dating violence: prevalence, risk factors, health outcomes, and implications for clinical practice. *JOGNN Clinical Issues,32*, 227-238.

GOVER, A. R. (2004). Risk lifestyles and dating violence: a theoretical test of violent victimization. *Journal of Criminal Justice, 32*, 171-180.

GOVER, A. R., KAUKINEN, C., & FOX, K. A. (2008). The relationship between violence in the family of origin and dating violence among college students. *Journal of Interpersonal Violence, 18*, 1-27.

GRAY, H. M., & FOSHEE, V. (1997). Adolescent dating violence. Differences between one-sided and mutually violent profiles. *Journal of Interpersonal Violence, 12*, 126-141.

GREEN, D. M. & NAVARRO, R. L. (1998). Situation-specific assertiveness in the epidemiology of sexual victimization among university women. A prospective path analysis. *Psychology of Women Quarterly, 22*, 589-604.

GROSS, A. M., WINSLETT, A., ROBERTS, M., & GOHM, C. L. (2006). An examination of sexual violence against college women. *Violence Against Women, 12*, 288-300.

GWARTNEY-GIBBS, P., STOCKARD, J., & BOHMER, S. (1987). Learning courtship aggression: the influence of parents, peers and personal experiences. *Family Relations, 36*, 276-282.

HALL, G. C. N. & BARONGAM, C. (1997). Prevention of sexual aggression. Sociocultural risk and protective factors. *American Psychologist, 52*, 5-14.

HALPERN, C. T., OSLAK, S. G., YOUNG, M. L., MARTIN, S. L., & KUPPER, L. L. (2001). Partner violence among adolescents in opposite-sex romantic relationships: findings from national longitudinal study of adolescent health. *American Journal of Public Health, 91*, 1679-1685.

HAMBERGER, L. K., & HOLTZWORTH-MUNROE, A. (1994). Partner violence. In F. Dattilio & A. Freeman (Eds.), *Cognitive-behavioral strategies in crises intervention* (pp. 302-322). New York: Guilford Press.

HAMBY, S. (1998). Partner violence. Preventive and intervention. In J. Jasinski & L. Williams (Eds.*), Partner violence – A comprehensive review of 20 years research* (pp. 211-260). Thousand Oaks: Sage Publications.

HARNED, M. S. (2002). A multivariate analysis of risk markers for dating violence victimization. *Journal of Interpersonal Violence, 17*, 1179-1197.

HENTON, J., CATE, R., KOVAL, J., LLOYD, S., CHRISTOPHER, S. (1983). Romance and violence in dating relationships. *Journal of Family Issues, 4*, 467-482.

HERZOG, S. (2004). Differential perceptions of the seriousness of male violence against female intimate partners among Jews and Arabs in Israel. *Journal of Interpersonal Violence, 19*, 891-900.

HICKMAN, L. J., JAYCOX, L. H., & ARONOFF, J. (2004). Dating violence among adolescents: prevalence, gender distribution and prevention program effectiveness. *Trauma, Violence & Abuse, 5*, 123-142.

HILL, C. E., THOMPSON, B. J., & WILLIAMS, E. N. (1997). A guide to conducting consensual qualitative research. *The Counseling Psychologist, 25*, 517-572.

HIMELEIN, M. J. (1995). Risk factors for sexual victimization in dating. A longitudinal study of college women. *Psychology of Women Quarterly, 19*, 31--48.

HIMELEIN, M. J., VOGEL, R. E., & WACHOWIAK, D. G. (1994). Nonconsensual sexual experiences in precollege women: prevalence and risk factors. *Journal of Counseling & Development, 72*, 411-415.

HINES, D. A., & SAUDINO, K. J. (2002). Intergenerational transmission of intimate partner violence. A behavioural genetic perspective. *Trauma, Violence & Abuse, 3*, 210-225.

HIRD, M. J. (2000). An empirical study of adolescent dating aggression in the U.K. *Journal of Adolescence, 23*, 69-78.

HOLLANDER, J. A. (2001). Vulnerability and dangerousness. The construction of gender through conversation about violence. *Gender & Society, 15*, 83-109.

HOWARD, D. E., & WANG, M. Q. (2003a). Risk profiles of adolescent girls who where victims of dating violence. *Adolescence, 38*, 1-14.

HOWARD, D. E., & WANG, M. Q. (2003b). Psychosocial factors associated with adolescents boys' reports of dating violence. *Adolescence, 38*, 519-533.

HOWARD, D. E., BECK, K., KERR, M. H., & SHATTUCK, T. (2005). Psychosocial correlates of dating violence victimization among latino youth. *Adolescence, 40*, 319-331.

HOWARD, D., QIU, Y., & BOEKELOO, B. (2003). Personal and social contextual correlates of adolescent dating violence. *Journal of Adolescent Health, 33*, 9-17.

HUMPHREY, J. A. & WHITE, J. W. (2000). Women's vulnerability to sexual assault form adolescence to young adulthood. *Journal of Adolescent Health, 27*, 419-424.

HUNTER, J. A., FIGUEREDO, A. J., MALAMUTH, N. M., & BECKER, J. (2004). Developmental pathways in youth sexual aggression and delinquency: Risk factors mediators. *Journal of Family Violence, 19*, 233-242.

HYDÉN, M. (1995). Verbal aggression as a prehistory of woman battering. *Journal of Family Violence, 10*, 55-71.

ISMAIL, F., BERMAN, H. & WARD-GRIFFIN, C. (2007). Dating violence and the health of young women: a feminist narrative study. *Health Care for Women International, 28*, 453-477.

JACKSON, S. M. (1999). Issues in the dating violence research: a review of the literature. *Aggression and Violent Behavior, 4*, 233-247.

JACKSON, T. L. & DAVIS, J. L. (2000). Prevention of sexual and physical assault toward women: A program for male athletes. *Journal of Community Psychology, 28*, 589-605.

JACKSON. S. M., CRAM, F., & SEYMOUR, F. W. (2000). Violence and sexual coercion in high school student's dating relationships. *Journal of Family Violence, 15*, 23-36.

JAFFE, P., SUDERMANN, M., REITZEL, D., & KILLIP, S. M. (1992). An evaluation of a secondary school primary prevention program on violence in relationships. *Violence and Victims, 7*, 129-146.

JAMES, W. H., WEST, C., DETERS, K. E., & ARMIJO, E. (2000). Youth dating violence. *Adolescence, 35*, 455-465.

JANKOWSKI, M. K., LEITENBERG, H., HENNING, K., & COFFEY, P. (1999). Intergenerational transmission of dating aggression as a function of witnessing only same sex parents vs. opposite sex parents vs. both parents as perpetrators of domestic violence. *Journal of Family Violence, 14*, 267-279.

JASINSKI, J. L. (2001). Theoretical explanations for violence against women. In C.M. RENZETTI, J. L. EDLESON, J. L., & R. K., BERGEN (Eds.). *Sourcebook on violence against women* (pp. 1-21). Thousand Oaks: Sage.

JENKINS. S. S. & AUBÉ, J. (2002). Gender differences and gender related constructs in dating aggression. *Personality and Social Psychological Bulletin, 28*, 1106-1118.

JEZL, D., MOLIDOR, C., & Wright, T. (1996). Physical, sexual and psychological abuse in high school dating relationships outcomes: a comparison of the self-esteem. *Child and Adolescent Social Work Journal, 13*, 69-87.

JOHNSON, B. E., KUCK, D. L., & SCHANDER, P. R. (1997). Rape myth acceptance and sociodemographic characteristics: a multidimensional analysis. *Sex Roles, 36*, 693-707.

JOHNSON, I. M. & SIGLER, R. T. (2000). Forced sexual intercourse among intimates. *Journal of Family Violence, 15*, 95-108.

JOHNSON, K. K. P. (1995). Attributions about date rape: impact of clothing, sex, money spent, date type, and perceived similarity. *Family and Consumer Sciences Research Journal, 23*, 292-310.

JOHNSON, K. K. P., & LEE, M. (2000). Effects of clothing and behaviour on perceptions concerning an alleged date rape. *Family and Consumer Sciences Research Journal, 28*, 332-356.

JOHNSON, M. P. & FERRARO, K. J. (2000). Research on domestic violence in the 1990s: Making distinctions. *Journal of Marriage and the Family, 62*, 948-963.

JOHNSON, S. B., FRATTAROLI, S., CAMPBELL, J., WRIGHT, J., PEARSON-FIELDS, A. S., & CHENG, T. (2005). "I know what love means". Gender-based violence in the lives of urban adolescents. *Journal of Women's Health, 14*, 172-179.

JONSON-REID, M. & BIVENS, L. (1999). Foster youth and dating violence. *Journal of Interpersonal Violence, 14*, 1249-1262.

JOURILES, E. N., MCDONALD, R., GARRIDO, E., ROSENFIELD, D., & BROWN, A. S. (2005). Assessing aggression in adolescent romantic relationships: can we do it better? *Psychological Assessment, 17*, 469-475.

KATZ, J., KUFFEL, S. W., & COBLENTZ, A. (2002). Are there gender differences in sustaining dating violence? An examination of frequency, severity, and relationship satisfaction. *Journal of Family Violence, 17*, 247-271.

KAURA, S. A., & ALLEN, C. M. (2004). Dissatisfaction with relationship power and dating violence perpetration by men and women. *Journal of Interpersonal Violence, 19*, 576-588.

KAURA, S. A., & LOHMAN, B. J. (2007). Dating violence victimization, relationship satisfaction, mental health problems and acceptability of violence: a comparison of men and women. *Journal of Family Violence, 22*, 376-381.

KING, G., FLISHER, A. J., NOUBARY, F., REECE, R., MARAIS, A., & LOMBARD, C. (2004). Substance abuse and behavioural correlates of sexual assault among South African adolescents. *Child Abuse & Neglect, 28*, 683-696.

KINSFOGEL, K., & GRYCH, J.H. (2004). Interparental conflict and adolescent dating relationships: Integrating cognitive, emotional, and peer influences. *Journal of Family Psychology, 18*, 505-515.

KITZINGER, J., & BARBOUR, R.S. (1999). Introduction: the challenge and promise of focus group. In R.S. BARBOUR & J. KITZINGER (Eds.), *Developing focus group research: Politics, theory and practice* (pp. 1-20). London: Sage Publications.

KOSS, M. P. (1985). The hidden rape victim: personality, attitudinal and situational characteristics. *Psychology of Women Quarterly, 9*, 193-212.

KOSS, M. P., & DINERO, T. E. (1989). Discriminant analysis of risk factors for sexual victimization among a national sample of college women. *Journal of Consulting and Clinical Psychology, 53*, 422-423.

KOSS, M. P., DINERO, T. E., SEIBEL, C. A, & COX, S. L. (1988). Stranger and acquaintance rape. Are there differences in the victim's experience? *Psychology of Women Quarterly, 12*, 1-24.

KREITER, S. R., KROWCHUK, D. P., WOODS, C. R., SINAL, S. H., LAWLESS, M. R., & DURANT, R. H. (1999). Gender differences in risk behaviors among adolescents who experience date fighting. *Pediatrics, 104*, 1286-1292.

KUFFEL, S. W. & KATZ, J. (2002). Preventing physical, psychological and sexual aggression in college dating relationships. *The Journal of Primary Prevention, 22*, 361-374.

LANE, K. D., & GWARTNEY-GIBBS, P. A. (1985). Violence in the context of dating and sex. *Journal of Family Issues, 6*, 45-59.

LANIER, C. A. (2001). Rape-accepting attitudes: Precursors to or consequences of forced sex. *Violence Against Women, 7*, 876-885.

LAVOIE, F., HÉBERT, M., TREMBLAY, R. VITARO, F., VÉZINA, L., & MCDUFF, P. (2002). History of family dysfunction and perpetration of dating violence by adolescent boys: a longitudinal study. *Journal of Adolescent Health, 30*, 375-383.

LAVOIE, F., ROBITAILLE, L., & HÉBERT, M. (2000). Teen dating relationships aggression. An exploratory study. *Violence Against Women, 6*, 6-36.

LEE, J., BUSCH, N., B., KIM, J., & LIM, H. (2007). Attitudes toward date rape among university students in South Korea. *Sex Roles, 57*, 641-649.

LEE, J., POMEROY, E. C., YOO, S.-K., RHEINBOLDT, K., T. (2005). Attitudes toward rape. A comparison between Asian and Caucasian college students. *Violence Against Women, 11,* 177-196.

LEJEUNE, C., & FOLLETTE, V. (1994). Taking responsibility. Sex differences in reporting dating violence. *Journal of Interpersonal Violence, 9*, 133-140.

LEVESQUE, R. (2001). *Culture and family violence.* Washington: APA.

LEVINSON, D. (1989). *Family violence in cross-cultural perspective.* Newbury Park: Sage.

LEWIS, S. F., & FREMOUW, W. (2001). Dating violence: A critical review of the literature. *Clinical Psychology Review, 21*, 105-127.

LICHTER, E. K., & MCCLOSKEY, L. A. (2004). The effects of childhood exposure to marital violence on adolescent gender-role beliefs and dating violence. *Psychology of Women Quarterly, 28*, 344-357.

LOH, C. & GIDYCZ, C. A. (2006). A prospective analysis of the relationships between childhood sexual victimization and perpetration of dating violence and sexual assault in adulthood. *Journal of Interpersonal Violence, 21*, 732--749.

LOH, C., GIDYCZ, C. A., LOBO, T. R., & LUTHRA, R. (2005). A prospective analysis of sexual assault perpetration. Risk factors related to perpetrator characteristics. *Journal of Interpersonal Violence, 20*, 1325-1348.

LONSWAY, K. A. &, FITZGERALD, L. F. (1994). Rape myths: In review. *Psychology of Women Quarterly, 18*, 133-164.

LONSWAY, K. A. &, FITZGERALD, L. F. (1995). Atitudinal antecedents of rape myth acceptance: A theoretical and empirical reexamination. *Journal of Personality and Social Psychology, 68*, 704-711.

LONSWAY, K. A. (1996). Preventing acquaintance rape through education. What do we know? *Psychology of Women Quarterly, 20*, 229-265.

LOURENÇO, N., LISBOA, M. & PAIS, E. (1997). *Violência contra as mulheres.* Lisboa. CIDM.

LUCAS, S. C. (2002). A agressividade no namoro de adolescentes. Dissertação do II curso de mestrado na especialidade de sexologia. Lisboa: Universidade Lusófona de Humanidades e Tecnologias.

LUTHRA, R. & GIDYCZ, C. A. (2006). Dating violence among college men and women: evaluation of a theoretical model. *Journal of Interpersonal Violence, 21*, 717-731.

LYSOVA, A. V. (2007). Dating violence in Russia. *Russian Education and Society, 49*, 43-59.

MACHADO, C. & DIAS, R. (2008). Abordagens inter-culturais à violência familiar: Teoria e investigação. In *Psicologia Jurídica II.* Santiago de Compostela: Xunta de Galicia.

MACHADO, C. (2004). *Crime e insegurança. Discursos do medo, imagens do «outro»*. Editorial Noticias: Lisboa.

MACHADO, C. (2005). Violência nas famílias portuguesas: um estudo representativo na região Norte. *Psychologica, 40*, 173-194.

MACHADO, C. (2007). Violência nas famílias portuguesas: um estudo representativo na região Norte. *Psychologica, 40*, 173-194.

MACHADO, C., DIAS, A. R., & COELLHO, C. (no prelo). *Culture and wife abuse: an overview of theory, research and practice.* In Slomo G. SHOHAM, PAUL KNEPPER, & MARTIN KETT (Eds.). *International Handbook of Victimology*. Taylor and Francis, USA.

MACHADO, C., GONÇALVES, M. M., MATOS, M. & DIAS, A. R. (2007). Child and partner maltreatment: Self-reported prevalence and attitudes in the North of Portugal. *Child Abuse & Neglect, 31,* 657-670),

MACHADO, C., MATOS, M., & GONÇALVES, M. M. (2008). E.C.V.C. – Escala de crenças sobre a violência conjugal. In L. ALMEIDA, M., SIMÕES, C. MACHADO & M. M. GONÇALVES (Coords.), *Avaliação Psicológica. Instrumentos validados para a população portuguesa.* Vol II (2ª edição, revista e aumentada) (pp. 135-149). Coimbra: Quarteto.

MACHADO, C., MATOS, M., & MOREIRA, A. I. (2003). Violência nas relações amorosas: Comportamentos e atitudes na população universitária. *Psychologica, 33,* 69-83.

MAGDOL, L., MOFFITT, T. E., CASPI, A., NEWMAN, D. L., FAGAN, J., & SILVA, P. A. (1997). Gender differences in partner violence in a birth choort of 21-year-olds: Bridging the gap between clinical and epidemiological approaches. *Journal of Consulting and Clinical Psychology, 65,* 68-78.

MAGDOL, L., MOFFITT, T., CASPI, A., & SILVA, P. A.((1998b). Hitting without a license: Testing explanations of differences in partner abuse between young adult daters and cohabitors. *Journal of Marriage and the Family, 60,* 41-55.

MAGDOL, L., MOFFITT, T., CASPI, A., & SILVA, P. A.(1998a). Development antecedents of partner abuse: A prospective-longitudinal study. *Journal of Abnormal Psychology, 107,* 375-389.

MAHLSTEDT, D., & WELSH, L. A. (2005). Perceived causes of physical assault in heterosexual dating relationships. *Violence Against Women, 11,* 447-472.

MAHONEY, P., WILLIAMS, L. M., & WEST, C. M. (2001). Violence against women by intimate relationships partners. In C. M. RENZETTI, J. L. EDLESON, & R. K. BERGEN (Eds.), *Sourcebook on violence against women* (pp. 143-178). Thousand Oaks: Sage Publications.

MAKEPEACE, J. M. (1981). Courtship violence among college students. *Family Relations, 30,* 97-102.

MAKEPEACE. J. M. (1986). Gender differences in courtship violence victimization. *Family Relations, 35,* 383-388.

MALIK, S., SORENSON, S. B., & ANESHENSEL, C. S. (1997). Community and dating violence among adolescents: perpetration and victimization. *Journal of Adolescent Health, 21,* 291-302.

MARCUS, R. F., & REIO, T. G. (2002). Severity of injury resulting from violence among college students. Proximal and distal influences. *Journal of Interpersonal Violence, 17,* 888-908.

MARIN, A. J. & RUSSO, N. F. (1999). Feminist perspectives on male violence against women: Critiquing O'Neil and Harway's Model. In HARWAY, M. & O'NEIL, J. (Eds), *What causes men's violence against women*? Thousands Oaks: Sage.

MARQUART, B., NANNINI, D. K., EDWARDS, R. W., STANLEY, L. R., &

WAYMAN, C. (2007). Prevalence of dating violence and victimization: regional and gender differences. *Adolescence, 42*, 645-657.

MARTÍN, A. F., VERGELES, M. R. ACEVEDO, V. O., SÁNCHEZ, A. C., & VISA, S. L. (2005). The involvement in sexual coercive behaviors of Spanish college men. Prevalence and risk factors. *Journal of Interpersonal Violence, 20*, 872-891.

MARX, B. P., WIE, V. V., & GROSS, A. M. (1996). Date rape risk factors: A review and methodological critique of the literature. *Aggression and Violent Behavior, 1*, 27-45.

MATHEWS, N. A. (2000). Generic violence prevention and gendered violence. Getting the message to mainstream audiences. *Violence Against Women, 6*, 311-332.

MATOS, M. (2000). *Violência conjugal: O processo de construção da identidade da mulher.* Dissertação de candidatura ao grau de mestre em Psicologia, na especialidade de Psicologia da Justiça. Braga: Instituto de Educação e Psicologia, Universidade do Minho.

MATOS, M. (2002). Violência conjugal. In C. MACHADO, & R. A. GONÇALVES (Coords.), *Violência e vítimas de crimes. Vol I: Adultos* (pp. 81-130). Coimbra: Quarteto.

MATOS, M. (2006). *Violência nas relações de intimidade. Estudo sobre a mudança psicoterapeûtica na mulher*. Dissertação de candidatura ao grau de doutor em Psicologia, na especialidade de Psicologia da Justiça. Braga: Instituto de Educação e Psicologia, Universidade do Minho.

MATOS, M., & MACHADO, C. (1999). Violência conjugal e o modelo de intervenção em crise. *Psicologia:Teoria, Investigação e Prática*, 2, 373-388.

MATOS, M., MACHADO, C. CARIDADE, S. & SILVA, M.J. (2006). Prevenção da violência nas relações de namoro: intervenção com jovens em contexto escolar. *Revista Psicologia: Teoria e Prática, 8*, 55-76.

MATOS, M., MACHADO, C., & GONÇALVES, M. M. (2000a). *E.C.V.C. - Escala de Crenças sobre Violência Conjugal.* Braga: Universidade do Minho, Instituto de Educação e Psicologia.

MATOS, M., MACHADO, C., & GONÇALVES, M. M. (2000b). *I.V.C. - Inventário de violência conjugal.* Braga: Universidade do Minho, Instituto de Educação e Psicologia.

MATOS, P. M. (2006). Relações românticas em adolescentes. *Psychologica, 41*, 9-45.

MAXWELL, C. D., ROBINSON, A. L., & POST, L.A. (2003). The nature and predictors of sexual victimization and offending among adolescents. *Journal of Youth and Adolescence, 32*, 465-477.

MCCLOSKEY, L. A., & LICHTER, F. L. ((2003). The contribution of marital violence to adolescent aggression across different relationships. *Journal of Interpersonal Violence, 18*, 390-412.

MCCLOSKEY, L. A., WILLIAMS, C., & LARSEN, U. (2005). Gender inequality and intimate partner violence among women in Moshi, Tanzania. *International Family Planning Perspectives, 31*, 124-130.

MENDES, F. (2006). Percursos da violência: Da família de origem à conjugalidade. Um estudo com jovens adultos a frequentarem o ensino superior. Dissertação de candidatura ao grau de mestre em Psicologia, na especialidade de Psicologia do Comportamento Desviante. Porto: Faculdade de Psicologia e Ciências da Educação da Universidade do Porto.

MÉNDEZ, R. G., & HERNÁNDEZ, D. S. (2001). La violencia en parejas jóvenes. *Psicothema, 13,* 127-131.

MILLER, J. & WHITE, N. A. (2003). Gender and adolescent relationships violence: a contextual examination. *Criminology, 41,* 1207-1248.

MOFFITT, T. E., & CASPI, A. (2002). Como prevenir a continuidade intergeracional do comportamento anti-social: Implicações da violência entre companheiros. In A. C. FONSECA (Ed.), *Comportamento anti-social e família* (pp. 373-396). Coimbra: Almedina

MOLIDOR, C. E. (1995). Gender differences of psychological abuse in high school dating relationships. *Child and Adolescent Social Work Journal, 12,* 119-134.

MOLIDOR, C., & TOLMAN, R. M. (1998). Gender and contextual factors in adolescent dating violence. *Violence Against Women, 4,* 180-194.

MOLIDOR, C., TOLMAN, R., & KOBER, J. (2000). Gender and contextual factors in adolescent dating violence. *Prevention Researcher, 7,* 1-4.

MONSON, C. M., LANGHINRICHSEN-ROHLING, J., & BINDERUP, T. (2000). Does "no" really mean "no" after you say "yes"? Attributions about date and marital rape. *Journal of Interpersonal Violence, 15,* 1156-1174.

MONTGOMERY, M. J., & SOREIL, G., T. (1998). Love and dating experience in early and middle adolescence: grade and gender comparisons. *Journal of Adolescence, 21,* 677-689.

MORAES, C. L., CABRAL, C. S., & HEILBORN, M. L. (2006). Magnitude e caracterização de situações de coerção sexual vivenciadas por jovens de três grandes capitais brasileiras: Porto Alegre, Rio de Janeiro e Salvador. *Caderno Saúde Pública, 22,* 1493-1504.

MORGAN, D. L. (1996). Focus Groups. *Annual Reviews, 22,* 129-152.

MUEHLENHARD, C. L., & LINTON, M. A. (1987). Date rape and sexual aggression in dating situations: incidence and risk factors. *Journal of Counseling Psychology, 34,* 186-196.

MUEHLENHARD, C. L., FRIEDMAN, D. E., & THOMAS, C. M. (1985). Is date justifiable? The effects of dating activity, who iniated, who paid, and men's attitudes toward women. *Psychology Women Quarterly, 9,* 297-310.

MUÑOZ-RIVAS, GOMÉZ, J. L., O'LEARY, D., & GONZÁLEZ, M. P. (2007). Aggression in adolescent dating relationships: prevalence, justification and health consequences. *Journal of Adolescent Health, 40,* 298-304.

MUÑOZ-RIVAS, GRAÑA, J. L. G., O'LEARY, D., & LOZANO, P. G. (2007). Physical and psychological aggression in dating relationships in Spanish university students. *Psicothema, 19,* 102-107.

MURAM, D., HOSTETLER, B. R., JONES, C. E., & SPECK, P. M. (1995). Adolescent victims of sexual assault. *Journal of Adolescent Health, 17,* 372-375.

NAYAK, M. B., BYRNE, C. A., MARTIN, M. K., & ABRAHAM, A. G. (2003). Attitudes toward violence against women: a cross-nation study. *Sex Roles, 49,* 333-342.

NEUFELD, J., MCNAMARA, J. R., & ERTL, M. (1999). Incidence and prevalence of dating partner abuse and its relationships to dating partners. *Journal of Interpersonal Violence, 14,* 125-137.

NEVES, S. (2008). *Amor, poder e violências na intimidade. Os caminhos entrecruzados do pessoal e do politico.* Coimbra: Quarteto.

Noland, V. J., LILLER, K. D., MCDERMOTT, R. J., COULTER, M. L., & SERAPHINE A. E. (2004). Is adolescent sibling violence a precursor to college dating violence? *American Journal Health Behavior, 28,* 13-23.

NORRIS, J., NURIUS, P. S., & DIMEFF, L. A. (1996). Through her eyes: factors affecting women's perception of and resistance to acquaintance sexual aggression threat. *Psychology of Women Quarterly, 20,* 123-145.

NUTT, R. L. (1999). Women's gender-role socialization, gender-role conflict and abuse. In M. HARWAY, & J. M. O' NEIL (Eds.), *What causes men's violence against women?* (pp. 117-134.). London: Sage Publications.

O'DONNELL, L., STUEVE, A., MYINT-U, A., DURAN. R., AGRONICK, G., & WILSON-SIMMONS, R. (2006). Middle school aggression and subsequent intimate partner physical violence. *Journal Youth Adolescent, 35,* 693-703.

O'KEEFE, M. (1997). Predictors of dating violence among high school students. *Journal of Interpersonal Violence, 12,* 546-568.

O'KEEFE, M. (1998). Factors mediating the link between witnessing interparental violence and dating violence. *Journal of Family Violence, 13,* 39-57.

O'KEEFE, M. (2005). Teen dating violence: a review of risk factors and prevention efforts. *Applied Research Forum. National Electronic Network on Violence Against Women,* pp. 1-13.

O'KEEFE, M., & TREISTER, L. (1998). Victims of dating violence among high school students: are the predictors different for males and females? *Violence Against Women, 4,* 195-223.

O'KEEFE, N., BROCKOPP, K., & CHEW, E. (1986). Teen dating violence. *Social Work, 31,* 456-468.

O'SULLIVAN, L. F., BYERS, E. S., & FINKELMAN, L. (1998). A comparison of male and female college students' experiences of sexual coercion. *Psychology of Women Quarterly, 22,* 177-185.

OLIVEIRA, M. S. & SANI, A. I. (2005). Comportamentos dos jovens universitários face à violência nas relações amorosas. In B. D. SILVA & L. S. ALMEIDA (Coords.), *Actas do VIII Congresso Galaico-Português de Psicopedagogia.* (pp. 1061-1074). Braga: Centro de Investigação em Educação (CIEd).

OZER, E. J., TSCHANN, J. M., PASCH, L. A., & FLORES, E. (2004). Violence perpetration across peer and partner relationships: co-occurrence and longitudinal patterns among adolescents. *Journal of Adolescent Health, 34,* 64-71.

PAIVA, C. & FIGUEIREDO, B. (2003). Abuso no contexto íntimo com o companheiro: definição, prevalência, causas e efeitos. *Psicologia, Saúde & Doenças, 4,* 165-184.

PAIVA, C., & FIGUEIREDO, B. (2004). Abuso no relacionamento íntimo: Estudo de prevalência em jovens adultos portugueses. *Psychologica, 36,* 75-107.

PAIVA, C., & FIGUEIREDO, B. (2005). Abuso no relacionamento íntimo e estado de saúde em jovens adultos portugueses. *International Journal of Clinical and Health Psychology, 5*, 243--272.

Parrott, D. J., & Zeichner, A. (2003). Effects of trait anger and negative attitudes towards women on physical assault in dating relationships. *Journal of Family Violence, 18*, 301-307.

Pelcovitz, D., Kaplan. S. J., Ellenberg, A., Labruna, V., Salzinger, S., Mandel, F., & Weiner, M. (2000). Adolescent physical abuse: age at time of abuse and adolescent perception of family functioning. *Journal of Family Violence, 15*, 375-389.

Perry, A. R., & Fremouth, M, E. (2005). Courtship violence using couple data. Characteristics and perceptions. *Journal of Interpersonal Violence, 20*, 1078-1095.

Petersen, I., Bhana, A., & McKay, M. (2005). Sexual violence and youth in South Africa: the need for community-based prevention interventions. *Child Abuse & Neglect, 29*, 1233-1248.

Pflieger, J., C., & Vazsonyi, A., T. (2006). Parenting process and dating violence: the mediating role of self-esteem in low and high-SES adolescents. *Journal of Adolescence, 29*, 495--512.

Pinzone-Glover, H. A., Gidycz, C. A., & Jacobs, C. D. (1998). An acquaintance rape prevention program. Effects on attitudes toward women, rape-related attitudes, and perceptions of rape scenarios. *Psychology of Women Quarterly, 22*, 605-621.

Poitras, M., & Lavoie, F. (1995). A study of the prevalence of sexual coercion in adolescent heterosexual dating relationships in a Quebec sample. *Violence and Victims, 10*, 299-313.

Price, E. L., Byers, E. S., Sears, H. A., Whelan, J., & Saint-Pierre, M. (2000). Dating violence amongst new Brunswick adolescents: a summary of two studies. Research Paper Series.

Price, E. L., Byers, S. E., and the Dating Violence Research (1999). The attitudes towards dating violence scales: development and initial validation. *Journal of Family Violence, 14*, 351-375.

Ramirez, I. L. (2002). *Prevalence and chronicity of dating partner violence among a sample of Mexican male and female university students.* Paper presented at the Victimization of Children and Youth: An International Conference, Portsmouth, New Hampshire.

Ramirez, I. L. (2005). Criminal history and assaults on intimate partners by Mexican, American and Non-Mexican white college students. *Journal of Interpersonal Violence, 20*, 1628-1647.

Ramisetty-Mikler, S., Goebert, D., Nishimura, S., & Caetano, R. (2006). Dating violence victimization: associated drinking and sexual risk behaviours of Asian, Native Hawaiian, and Caucasian high school students in Hawaii. *Journal of School Health, 76*, 423-429.

Reitzel-Jaffe, D., & Wolfe, D. A. (2001). Predictors of relationship abuse among young men. *Journal of Interpersonal Violence, 16*, 99-115.

Rhynard, J., Krebs, M., & Glover, J. (1997). Sexual assault in dating relationships. *Journal of School Health, 67*, 89-93.

Rickert, V.I., Wiemann, C.M., & Vaughan, R.D. (2005). Disclosure of date/acquaintance rape: who reports and when. *Journal of Pediatric and Adolescent Gynecology, 18*, 17-24.

RIGGS, D. S., & O'LEARY, K. D. (1996). Aggression between heterosexual dating partners. An examination of a causal model of courtship aggression. *Journal of Interpersonal Violence, 11*, 519-540.

RIVERA-RIVERA, L., ALLEN, B., RODRÍGUEZ-ORTEGA, G., CHÁVEZ-AYALA, R. & LAZCANO-PONCE, E. (2006). Violencia durante el noviazgo, depresión y conductas de riesgo en estudiantes femeninas (12-24 años). *Salud Pública de México, 48*, 288-296.

RIVERA-RIVERA, L., ALLEN-LEIGH, B., RODRÍGUEZ-ORTEGA, G., CHÁVEZ-AYALA, R. & LAZCANO-PONCE, E. (2007). Prevalence and correlates of adolescent dating violence: baseline study of a cohort pf 7960 male and female Mexican public school students. *Preventive Medicine, 44*, 477-484.

ROBERTS, T. A., & KLEIN, J. (2003). Intimate partner abuse and high-risk behavior in adolescents. *Archive Pediatric Adolescent Medicine, 157*, 375-380.

ROBERTS, T. A., KLEIN, J. D., & FISHER, S. (2003). Longitudinal effect of intimate partner abuse on high-risk behavior among adolescents. *Archive Pediatric Adolescent Medicine, 157*, 875-881.

RODRIGUES, N. (2007). Vitimização sexual nas relações com os pares em mulheres adolescentes e jovens: prevalência e crenças relacionadas com a vitimação. Programa Operacional de Emprego, Formação e Desenvolvimento Social. Delegação Regional do Alentejo: Associação para o Planeamento da Família.

ROSEN, K. H., BARTLE-HARING, S., & STITH, S. M. (2001). Using Bowen theory to enhance understanding of the intergenerational transmission of dating violence. *Journal of Family Issues, 22*, 124-142.

ROTIMI, A. (2007). Violence in the family: a preliminary investigation and overview of wife battering in Africa. *Journal of International Women's Studies, 9*, 234-252.

ROZÉE, P. D. (1993). Forbidden or forgiven? Rape in cross-cultural perspective. *Psychology of Women Quarterly, 17*, 499-514.

RUSSELL, B. L. & OSWALD, D. L. (2001). Strategies and dispositional correlates of sexual coercion perpetrated by women: An exploratory investigation. *Sex Roles, 45*, 103-115.

RUSSELL, B. L. & OSWALD, D. L. (2002). Sexual coercion and victimization of college men. The role of love styles. *Journal of Interpersonal Violence, 17*, 273-285.

SANDERS, B., & MOORE, D. L. (1999). Childhood maltreatment and date rape. *Journal of Interpersonal Violence, 14*, 115-124.

SANDERSON, M., COKER, A. L., ROBERTS, R. E., TORTOLERO, S. R., & REININGER, B. M. (2004). Acculturation, ethnic identity and dating violence among Latino ninth-grade students. *Preventive Medicine, 39*, 373-383.

SAUNDERS, D. G. (2002). Are physical assaults by wives and girlfriends a major social problem? A review of the literature. *Violence Against Women, 8*, 1424-1448.

SCHIFF, M., & ZEIRA, A. (2005). Dating violence and sexual risk behaviours in a sample of at-risk Israeli youth. *Child Abuse & Neglect, 29*, 1249-1263.

SCHUBOT, D. B. (2001). Date rape prevalence among female high school students in a rural Midwestern state during 1993, 1995, and 1997. *Journal of Interpersonal Violence, 16*, 291-196.

SCHUMACHER, J. A. & SLEP, A. M. S. (2005). Attitudes and dating aggression: a cognitive dissonance approach. *Prevention Science, 5*, 231-243.

SCHWARTZ, M. D. & DEKESEREDY, W. S. (1997). *Sexual assault on the college campus. The role of male peer support.* Thousand Oaks: Sage Publications.

SEARS, H. A., BYERS, E. S., & PRICE, E. L. (2007). The co-ocurrence of adolescent boy's and girl's use of psychologically, physically, and sexually abusive behaviours in their dating relationships. *Journal of Adolescence, 30*, 487-504.

SEARS, H. A., BYERS, E. S., Whelan, J. J., SAINT-PIERRE, M. & The Dating Research Team (2006). "If it hurts you, then it's not a joke": Adolescents' ideas about girls' and boys' use and experience of abusive behaviour in dating relationships. *Journal of Interpersonal Violence, 21*, 1191-1207.

SERQUINO-RAMIRO, L. (2005). Physical intimacy and sexual coercion among adolescent intimate partners in the Philippines. *Journal of Adolescent Research, 20*, 476-496.

SFEFER, T., STREBEL, A., & FOSTER, D. (2000). So women have to submit to that: discourses of power and violence in student's talk on heterosexual negotiation. *South African Journal of Psychology, 30*, 11-20.

SHAPIRO, B. L. & SCHWARZ, J. C. (1997). Date rape. Its relationship to trauma symptoms and sexual self-esteem. *Journal of Interpersonal Violence, 12*, 407--419.

SHARPE, D., & TAYLOR, J. K. (1999). An examination of variables from a social-developmental model to explain physical and psychological dating violence. *Canadian Journal of Behavioural Science, 31*, 165-175.

SHECHORY, M., IDISIS, Y. (2006). Rape myths and social distance toward sex offenders and victims among therapists and students. *Sex Roles, 54*, 651--658.

SHOOK, N. J., GERRITY, D. A., JURICH, J., & SEGRIST, A. E. (2000).Courtship violence among college students: a comparison of verbally and physically abusive couples. *Journal of Family Violence, 15*, 1-22.

SIMONELLI, C. J., & INGRAM, K. M. (1998). Psychological distress among men experiencing physical and emotional abuse in heterosexual dating relationships. *Journal of Interpersonal Violence, 13*, 667-681.

SIMONELLI, C. J., MULLIS, T., ELLIOTT, A. N., & PIERCE, T. W. (2002). Abuse by siblings and subsequent experiences of violence within the dating relationships. *Journal of Interpersonal Violence, 17*, 103-121.

SIMONS, R. L., LIN, K-H., & GORDON, L. C. (1998). Socialization in the family of origin and male dating violence: a prospective study. *Journal of Marriage and the Family, 60*, 467-478.

SLEP, A. M. S., CASCARDI, M., AVERY-LEAF, S., & O'LEARY, K. D. (2001). Two new measures of attitudes about the acceptability of teen dating aggression. *Psychological Assessment, 13*, 306-318.

SMITH, J. P., & WILLIAMS, J. G. (1992). From abusive household to dating violence. *Journal of Family Violence, 7*, 153-165.

SMITH, P., H., WHITE, J., W., & HOLLAND, L. (2003). A longitudinal perspective on dating violence among adolescent and college-age women. *American Journal of Public Health, 93*, 1104-1109.

SÖCHTING, I., FAIRBROTHER, N., & KOCH, W. J. (2004). Sexual assault of women: Prevention efforts and risk factors. *Violence Against Women, 10*, 73-93.

SORENSON, S. B., & TAYLOR, C. A. (2005). Female aggression toward male intimate partners: an examination of social norms in a community-based sample. *Psychology of Women Quarterly, 29*, 78-96.

SPENCER, G. A., & BRYANT, S. (2000). Dating Violence: a comparison of rural, suburban, and urban teens. *Journal of Adolescent Health, 27*, 302-305.

STETS, J. E. (1991). Psychological aggression in dating relationships: the role of interpersonal control. *Journal of Family Violence, 6*, 97-115.

STETS, J. E., & HENDERSON, D.A. (1991). Contextual factors surrounding conflict resolution while dating: results from a national study. *Family Relations, 40*, 29-36.

STETS, J. E., & PIROG-GOOD, M. A. (1989). Patterns of physical and sexual abuse for men and women in dating relationships: a descriptive analysis. *Journal of Family Violence, 4*, 63-76.

STETS, J. E., STRAUS, M. A. (1989). The marriage license as a hitting license: a comparison of assaults in dating, cohabiting and married couples. In M. A. PIROG-GOOD & J. E. STETS (Eds), *Violence in dating relationships. Emerging social issues* (pp. 33-54), New York: Praeger Published.

STRAUS, M. A. & RAMIREZ, I. L. (2002). *Prevalence and chronicity of dating partner. Violence among a sample of Mexican male and female university students.* Paper presented at the Victimization of Children and Youth: An International Conference, Portsmouth, New Hampshire

STRAUS, M. A. (2004). Prevalence of violence against dating partners by males and female university students worldwide. *Violence Against Women, 10*, 790-811.

STRAUS, M. A. (2006). Cross-cultural reliability and validity of The Multidimensional Neglectful Behavior Scale Adult Recall Short Form. *Child Abuse & Neglect, 30*, 1257-1279.

STRAUS, M. A., & MEDEIROS, R. A. (2002). *Gender differences in risk factors for physical violence between dating partners by university students.* Paper presented at the American Society of Criminology annual meeting, November, 14 th, Chicago, IL. Durham, NH: University of New Hampshire, Family Research Laboratory.

STRAUS, M. A., & RAMIREZ, I. L. (2004). Criminal history and assault of dating partners: the role of type of prior crime, age of onset and gender. *Violence and Victims, 19*, 413-434.

STRAUS, M. A., & RAMIREZ, I. L. (2007). Gender symmetry in prevalence, severity, and chronicity of physical aggression against dating partners by university students in México and USA. *Aggressive Behavior, 33*, 281-290.

STRAUS, M. A., & SAVAGE, S. A. (2005). Neglectful behavior by parents in the life history of university students in 17 countries and its relation to violence against dating partners. *Child Maltreatment, 10*, 124-135.

STRAUS, M. A., & YODANIS, C. L. (1996). Corporal punishment in adolescence and physical assaults on spouses in later life: what accounts for the link? *Journal of Marriage and the Family, 58*, 825-841

STRAUS, M. A., ALDRIGHI, T., BOROCHOWITZ, D. Y., BROWNRIDGE, D. A., CHAN, E. L., FIGUEIREDO, B., GAGNE, M. H., GALLIHER, R. V., HEBERT, M., JAMIESON, E., MACMILLAN, H. L., LAPORTE, L., PAIVA, C., RAMIREZ, I. L., TROCHME, N., WALSH, C., & YODANIS, C. L. (2002, Setembro). *Physical and sexual assault on dating partners by university students in nine countries.* Paper presented at the meeting of the European Society Criminology. Toledo, Spain.

STRAUS, M. A., HAMBY, S. L., BONEY-MCCOY, S., & SUGARMAN, D. B. (1996). The Revised Conflict Tactics Scales (CTS 2). Development and preliminary psychometric data. *Journal of Family Issues, 17*, 283-316.

SUDERMAN, M, JAFFE, P. G., & HASTINGS, E. (1995). Violence prevention programs in secondary (high) schools. In E. PELED, P. G. JAFFE & J. L. EDLESON (Eds), *Ending the cicle of violence. Community responses to children of battered women.* Thousand Oaks, CA: Sage Publications

SUGARMAN, D. B. & FRANKEL, S. L. (1996). Patriarchal ideology and wife assault: a meta-analytic review. *Journal of Family Violence, 11*, 13-35.

SUGARMAN, D. B., & HOTALING, G. T. (1989). Dating violence: Prevalence, context, and risk markers. . In M. A. PIROG-GOOD & J. E. STETS (Eds), *Violence in dating relationships. Emerging social issues* (pp. 3-32), New York: Praeger Published.

SWAHN, M. H., SIMON, T. R., ARIAS, I., & BOSSARTE, R. M. (2008). Measuring sex differences in violence victimization and perpetration within date and same-sex peer relationships. *Journal of Interpersonal Violence, 23*, 1120-1138.

SWART, L., SEEDAT, M., STEVENS, G., & RICARDO, I. (2002). Violence in adolescent' romantic relationships: findings from a survey amongst school-going youth in a South African community. *Journal of Adolescence, 25*, 385-395.

TESTA, M., & DERMEN, K. H. (1999). The differential correlates of sexual coercion and rape. *Journal of Interpersonal Violence, 14*, 548-561.

TESTA, M., LIVINGSTON J. A., & LEONARD, K. E. (2003). Women's substance use and experiences of intimate partner violence: a longitudinal investigation among a community sample. *Addictive Behaviors, 28*, 1649-1664.

THOMPSON, E. H. (1991). The maleness of violence in dating relationships: an appraisal of stereotypes. *Sex Roles, 24*, 261-278.

THOMPSON, R. S., BONOMI, A. E., ANDERSON, M., REID, R. J., DIMER, J. A., GARRELL, D., & RIVARA, F. P. (2006). Intimate partner violence. Prevalence, types, and chronicity in adult women. *American Journal of Preventive Medicine, 30*, 447-457.

TISHBY, O., TUREL, M., GUMPEL, O., PINUS, U., LAVY, S. B., WINOKOUR, M., & SZNAJDERMAN, S. (2001). Help-seeking attitudes among Israeli adolescents. *Adolescence, 36*, 249-264.

TJADEN, P., & THOENNES, N. (2000). Prevalence and consequences of male-to-female and female-to-male intimate partner violence as measured by the national violence against women survey. *Violence Against Women, 6*, 142-161.

TONTODONATO, P., & CREW, B., K. (1992). Dating violence, social learning theory and gender: a multivariate analysis. *Violence and Victims, 7*, 3-14.

TOTTEN, M. (1993). Girlfriend abuse as a form of masculinity construction among violent, marginal male youth. *Men and Masculinities, 6*, 70-92.

TRUMAN, D. M., TOKAR, D. M., & FISHER, A. R. (1996). Dimensions of masculinity: Relations to date rape supportive attitudes and sexual aggression in dating situations. *Journal of Counselling and Development, 74*, 555-562.

ULLMAN, S. E. (2004). Sexual assault victimization and suicidal behaviour in women: A review of the literature. *Aggression and Violent Behavior, 9*, 331-351.

ULLMAN, S. E., KARABATSOS, G., & KOSS, M. (1999a). Alcohol and sexual aggression in a national sample of college men. *Psychology Women Quarterly, 23*, 673-689.

ULLMAN, S. E., KARABATSOS, G., & KOSS, M. (1999b). Alcohol and sexual assault in a national sample of college women. *Journal of Interpersonal Violence, 14*, 603-625.

VALOIS, R. F., OELTMANN, J. E., WALLER, J., HUSSEY, J. R. (1999). Relationship between number of sexual intercourse partners and selected health risk behaviours among public high school adolescents. *Journal of Adolescent Health, 25*, 328-335.

VÉZINA, J., & HÉBERT, M. (2007). Risk factors for victimization in romantic relationships of young women. A review of empirical studies and implications for prevention. *Trauma, Violence & Abuse, 8*, 33-66.

VICARY, J. R., KLINGAMAN, L. R., & HARKNESS, W. L. (1995). Risk factors associated with date rape and sexual assault of adolescent girls. *Journal of Adolescence, 18*, 289-306.

VIDICH, A. J. & LYMAN, S, M. (1994). *Qualitative methods. Their history in sociology and anthropology*. In N. K. Denzin & Y. S. Linscoln (Eds.), *Handbook of Qualitative Research (pp. 23-59)*, Thousand Oaks: Sage Publications.

VOGEL, R. E. & HIMELEIN, M. J. (1995). Dating and sexual victimization: an analysis of risk factors among precollege women. *Journal of Criminal Justice, 23*, 153-162.

WALKER, L. (1994). *Abused women and survivor therapy: A practical guide for the psychotherapist*. Washington D.C.: American Psychological Association.

WANG, X., & SIK YING HO, P. (2007). My Sassy girl. A qualitative study of women's aggression in dating relationships in Beijing. *Journal of Interpersonal Violence, 22*, 623-638.

WARD, C. A. (1995). *Attitudes toward rape. Feminist and social psychological perspectives*. London: Sage Publications.

WEISY, A. N., TOLMAN, R. M., CALLAHAN, M. R., SAUNDERS, D. G., & BLACK, B. M. (2007). Informal helper's responses when adolescents tell them about dating violence or romantic relationships problems. *Journal of Adolescence, 30*, 853-868.

WEISZ, A. N. & BLACK, B. M. (2001). Evaluating a sexual assault and dating violence prevention program for urban youths. *Social Work Research, 25*, 89--100.

WEKERLE, C., & WOLFE, D. A. (1999). Dating violence in mid-adolescence: theory, significance, and emerging prevention initiatives. *Clinical Psychology Review, 19*, 435-456.

WEST, C. M., & ROSE, S. (2000). Dating aggression among low income African American youth. An examination of gender differences and antagonistic beliefs. *Violence Against Women, 6*, 470-494.

WESTON, R., TEMPLE, J. R. & MARSHALL, L. L. (2005). Gender symmetry and asymmetry in violent relationships: patterns of mutuality among racially diverse women. *Sex Roles, 53*, 553-571.

WHEELER, J. G., GEORGE, W. H. & DAHL, B. J. (2002). Sexually aggressive college males: empathy as a moderator in the "Confluence model" of sexual aggression. *Personality and Individual Differences, 33*, 759-775.

WHITAKER, D. J., HAILEYESUS, T., SWAHN, M., & SALTZMAN, L. S. (2007). Differences in frequency of violence and reported injury between relationships with reciprocal and nonreciprocal intimate partner violence. *American Journal of Public Health, 97*, 941-947.

WHITE, J. W., & KOSS, M. P. (1991) Courtship violence: incidence in a national sample of higher education samples. *Violence and Victims, 6*, 247--256.

WHITE, J. W., MCMULLIN, D., SWARTOUT, K., SCHRIST, S., & GOLLEHON, A. (in press). Violence in intimate relationships: a conceptual and empirical examination of sexual and physical aggression. *Children and Youth Services Review.*

WHITE, J. W., MERRILL, L.L., & KOSS, M. P. (2001). Predictors of premilitary courtship violence in a Navy recruit sample. *Journal of Interpersonal Violence, 16*, 910-927.

WHITE, J. W., SMITH, P. H., KOSS, M. P., & FIGUEREDO, A. J. (2000). Intimate partner aggression-What have we learned? Comment on Archer (2000). *Psychological Bulletin, 126*, 690-696.

WILLIAMS, J. G., & SMITH, J. P. (1994). Drinking patterns and dating violence among college students. *Psychology of Addictive Behaviors, 8*, 51-53.

WILSON, A. E., CALHOUN, K. S., & BERNAT, J. A. (1999). Risk recognition and trauma-related symptoms among sexually revictimized women. *Journal of Consulting and Clinical Psychology, 67*, 705-710.

WILSON, K. J. (1997). *When violence begins at home.* CA: Hunter House Publishers.

WOLF, K. A., & FOSHEE, V. A. (2003). Family violence, anger expression styles and adolescent dating violence. *Journal of Family Violence, 18*, 309-316

WOLFE, D. A. (1999). *Child Abuse. Implications of child development and psychopathology*. Sage Publications, London.

WOLFE, D. A., & FEIRING, C. (2000). Dating violence through the lens of adolescent romantic relationships. *Child Maltreatment, 5*, 360-363.

WOLFE, D. A., WEKERLE, C., SCOTT, K (1997). *Alternatives to violence. Empowering youth to develop healthy relationships.* London: Sage Publications.

WOLFE, D. A., WEKERLE, C., SCOTT, K., STRAATMAN, A.L., & GRASLEY, C. (2004). Predicting abuse in adolescent dating relationships over 1 year: the role of child maltreatment and trauma. *Journal of Abnormal Psychology, 113*, 406-415.

WOLFE, D.A., SCOTT, K., REITZEL-JAFFE,D., WEKERLE, C., GRASLEY, C., & STRAATMAN, A. (2001). Development and validation of the conflict in adolescent dating relationships inventory. Psychological Assessment, 13, 277-293.

WOLFE, K. A., & FOSHEE, V. A. (2003). Family violence, anger expression styles and adolescent dating violence. *Journal of Family Violence, 18*, 309-316

WOOD, S. J. (1999). Normative beliefs regarding the maintenance of intimate relationships among abused and nonabused women. *Journal of Interpersonal Violence, 14*, 479-491.

WORCESTER, N. (2002). Women's use of force. *Violence Against Women, 8*, 1390-1415.

XENOS, S., & SMITH, D. (2001). Perceptions of rape and sexual assault among Australian adolescents and young adults. *Journal of Interpersonal Violence, 16*, 1103-1119.

YEATER, E. A. & O' DONOHUE, W. (1999). Sexual assault prevention programs: Current issues, future directions and the potential efficacy of interventions with women. *Clinical Psychology Review, 19*, 739-771.

ZEIRA, A., ASTOR, R. A., & BENBENISHTY, R. (2002). Sexual harassment in Jewish and Arab public schools in Israel. *Child Abuse & Neglect, 26*, 149-166.

ÍNDICE

PARTE II
Estudos Empíricos

ISBN-13: 978-972-40-4577-1

GRUPOALMEDINA